알고리즘으로 배우는
인공지능, 머신러닝, 딥러닝 입문

알고리즘으로 배우는

인공지능, 머신러닝, 딥러닝 입문

지은이 김의중

펴낸이 박찬규   엮은이 이대엽   디자인 북누리   표지디자인 아로와 & 아로와나

펴낸곳 위키북스   전화 031-955-3658, 3659   팩스 031-955-3660

주소 경기도 파주시 문발로 115 세종출판벤처타운 311호

가격 27,000   페이지 352   책규격 172 x 235mm

초판 발행 2016년 07월 13일   2쇄 발행 2016년 09월 01일   3쇄 발행 2016년 11월 20일

4쇄 발행 2017년 01월 18일   5쇄 발행 2017년 05월 15일   6쇄 발행 2017년 12월 15일

7쇄 발행 2018년 10월 10일   8쇄 발행 2019년 12월 24일

ISBN 979-11-5839-041-9 (93000)

등록번호 제406-2006-000036호   등록일자 2006년 05월 19일

홈페이지 wikibook.co.kr   전자우편 wikibook@wikibook.co.kr

이 도서의 국립중앙도서관 출판시도서목록 CIP는

서지정보유통지원시스템 홈페이지(http://seoji.nl.go.kr)와

국가자료공동목록시스템(http://www.nl.go.kr/kolisnet)에서 이용하실 수 있습니다.

CIP제어번호 CIP2016016061

인공지능,
머신러닝,
딥러닝
입문

알고리즘으로
배우는

김의중 지음

위키북스

서문

2014년 1월경 구글이 영국에 있는 조그마한 스타트업을 인수한다는 기사를 우연히 읽었다. 그 회사는 다름 아닌 '딥마인드 테크놀로지^{DeepMind} Technologies'였다. 구글은 뚜렷한 사업 모델도 없이 단지 창업자 3명과 열댓 명의 연구원으로만 구성된 조그마한 스타트업을 4억 달러 이상을 주고 인수한다고 밝혔다. 언뜻 봐서는 쉽게 이해되지 않는 거래였다. 그러나 인수자가 바로 구글이었기 때문에 특별한 이유가 있을 것이라 생각하고 관련 기사를 샅샅이 훑어봤다. 하지만 아쉽게도 눈에 띄는 특별한 점은 찾지 못했다. 돌이켜 보면 그 당시 여러 IT 전문가들도 그럴듯한 설명을 하지 못하고 있었다고 기억한다. 이러한 궁금증은 최근에 알파고^{AlphaGo}를 통해 해결됐다. 당시 딥마인드는 구글에 공식적인 인수를 결정하기 전에 페이스북하고도 협상을 벌였다. 어떤 이유인지는 모르겠지만 결국 딥마인드는 구글의 자회사가 되기로 결정했다.

구글이 엄청난 조건으로 딥마인드를 인수한 사건은 인공지능과 관련해서 실리콘밸리에서 벌어지고 있는 일들 중 빙산의 일각이다. 당시 구글과 페이스북은 이미 딥러닝 분야의 세계적인 권위자들을 영입한 상태였고 마이크로소프트 역시 중국 베이징을 거점으로 인공지능 연구소를 운영 중이었다. 중국의 구글이라고 하는 바이두^{Baidu}도 딥러닝의 세계적인 리더인 스탠포드 대학교의 앤드류 응Andrew Ng 교수를 수석과학자로 영입하고 공격적인 딥러닝 투자에 나서고 있다. 2015년 말 기준으로 약 5,000억 달러 규모의 자본이 인공지능 분야로 유입됐다.

"…파사데나[1]의 청년들은 우주정복을 꿈꾸며 노력하고 있는데…"

인공지능 관련 기사들을 계속 추적하는 과정에서 밑도 끝도 없이 예전에 읽었던 소설 속의 한 대사가 떠올랐다. 우리나라 현대문학의 거장 故 이병주 선생의 『행복어사전』이란 소설에 나오는 말이다. 70년대 명문대를 수석으로 졸업하고도 신문사 교정부 말단으로 근무하는 이 소설의 주인공 서재필이 자신의 무기력한 일상생활을 둘러대듯 변명하며 했던 말이다.

문득 1970년대의 소설 속 서재필과 그 후 40여 년이 지난 2010년대 지금 우리의 모습은 크게 다르지 않음을 느꼈다. 그러나 태평양 건너의 상황은 많은 변화가 있었다. 과거에는 우주정복의 주인공이 미국 항공우주국이었다면 지금은 전자상거래 업체인 아마존과 사설 우주항공 서비스회사인 스페이스엑스SpaceX가 그 일을 한다. 스페이스엑스는 전기자동차를 만드는 테슬라의 창업자이자 CEO인 일론 머스크가 세운 회사다. 아마존과 스페이스엑스는 우주정복의 핵심인 회수가 가능한 로켓을 만들고 있다. 회수가 가능

---

1 파사데나(Pasadena)는 미국항공우주국인 나사(NASA) 연구소가 있는 곳이다.

한 로켓이란 지구 중력권을 벗어나기 위해 가장 많은 연료를 소비하는 1단 로켓이 과거에는 1차 궤도 진입 후 추락하면 폐기됐는데 지금은 수직으로 지구에 착륙해서 재사용이 가능한 것을 말한다. 1단 로켓의 제작 비용이 가장 비싸기 때문에 1단 로켓을 회수할 수 있다면 재 사용한 만큼 경비를 절감할 수 있다. 우주정복에 열심인 실리콘밸리 회사들이 집중하고 있는 분야가 또 하나 있다. 바로 인공지능 분야다.

1950년 영국의 수학자 앨런 튜링으로 시작된 인공지능 개념은 프로그래밍이 가능한 컴퓨터를 탄생시켰다. 컴퓨터는 이미 오래전에 숫자 계산에 있어서는 사람의 능력을 앞질렀고 지금은 음성인식을 통해 자연어를 분석하고 추론하는 수준까지 와 있다. IBM에서 개발한 왓슨은 제퍼디!$^{Jeopardy!}$라는 퀴즈쇼에서 역대 최고의 성적을 보유한 두 경쟁자를 물리치면서 이를 증명했다. 사람이 학습하는 방식처럼 시행착오를 통해 스스로 답을 찾아가는 인공지능 기술은 게임과 로보틱스 분야에 적용되고 있다. 얼마전 한국의 바둑 천재 이세돌 9단을 꺾어 우리에게 충격을 안겼던 구글 딥마인드의 알파고는 바로 이러한 인공지능 기술을 통해 바둑을 배웠다. 최근에는 사람의 뇌 신경망을 모방한 딥러닝$^{deep\ learning}$이라는 기술은 사진 속 고양이를 구별해내는 데 성공했다. 뭐든지 알아맞추는 만물박사인 인공지능은 시각 인지 분야에서는 아직까지 유치원생 수준이다. 그러나 인공지능의 진화는 생각보다 훨씬 빠르다. 마치 알파고가 바둑을 배운 지 1년만에 세계 1인자가 된 것처럼 말이다.

부지불식간에 인공지능이 우리앞에 성큼 와 있다. 이제 우리는 인공지능의 능력을 인정할 때가 됐다. 인공지능의 능력 중 가장 큰 파괴력은 아마도 앞서 얘기한 진화 속도와 더불어 무한대의 복제일 것이다. 우리는 최고의 실력을 가진 인공지능을 수천, 수만 카피 필요한 만큼 복제해서 사용할 수 있다. 더욱이 인공지능은 아무런 불평없이, 그리고 24시간 똑같은 성능을 유지하면서 묵묵히 자신의 임무를 수행한다. 어떤 인공지능은 일을 하면서 시행착오로 터득한 새로운 지식을 스스로 업데이트할 것이다.

1990년 팀 버너스 리[Tim Berners-Lee]가 만든 최초의 웹사이트인 info.cern.ch가 생긴 이후 인터넷은 우리의 생활 방식과 산업 구조를 180도 변화시켰다. 정보와 콘텐츠, 서비스와 제품의 생산자와 소비자는 인터넷을 통해 공간과 시간을 초월해서 연결되면서 과거에 상상하지 못했던 가치들을 만들어 낸다. 2007년 아이폰의 등장으로 시작된 스마트폰 열풍은 우리에게 또 다른 생활 패턴을 가져왔다. 스마트폰은 우리를 24시간 365일 세상과 연결시켜

주면서 우리가 상식적으로 생각할 수 있는 모든 것들을 손바닥 위에서 해결해준다. 이제 우리에게 몰려올 다음 파도는 인공지능이다. 빠르게 진화하고 있는 인공지능은 또 다른 방식으로 우리 산업과 생활을 변화시킬 것이다.

·   ·   ·

이 책을 쓰고자 결심한 계기는 아마도 2014년 초 구글의 딥마인드 인수 기사를 읽고 난 후라고 생각이 된다. 정확히 말하면 구글이 왜 딥마인드를 인수하려고 했는지 그 숨겨진 의도를 나름 알아보고자 여러 가지 관련 자료를 수집하면서부터다.

인공지능이란 무엇인가? 지금의 인공지능이 완성되기까지 도대체 무슨 일이 벌어졌나? 인공지능은 무슨 일을 할 수 있나? 누가 인공지능에 투자하는가? 인공지능의 핵심 기술은 무엇인가? 이러한 것들을 먼저 정리할 필요가 있다고 생각했다. 우선 인공지능 분야의 국내외 관련 자료를 찾아봤다. 기술 기사, 블로그, 논문, 기술보고서, 연구현황, MIT, 칼텍, 스탠포드에서 제공하는 인터넷 강의 등, 앨런 튜링의 논문부터 구글의 기술보고서까지 정말 원하는 대부분의 자료들을 인터넷을 통해 찾아 볼 수 있었다!

이 책은 크게 인공지능의 역사와 현황, 인공지능의 핵심 영역인 머신러닝과 딥러닝을 다룬다. 특히 머신러닝과 딥러닝에서는 대표적인 학습 모델의 개념을 이론적으로 설명하고 간단한 알고리즘을 통해 구현 방법을 제시한다. 역사적 주요 사건은 물론 알려지지 않은 사소한 일들도 인공지능에 관심이 있는 모든 독자들이 궁금해 할 수 있는 것이라면 검증된 사실을 기반으로 주의 깊게 다루었다. 또한 책 내용의 전개상 불가피하게 표현되는 이론이나 추상적인 개념은 가능하면 여러가지 예를 들어 이해하기 쉽게 설명했다. 인공지능을 전문적으로 연구하지 않는 독자는 1부 인공지능과 2부 머신러닝 개요, 3부 딥러닝 개요 정도를 추천하며 세부적인 이론과 알고리즘까지 관심이 있다면 나머지 내용까지 따라가 보는 것도 좋다.

천릿길도 한 걸음부터! 이 책은 인공지능, 머신러닝, 딥러닝의 초보자에게 권하는 입문서로서 인공지능이라는 전체 숲을 보는 데 도움될 것으로 기대한다. 다행히도 숲을 보는 데 문제가 없다면 각자 원하는 곳으로 가서 나무를 베고 멋진 집을 지을 수 있을 것이다.

01부

인공지능

알파고와
구글 딥마인드

낭중지추

2014년 1월 27일 구글은 영국 런던에 위치한 딥마인드^{DeepMind}라는 조그마한 스타트업을 4억 달러^{약 4,000억 원}에 인수한다고 발표했다.

딥마인드는 2011년에 데미스 하사비스^{Demis Hassabis}, 셰인 레그^{Shane Legg}, 그리고 무스타파 슐레이만^{Mustafa Shuleyman}이 공동 설립한 회사로서 구글에 인수되기 전까지 구체적인 사업 모델은 없었고 단지 12명의 딥러닝^{Deep Learning}[1] 전문가로 구성돼 있었다.

당시 딥마인드의 웹사이트는 인공지능 분야를 연구한다는 문구만 있을 뿐 다른 웹사이트에서 흔히 볼 수 있는 사업 모델, 확보 고객, 차별화 기술, 솔루션, 핵심 파트너, 회사 구성원 등과 관련된 정보는 볼 수 없었다. 하지만 이 한 페이지 짜리 웹사이트가 전 세계 딥러닝 전문가를 끌어들이는 중요한 역할을 했을지도 모른다.

그림 1.1 초기 딥마인드 웹사이트

1 　신경망 이론을 기반으로 한 인공지능의 한 분야

낭중지추囊中之錐[2]라는 말처럼 구글의 전격적인 인수 발표 전에 이미 딥마인드에는 유명한 VC^venture capital들과 개인 투자자로부터 대규모 자본이 유입된 상태였다. 파운더스 펀드^Founders Fund와 호라이전스 벤처스^Horizons Ventures가 초기 투자를 한 VC들이다.

특이한 사항은 IT 업계에서는 스티브 잡스보다 미래기술에 통찰력이 있다고 평가받고 있는 일론 머스크^Elon Musk[3]가 초기 투자 그룹인 엔젤 리스트에 속해 있었다는 점이다. 그런데 아이러니하게도 일론 머스크는 마이크로소프트 창업자인 빌 게이츠^Bill Gates, 블랙홀 이론을 정립한 영국의 천체 물리학자인 스티븐 호킹^Steven Hawking 박사와 같이 인공지능의 역기능을 우려하는 사람 중 한사람이다. 역기능이란 인공지능의 기술이 기하급수적으로 발달하게 될 것이며 결국엔 사람이 컴퓨터의 지배를 받을 수 있는 상황이 발생할 수도 있다라는 것이다.

미국 케이블 뉴스 채널인 CNBC와의 인터뷰에서 일론 머스크는 딥마인드에 투자한 목적을 다음과 같이 설명했다. "(딥마인드에) 단순 투자목적으로 투자한 것은 아니다. 영화 터미네이터에서처럼 인공지능은 인류에 위협적인 결과를 초래할 수 있다. 우리는 그런 상황이 벌어지지 않도록 노력해야 한다". 그는 인공지능이 올바른 방향으로 발전되길 바라는 마음으로 딥마인드를 선택했을지도 모른다.

구글이 딥마인드를 인수할 당시 MIT 테크놀러지 리뷰 기사에서는 "구글이 뚜렷한 사업 모델이 없는 딥마인드를 인수한 대상은 바로 12명의 딥러닝 재능^talent"이라고 소개하고 있으며, 구글이 추진 중인 자율주행 자동차 및 로봇 사업에 시너지를 낼 것이라고 예상하고 있다.

---

2   주머니 속의 송곳이라는 말로 재능이나 능력이 뛰어난 사람은 숨어있어도 저절로 드러나 사람들에게 알려진다는 말
3   일론 머스크는 전자결제 시스템인 페이팔(PayPal)을 공동 창업했고 이를 성공적으로 상장시킨 이후 미국 전자상거래 회사인 이베이(eBay)에 매각했다. 지금은 전기자동차 사업인 테슬라(Tesla)와 우주왕복선 사업인 SpaceX를 창업해서 운영 중이다.

사실 구글은 이미 딥러닝 분야에 엄청난 투자를 하고 있었다. 예를 들면 2013년 3월 딥러닝 분야의 구루^{guru}인 캐나다 토론토 대학교의 제프리 힌튼^{Geoffrey Hinton} 교수가 창업한 디엔엔리서치^{DNNResearch}를 인수하면서 동시에 제프리 힌튼 교수를 영입했다.

캐나다 몬트리올 대학의 딥러닝 전문가인 요슈아 벤지오^{Yoshua Bengio} 교수는 MIT 테크놀러지 리뷰와의 인터뷰에서 다음과 같이 얘기한다. "전 세계 인공지능 분야에서 핵심적인 연구원은 약 50여명 정도라고 생각한다. 그중 12명이 딥마인드에 있다고 보면 이 회사의 가치를 알 수 있다".

4억 달러로 측정된 딥마인드의 가치는 데미스 하사비스의 비전과 리더십으로 가능했다는 사실을 의심하는 사람은 없다. 여기에 다른 10여 명의 인공지능 분야 전문가가 가세하면서 딥마인드는 구글, 페이스북, 바이두 등과 견줄 수 있는 유일한 회사라고 딥러닝 전문가들은 평가한다.

딥마인드의 인적 재능의 가치가 실제 어떤 의미가 있는지 감을 잡아보는 의미로, 개인의 역량을 소위 몸값으로 정량화하는 데 대표적인 스포츠 분야를 예를 들어 비교해봤다. 이를 통해 한편으로 인공지능 분야의 시장 규모를 간접적으로 가늠해볼 수도 있을 것이다.

2014년 기준으로 시장 규모가 약 40조 원의 달하는 미국 풋볼 리그^{NFL; National Football League}에서 2015년 신인 드래프트 1순위로 선택된 선수는 사이닝 보너스[4]로 약 170억 원 정도를 받았다. 딥마인드 공동 설립자 3명이 지분을 약 50% 가지고 있다고 가정하면 이들의 계약금은 약 670억원 정도이니 이들의 재능 가치와 인공

---

[4] 핵심인력을 채용할 때 연봉 이외에 인센티브를 선 지급하는 것. 이를 통해 인력의 선제적 확보와 유출을 방지하는 효과가 있다.

지능 분야의 향후 시장 규모를 NFL 시장의 약 4배인 160조 원 규모로 추산해 볼 수 있겠다.

그러면 인적 역량 말고 딥마인드의 구현된 기술은 없을까? 딥마인드는 강화학습RL; Reinforcement Learning5 분야에서 최고의 전문성을 보유한 회사다. 딥마인드는 구글에 인수된 후 강화학습 알고리즘인 딥 큐 네트워크DQN; Deep Q-Network 개발 프로젝트를 추진했는데 이를 고전적인 컴퓨터 게임인 아타리Atari 2600에 적용해 게임 전문가와 점수를 비교했다. 여기서 선정된 7종의 아타리 2600 게임은 핑퐁, 벽돌 깨기, 스페이스 인베이더, 시퀘스트, 빔라이더, 엔듀로, 큐버트다.

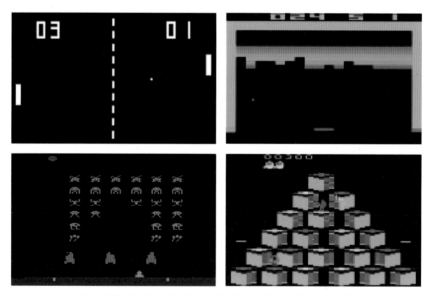

그림 1.2 아타리 2600 게임: 핑퐁, 벽돌 깨기, 스페이스 인베이더, 큐버트

---

5   다음 장에서 자세히 설명하겠지만 딥러닝에는 세 가지 방법이 있다. 첫 번째는 학습 데이터를 가지고 예시적으로 각 데이터가 가지는 의미를 미리 알려주고(또는 학습시키고) 새롭게 입력된 데이터의 의미를 알아내는 지도학습(supervised learning)이고, 두 번째는 아무런 예시 없이 입력 데이터만 가지고 기계가 스스로 결과를 도출하는 비지도 학습(unsupervised learning)이다. 마지막으로 세 번째는 강화학습(reinforcement learning)인데 입력 데이터를 기계가 추측하면 사람 또는 정해진 룰에서 평가 피드백을 줌으로써 이를 통해 기계가 학습하는 방법이다. 이 방법은 주로 컴퓨터 게임이나 로보틱스, 자율주행 자동차의 알고리즘 등에 사용된다.

DQN은 벽돌 깨기와 핑퐁, 엔듀로에서는 게임 전문가보다 월등한 점수를 얻었고 빔라이더에서는 사람과 비슷한 점수를 얻었다. 하지만 다른 영역에서는 사람보다 크게 뒤졌다. 비교적 규칙이 간단하고 지속적인 집중력이 필요한 게임에서는 기계가 사람을 앞서는 것으로 나타났다.

여기서 고무적인 사실은 DQN이 받은 유일한 교육은 점수를 얻는 방법, 그리고 조이스틱을 조작하는 요령이 전부였다는 것이다. 즉, 사람이 처음 게임을 할 때 알아야 하는 기본적인 규칙과 동일한 것이다. DQN은 모니터에 나오는 상황을 인식하고 점수를 더 많이 얻는 방법을 스스로 터득했다. 이는 매우 제한적인 상황이긴 하지만 컴퓨터가 스스로 학습하고 진화할 수 있다는 사실을 입증한 셈이다.

이러한 자기학습이 가능한 알고리즘에 무서운 속도로 발전하고 있는 컴퓨터 성능과 데이터의 디지털화가 결합되면 빌 게이츠나 스티븐 호킹 그리고 일론 머스크가 언급한 역기능적인 인공지능의 가능성이 괜한 우려가 아닐 수 있다는 생각이 든다.

딥마인드 창업자이자 CEO 데미스 하사비스

딥마인드의 핵심 창업자인 데미스 하사비스를 눈여겨볼 필요가 있다.

1976년생인 그는 서양장기인 체스 신동으로 14세 이하 전 세계 랭킹 2위라는 기록을 가지고 있으며,

MSO[6]에서 전무후무한 5회 우승을 기록하기도 했다. 한 인터뷰에서 그는 "체스 대회 우승 상금으로 뭘 하겠느냐고 부모님이 물어보셔서 개인용 컴퓨터를 사겠다고 했다. 이때부터 컴퓨터 프로그래밍을 배우기 시작했다"라며 프로그래밍에 입문한 계기를 설명했다. 이때의 경험으로 그는 16살 때부터 불프로그BullFrog라는 영국 컴퓨터 게임 회사에서 게임 개발을 시작했다. 17살 때는 테마파크ThemePark라는 인공지능 기반 시뮬레이션 게임을 주도적으로 개발했는데, 이 게임은 수백만 카피가 팔려나간 밀리언 셀러 게임이 됐다.

이후 불프로그를 그만두고 케임브리지Cambridge 대학 퀸스칼리지에 입학한다. 컴퓨터공학을 전공으로 1997년에 케임브리지 대학을 학부/석사 통합과정으로 졸업하면서 케임브리지 대학으로부터 이 분야에서 뛰어난 재능을 보여준 학생에게 수여하는 컴퓨터 사이언스 트라이포스computer science tripos를 받는다.

대학교를 졸업하고 1998년 라이언헤드 스튜디오Lionhead Studios에서 인공지능 전문 게임 개발자로 일하다가 이후 독립해서 엘릭사 스튜디오Elixir Studios를 설립하고 60여 명 규모의 회사로 성장시킨다. 여기서 개발된 게임들은 비벤디 유니버설Vivendi Universal, 마이크로소프트 등을 통해 배급됐다.

2005년 게임 사업을 접고 자신의 최대 관심사인 인공지능AI: Artificial Intelligence 분야를 공부하기 위해 런던대학UCL: University College London에 박사과정으로 입학하고 연구 분야로 인지 신경 과학Cognitive Neuroscience을 선택한다.

---

6   MSO(Mind Sports Olympiad): 1997년 영국에서 시작된 정신 스포츠 세계 대회로 체스, 바둑, 카드게임, 보드게임, 주사위 게임 등 약 50여 종의 게임(경기)을 8일간 진행한다. 이 가운데 임의의 5가지 게임 점수를 합산해 최고 득점자에게 우승을 수여하는 펜타마인드(Pentamind) 프로그램이 가장 권위적이다.

2007년에 발표한 논문에서 '기억상실 환자는 새로운 경험을 상상하지 못한다'라는 사실을 실험적으로 입증했는데, 그 논문은 사이언스지가 선정한 2007년 10대 획기적인 연구로 선정됐다.

박사학위를 취득한 후 연구원으로 UCL에서 일하면서 MIT, 하버드 대학교 등 유수한 연구기관과 공동 연구를 진행했고, 2011년 학교를 떠나면서 UCL에서 만난 셰인 레그와 사업가인 무스타파 슐레이만과 함께 딥마인드 테크놀로지DeepMind Technologies를 설립한다.

인간과의 마지막 게임

1996년 IBM이 개발한 딥블루Deep Blue라는 슈퍼컴퓨터는 세계 체스 챔피언인 가리 카스파로프Garry Kasparov에게 도전장을 내밀었다. 컴퓨터가 발명된 이후 처음으로 세계 챔피언에게 도전하는 순간이었다[7]. 총 6경기에서 승점이 많은 쪽이 이기는 방식이었다. 첫 게임에서는 딥블루가 이겼다. 세계는 순간 술렁였다. 그러나 사람들의 놀라움을 잠시 뒤로 한 채, 가리 카스파로프는 나머지 5게임 중 3게임을 이기고 2게임을 비겼다. 가리 카스파로프의 승리였다.

IBM은 딥블루를 더욱 고도화한 후, 그다음 해인 1997년에 재도전에 나섰다. 재도전에서는 딥블루가 2번을 이기고 1번을 지고 3번을 비겨서 총 3.5대 2.5로 세계 챔피언을 누른다. 세계 체스 챔피언의 왕관을 이젠 사람이 아닌 컴퓨터가 차지하는 순간이었다.

---

[7] 컴퓨터가 사람과 대결한 최초의 게임은 틱-택-토(Tic-Tac-Toe)였다. 1949년에 영국 케임브리지 대학은 프로그래밍이 가능한 최초의 컴퓨터인 EDSAC을 개발했고, 이후 1952년 케임브리지 대학에서 인간-컴퓨터 인터페이스(Human-Computer Interface) 분야 박사과정이었던 A.G. 더글라스(A.G. Douglas)는 '3목 두기(Noughts and Crosses)'를 시뮬레이션하는 프로그램을 만든다. 이것이 틱-택-토 프로그램이고 사람과 대결한 최초의 컴퓨터 프로그램이다.

2011년 컴퓨터는 다시 인간에 도전한다. 이번엔 일반 상식을 겨루는 퀴즈 프로그램이었다. 도전자는 다시 IBM이 만든 '왓슨Watson'이라는 또 다른 슈퍼컴퓨터였다. 왓슨은 제퍼디!Jeopardy!라는 퀴즈 프로그램에서 역대 최강 후보자들과 겨뤘다.

제퍼디!는 1964년부터 시작된 미국 NBC 방송국의 간판 퀴즈쇼다. 3명의 참가자는 은유적인 표현이나 위트 있게 표현된 문제를 이해하고, 그 문제에 해당하는 역사적 사건 및 사실 등을 알아맞히는 방식으로 진행된다. 왓슨도 다른 참가자와 마찬가지로 전통적인 제퍼디! 진행 규칙을 따랐다. 즉, 사회자가 낭송하는 질문을 듣고 기계식 버저를 누른 후 사회자 및 시청자가 알아들을 수 있게 답을 말하는 것이다.

왓슨은 제퍼디! 퀴즈쇼 사상 역대 최고의 경쟁자(최다 우승자와 최고 상금 수상자)를 누르고 우승을 차지한다. 지구상에 기록된 모든 사실을 알아맞히는 분야에서 사람의 수준을 넘어서기 시작한 순간이었다.

 2016년 3월 9일부터 15일까지, 구글이 만든 알파고AlphaGo라는 인공지능 바둑 프로그램이 한국의 이세돌 9단과 세기의 대결을 펼쳤다. 경기 전 많은 바둑 전문가와 IT 전문가들은 이세돌 9단의 압도적인 승리를 예상했다. 이세돌 9단 역시 "5 대 0으로 이기면 당연한 일이고 3 대 2로 이기면 불행한 일"이라고 했다. 그러나 이러한 예상은 첫 번째 대국에서 여지없이 빗나갔다. 결국 구글의 인공지능 컴퓨터는 10년 이상 세계를 평정했던 바둑 천재 이세돌 9단을 4 대 1로 물리치며 서울발 인공지능 쇼크의 진원이 됐다.

5전 3선승제인 이번 경기에서 알파고는 파죽의 3연승을 거두면서 승부는 일찌감치 결정됐다. 다만 4번째 경기에서 이세돌 9단이 극적인 불계승을 거두면서 인간 세계 챔피언으로서 마지막 자존심을 지키는 데 만족해야 했다. 경기 전 구글은 이번 경기를 50 대 50으로 예상하면서 매우 조심스럽게 세기의 대결에 임했다. 그러나 막상 첫 번째 대국에서 알파고가 월등한 기량을 보여주면서 불계승을 거두자 그들조차도 믿지 못하는 분위기였다. 딥마인드의 CEO인 데미스 하사비스는 이 상황을 '인류의 달 착륙'에 비유했다.

IBM의 딥블루가 인간 체스 챔피언을 물리친 지 벌써 20여 년이 지난 이 시점에서, 왜 새삼스럽게 사람들은 이번 사건에 대해 흥분을 감추지 못하는 것일까? 그것은 아마도 바둑이라는 경기가 지닌 특수성 때문일 것이다.

바둑은 가장 오래된 보드게임으로, 지금부터 4,300년 전인 기원전 2300년에 고대 중국의 요堯 임금이 자신의 어리석은 아들 단주丹朱를 깨우치기 위해 바둑을 가르쳤다, 라는 기록[8]이 있다. 이미 당시에도 바둑이 있었다는 얘기이므로 멀게는 지금으로부터 5,000년 전에 바둑이 발명됐다고 보는 사람도 있다.

바둑이 우리나라에 전해진 기원에 대해서는 두 가지 학설이 있다. 첫 번째는 우리나라에 한사군BC108~AD313이 설치되면서 한인漢人들의 왕래로 자연스럽게 전래됐다는 설이고, 두 번째는 기자조선BC323~BC194 시대부터 바둑을 뒀다는 설이다. 지금은 중국으로부터 전해졌다는 것이 정설로 받아들여지고 있다. 서기 800년경에는 백제문화가 일본에 전파되면서 바둑도 함께 전해졌다고 보고 있다.

---

8   바둑의 기원설 중 하나인 요조위기설(堯造圍棋說)은 기원전 춘추전국시대에 나온 세본(世本), 진(晉)나라의 장화(張華)가 쓴 박물지(博物志), 하법성(何法盛)이 쓴 진중흥서(晉中興書) 등 중국의 여러 위기사서(圍棋史書)에서 찾아볼 수 있다. 여기서 위기는 바둑을 일컫는 중국말이다.

일본으로 전파된 바둑은 일본의 국가적인 지원으로 현대의 바둑으로 재탄생한다. 일본은 막부幕府시대부터 바둑을 국기國技로 여기며 본인방本人坊 등 바둑을 전문으로 하는 가문을 만들고 국가에서 전폭적으로 지원한다.

이후 일본은 서방세계와 교류하면서 1800년대 후반 서구세계로 바둑을 전파한다. 바둑의 일본말인 고碁가 Go라는 영단어로 사용되는 것도 이러한 이유 때문이다. 그러나 최근 한국 바둑의 위상이 높아지면서 한국의 바둑[9]이 영어로 Baduk 또는 Paduk으로 표현되는 사례도 많이 볼 수 있다.

바둑의 규칙은 매우 간단하다. 그런데 그와 정반대로 게임을 이기기 위한 운영의 묘는 우주의 그것과 같이 심오하다. 바둑 경기는 19 x 19 크기의 격자점에 검은 돌, 하얀 돌을 차례로 한 번씩 두는 것으로 진행된다. 빈 공간 없이 상대방을 둘러싸서 돌을 따내거나, 상대방이 들어올 수 없게 자기의 집을 만들거나 해서 결국 자기의 영역을 많이 확보하는 쪽이 이기는 경기다.

바둑에서는 이론적으로 발생할 수 있는 경우의 수가 약 10^{170}에 달한다[10]. 이것은 바둑판에서 돌이 위치할 수 있는 경우의 수를 산정한 것으로, 발생 가능한 모든 게임의 수는 이보다 훨씬 많다. 즉, 흑을 쥔 사람이 처음 둘 수 있는 경우는 361가지이고, 그다음에 백으로 응수 할 수 있는 경우의 수는 360이다. 이렇게 계속 진행하면 이론적으로 발생 가능한 전체 게임의 수는 361!이 된다. 물론 처음부터 가장자리에 돌을 놓는 경우는 없고, 대부분의 경기가 150수에서 250 안팎에서 끝나기 때문에 이 숫자는 상한을 가늠하는 데 기준점으로 이용하면 될 듯하다. 참고로 호주

---

9   바둑은 순수한 우리나라 말로 바둑의 형세가 밭의 둑처럼 생기고 영토를 확보하는 게임이라서 밭둑이 바둑으로 전이됐다.
10   361(19x19)개의 격자점에 검은색 돌, 흰색 돌 또는 비어있는 경우인 3가지 경우가 발생하므로 전체 경우의 수는 3^{361}×0.012 가짓수가 된다. 이것을 상태공간 복잡도(state space complexity)라고 한다. 여기서 실제로 돌을 놓을 수 있는 경우는 전체의 약 1.2%여서 실제 가능한 경우의 수는 3^{361}×0.012다. 이를 10을 밑으로 표현하면 10^{170}×2.1이 된다(출처: John Tromp, Gunnar Farnebäck, Combinatorics of Go, 5th conference on Computers and Games, 2006).

의 심리학자 제이 버마이스터$^{Jay\ Burmeister}$는 평균적인 수의 경우는 약 200가지, 총 돌이 놓이는 수는 250~300 정도로 계산했다. 이 기준으로 버마이스터는 약 10^{575} 가지의 수를 예측했다. 그의 이론을 체스에 똑같이 적용했을 때 10^{123} 정도가 계산됐다.

현재 슈퍼컴퓨터의 성능이 페타플롭스^{Petaflops} 정도다. 이는 1초에 약 10^{15}번의 실수 연산을 한다는 의미다. 만약 10^{20}가지 경우의 수라면 세계에서 가장 빠른 슈퍼컴퓨터로 계산해도 하루가 걸린다! 이것은 사람에게도 똑같이 적용된다. 따라서 사람도 모든 경우의 수를 모조리 계산하는 것은 불가능하다. 대신 프로 바둑 기사들은 오랜 기간 동안 검증된 이른바 정석을 적재적소에 활용하거나 직관적인 판단에 의존한다. 최근 인공지능 컴퓨터는 강화학습$^{reinforcement\ learning}$이라는 알고리즘으로 이러한 정석들을 가공할 속도로 학습하고 있다.

바둑의 진행은 일반적으로 전반전, 중반전, 종반전으로 구분할 수 있다. 여기서 전반전은 포석 단계다. 포석 단계에서는 내가 어떻게 게임을 운영해 나갈지에 대한 내 영역의 밑그림을 그리는 단계다. 즉, 내 영역을 가장 많이 확보할 수 있게 돌을 배치한다. 약 30수까지 진행된다. 포석 단계가 마무리되면 이후 중반전이 진행된다. 중반전은 포석 단계에서 구축한 영역을 기반으로 상대방과 어떻게 싸울 것인지를 정하고 본격적으로 전투를 시작하는 단계다. 그러기 위해서는 상대방 진영에 공격을 하기도 하고 상대방으로부터 침입을 받으면 방어를 하기도 한다. 이때 중반전을 행마^{行馬}, 사활^{死活}로도 표현한다. 이렇게 중반전이 끝나면 종반전이 시작된다. 이것을 '끝내기'라고 하는데 그때까지 확보한 영역을 확실히 마무리하고 모서리나 변에 확실한 주인이 없는 1~2집 정도의 공간을 차지하는 단계다. 끝내기 단계는 경우의 수가 한정돼 있어 프로기사들은 실수를 하지 않는 한 가장 의미 있는 순서대로 끝내기가 진행된다.

이렇게 바둑의 진행 과정을 설명한 이유는 인공지능 컴퓨터가 각 단계별로 어떤 알고리즘으로 설계돼 있는지 알아보기 위해서다. 알파고는 무수히 많은 학습을 통해 정석화[11]된 포석 단계를 익혔을 가능성이 높다. 포석 단계에서는 이론적으로 경우의 수를 계산하는 방식은 불가능하기 때문이다. 정석을 학습하면서 내가 놓을 수 있는 모든 가능한 수[12]에 대해 트리 형태로 분류된 가상의 미니 게임을 계속해 나가면서 각 경우에 대한 보상값을 설정했을 것이다[13]. 알파고는 보상값의 합이 가장 큰 정책을 선택한다. 바로 이 가치망을 어떤 기준으로 구현했느냐가 알파고의 핵심 능력이다.

아마추어 수준에서는 중반전 또는 끝내기에서 승부가 갈리지만 프로의 세계에서는 포석 단계에서 경기의 흐름이 좌우된다. 후수인 백이 덤으로 6집 반 또는 7집 반을 가져가는 이유도 처음 포석 단계에서 한 수 늦게 두는 불리함을 통계적으로 보여주는 대목이다. 포석은 이처럼 바둑에 대한 깊은 이해도를 기반으로 하는 일종의 창작활동과도 같아서 아직까지 컴퓨터가 포석 단계를 일류 프로기사처럼 구사하는 것은 시기상조처럼 보인다. 포석 단계는 아직까지 사람이 앞선다고 볼 수 있겠다.

그러나 이번 세기의 대결에서 보여준 알파고의 포석 수준은 이미 세계적인 프로기사와 견줘도 부족함이 없었다. 오히려 알파고의 포석은 매우 안정적이고 견고한 모습을 보여줬다. 지금까지 확보된 기보[棋譜]를 바탕으로 어느 정도 포석의 정석을 학습한 상태에서 100만 번 이상의 대국을 통해 스스로 최적의 포석 데이터베이스

---

11 바둑에서 정석이라는 것은 예로부터 최선이라고 검증된 돌의 수순을 말한다.
12 이것을 구글에서는 정책망(policy network)을 기반으로 계산한다.
13 구글은 이를 가치망(value network)이라 한다.

를 구축한 것으로 보인다. 알파고의 알고리즘은 매번 돌을 둘 때마다 이길 확률을 계산하는데 포석 단계에서는 거의 50% 정도를 나타냈다.

중반전에 들어가면 공격과 방어가 반복되면서 치열한 '수읽기'가 전개된다. 수읽기란 상대방의 의도를 분석하는 것으로, 모든 경우의 수에 대한 가치를 정량화하는 과정이다. 수읽기는 전반전, 중반전, 종반전 모두 핵심적인 기술로 사용되나, 특히 중반전 행마 및 사활에서 중요하게 작용한다. 수읽기를 할 때 사람과 컴퓨터의 차이점은 사람은 모든 경우의 수를 다 계산하지 않고 몇 가지 주요한 상황을 전제로 상대방의 의도 및 그에 따른 대응책을 고민하지만 컴퓨터는 모든 경우의 수를 계산해서 가장 최고의 보상값을 갖는 경우를 선택한다. 중반전에서 컴퓨터의 성능이 모든 경우의 수를 계산할 수 있는 수준이라면 컴퓨터의 승이다. 그러나 중반전 이후 가능한 경우의 수가 아직까지는 컴퓨터의 계산 능력을 훨씬 초과하는 수준이므로 중반전까지 사람이 컴퓨터를 앞선다는 것이 알파고 경기 이전까지 일반적인 의견이었다.

이세돌 9단과 대결했던 알파고의 버전 18 알고리즘을 보면 초반전 포석이 끝나고 중반전이 시작되면서 승률의 변화가 뚜렷하게 나타나기 시작한다. 그동안 우리가 바둑에서 컴퓨터가 사람에게 이길 수 없다고 생각한 근거는 너무 많은 경우의 수였다. 즉, 바둑은 중반까지의 승부에서는 직관적인 판단이 매우 중요하다. 그러나 알파고는 기보에서 학습된 사례를 기반으로 몬테카를로 트리 서치MCTS: Monte Carlo Tree Search라는 알고리즘을 통해 의미 있게 돌이 놓이는 위치만을 선택해서 확률을 계산한다. 만약 모든 경우의 수를 계산하게 된다면 문제를 완벽히 풀었다는 의미이므로 승률이 100%가 된다. 말그대로 바둑의 신이 되는 것이다. 모든 경우를 계산하는 것은 현재 컴퓨터 자원으로는 불가능하다. 따라서 알파고의 MCTS 알고리즘은 의미 있게 둘 수 있는 경우를 가능한 한 압축해서 시뮬레이션하고 최선으로 둘 곳을 결정한다. 이번 대결은 바둑에서 중반까지는 인간의 직관이 컴퓨터의 계산보다 우월하다는 상식이 틀렸음을 보여줬다.

이제 경기의 막바지로 가면서 끝내기 단계가 온다. 종반전인 끝내기는 어느 정도 영역이 정해지고 미완의 경계를 완성하는 단계이기 때문에 경우의 수가 한정적이다. 얼마만큼 빠르고 정확하게 미완성된 집의 개수를 세고 순서를 정하느냐가 핵심이다. 대부분의 세계적인 프로기사들은 정도의 차이는 다소 있지만 끝내기 단계에서 거의 동일한 결론을 얻는다. 즉, 실수하지 않는 이상 끝내기는 일사불란하게 진행된다. 따라서 끝내기는 사람과 컴퓨터가 대등하나 실수를 하지 않는 컴퓨터의 특성 덕분에 컴퓨터가 사람보다 앞선다고 말할 수 있다.

이번 경기에서 알파고가 보여준 끝내기 수준은 거의 완벽했다고 볼 수 있다. 점점 미지수가 줄어들면서 알파고는 거의 모든 경우의 수를 계산할 수 있었고 이때부터 알파고의 승률 알고리즘이 계산한 승률은 거의 90%에 육박했다. 4번째 대국에서 이세돌 9단이 보여준 78번째 '신의 한수' 다음에는 알파고의 계산된 승률이 급격히 떨어지기 시작하면서 25%까지 기록하기도 했다. 알파고의 MCTS가 모든 경우의 수를 완전하게 계산하지 못한 결과다.

2015년 10월 유럽 바둑 챔피언인 판 후이Fan Hui 2단을 5대0으로 물리친 알파고와 2016년 3월 이세돌 9단을 꺾은 알파고는 하늘과 땅 차이였다. 불과 5개월 만에 알파고의 기력은 평범한 프로기사 수준에서 입신의 경지까지 수직 상승했다. 무엇이 알파고를 신의 경지까지 이르게 했을까?

구글 딥마인드에 의하면 판 후이 2단과 대국했을 때와 이세돌 9단과 경기를 했을 때 모두 사용된 컴퓨터의 규모는 CPU 1,202개, 그리고 GPU 176개로 동일했다. 그러나 알파고의 알고리즘이 5개월 동안 버전 13에서 버전 18로 업그레이드되면서 약 100만 번 이상의 대국을 치뤘다. 인간의 시간을 기준으로 환산하면 매일 한 번씩 대국을 둔다고 했을 때 2,700년 이상을 훈련한 것이다.

그림 1.3은 구글 딥마인드가 이번 대결에 앞서 발표한 알파고의 기력을 비교한 그래프다. 여기서 사용한 Elo rating이라는 것은 각종 경기에서 각 팀 또는 선수의 실력을 상대적으로 평가해서 계산한 수치인데, 헝가리 출신의 미국 물리학자인 알파드 엘로Arpad Elo가 고안했다. Elo 값이 클수록 이길 수 있는 확률이 높아지며, Elo 값의 차이가 100점 이상이면 높은 선수 또는 팀이 이길 확률이 64%가 된다.

알파고가 2015년 10월에 판 후이를 꺾었을 때 Elo 값은 3,140이었고 그 당시 판 후이의 Elo 값은 2,908 정도였다. Elo 값이 200점 이상 차이 나면 승률이 76% 정도가 된다. 2016년 3월 15일, 이세돌 9단의 당시 Elo 값은 3,520이었고, 알파고의 Elo 값은 3,586으로 추산하고 있지만, 관전 후 전문가들은 알파고의 실제 Elo 값은 이보다 훨씬 높을 것이라는 데 의견을 모았다. 이세돌 9단과의 경기 이후 알파고는 지속적인 훈련을 통해 현재 Elo 값이 4,500점에 도달했다고 구글 딥마인드는 발표했다. Elo의 차이가 677점 이상이 되면 승률은 99%가 된다. 알파고를 이길 인류 바둑 기사는 지금도 그리고 앞으로도 영원히 없다는 얘기다.

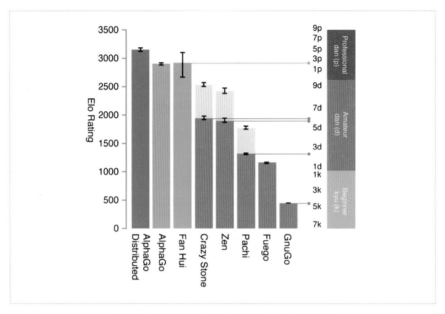

그림 1.3 구글 알파고의 기술 수준(출처: 구글 딥마인드)

구글 딥마인드의 CEO는 이번 대결의 궁극적인 목적은 '세계가 당면한 현실적 문제 해결'이라고 한다. 그는 인터뷰에서 "알파고에 사용된 알고리즘들을 기후 분석이나 복잡한 질병 분석, 그리고 치료제 개발 분야 등에 적용해서 인류의 당면과제를 해결하는 범용 인공지능 프로그램인 메타 솔루션을 만드는 것"이라고 그의 향후 계획을 밝혔다.

인공지능의
역사

인공지능이란?

인공지능은 여러 학문이 연계된 전형적인 융합 학문이다. 컴퓨터과학, 수학, 통계학을 중심으로 철학, 심리학, 의학, 언어학 등 실존하는 모든 학문이 광범위하게 연계돼 있다.

인류 역사상 가장 오래된 학문 중 하나인 철학은 2,000년 이상 사람은 어떻게 인지하고, 배우고, 기억하고, 추론하는지에 대해 고민해 왔다. 철학에서는 기원전 400년경 이미 인공지능의 개념을 상상했다. 그것은 다름아닌 마인드^{mind}라는 것이다. 철학에서는 마인드를 사람 안에 어떤 언어로 인코딩^{encoding}된 지식을 조작하는 일종의 기계 같은 개념이라고 생각했다.

수학은 단연코 인공지능의 기반이 되는 학문이다. 수학에서 대수, 논리학, 확률론의 3개 핵심 분야는 철학에서 제안한 추상적인 아이디어를 증명하고, 알고리즘이라는 형태로 구체적인 구현 방법을 제시한다.

인지 심리학은 인간과 동물들이 어떻게 정보를 인지하고, 저장하고, 분석 처리하느냐에 대한 동작 메커니즘을 밝히는 데 중요한 역할을 한다.

그리고 컴퓨터과학은 이러한 산출물들이 실제로 동작할 수 있도록 컴퓨터 하드웨어와 프로그래밍 기법을 개발해서 인공지능의 마지막 모습을 완성하는 데 핵심적인 역할을 한다.

인공지능은 전문가들의 관점에 따라 여러 가지로 정의된다. 스튜어트 러셀^{Stuart} ^{Russel}과 피터 노빅$^{Peter\ Norvig}$은 『인공지능: 현대적 접근법$^{Artificial\ Intelligence:\ A\ Modern}$ ^{Approach}』에서 인공지능을 다음과 같이 4가지 영역으로 정의하고 있다.

1. 인간처럼 생각하는 시스템

2. 인간처럼 행동하는 시스템

3. 이성적으로 생각하는 시스템

4. 이성적으로 행동하는 시스템

이 분류에서 기준이 되는 것은 '인간처럼'과 '이성적으로', 그리고 '생각하는'과 '행동하는'이다.

'인간처럼'은 말 그대로 사람이 연구대상이며, 만약 사람을 완벽히 따라하는 시스템을 만든다면 100% 성공이다. '이성적으로'의 접근법은 다소 도전적이다. 그 이유는 사람도 이성적이지 않다라는 의미가 내포돼 있기 때문이다. 따라서 '이성적으로'의 접근 방법은 인간의 관점 이상의 외연적外延的 방법으로 사물을 분석하는 것으로 다분히 철학적이다.

'생각하는'의 접근법은 인지, 추론 등과 같은 '생각'의 과정이 원천적으로 어떻게 작동하는가를 연구하기 때문에 논리학과 심리학 분야 연구가 중심이 된다. 최근에는 이러한 '생각하는' 인공지능 연구와 실험적인 심리학, 그리고 신경과학neuroscience 분야가 합쳐져 인지과학cognitive science이라는 새로운 학문 분야가 생기기도 했다. '생각하는' 방법의 인공지능 연구 중 대표적인 예가 카네기멜론 대학의 알렌 뉴웰Allen Newell 교수와 허버트 사이먼Herbert A. Simon 교수의 논리이론기LT; Logic Theorist나 범용해석기GPS; General Problem Solver다. 논리이론기는 알프레드 노스 화이트헤드Alfred North Whitehead와 버트랜드 러셀Bertrand Russell의 저서 『수학 원리Principia Mathematica』에 나오는 정리theorem들을 자동적으로 증명하는 프로그램이다. 범용해석기는 논리이론기를 일반화한 프로그램으로 임의의 문제를 해결하는 엔진이다. 범용해석기는 간단한 문제는 해결할 수 있으나 현실적인 복잡한 문제에서는 그 경우의 수가 기하급수적으로 증가하면서 적용하기 어렵다는 것이 밝혀졌다. 뉴웰과 사이먼은 이를 극복하기 위해 수단-목표 분석MEA; Means-End Analysis 기반의 경험적 방법heuristic을 통해 경우의 수를 줄이는 방법을 제시했다. 이 모델은 이후 카네기멜론 대학을 중심으로 컴퓨터 인지심리학 기반의 인공지능이라는 독특한 학문 분야로 발전한다.

'행동하는'의 방법은 가장 직관적이다. 구현하고자 하는 시스템의 연구 대상이 관찰 가능한 행동이기 때문이다. 인공지능의 정의를 '행동하는' 방법으로 접근한 대표적인 예가 바로 튜링 테스트Turing test다. 튜링 테스트는 기존의 이론적이거나 추상적인 인공지능의 기준을 정하는 대신 사람이 하는 행동을 컴퓨터가 얼마나 유사하게 **모방**하느냐로 정의한 것이다. 사람들이 이해하고, 추론하고, 표현하는 '행동'을 컴퓨터가 똑같이 모방하는 것이 '행동하는'의 인공지능 구현 접근법이다. 최근에는 보고computer vision, 듣고voice recognition, 움직이고movement, 운전하는driving 행동으로 적용 영역을 넓혀가고 있다.

현재까지 가장 활발하게 연구되고 있는 인공지능 분야는 '인간처럼 행동하는 시스템'이다. 예를 들면, 자연어 처리, 자동적인 추론, 지식 표현, 음성인식, 머신러닝, 컴퓨터 비전, 로보틱스가 대표적이다. 앞으로 이 책에서 논의할 인공지능은 바로 '인간처럼 행동하는 시스템'을 말한다.

인공지능을 '인간처럼 행동하는 시스템'이라고 정의한다면 인공지능은 인간처럼 몸과 마음이 필요하다. 그러한 의미에서 인공지능의 몸또는 뇌은 컴퓨터 또는 하드웨어이고 마음은 알고리즘 또는 소프트웨어다. 몸과 마음이 일체로 작용하듯이 인공지능의 발전사도 컴퓨터와 알고리즘의 연구가 서로 단단히 맞물려 있다. 특히 알고리즘이 동작하는 컴퓨터의 발전은 인공지능 기술의 발전을 더욱 가속화했다.

인공지능의 서막을 올린 앨런 튜링

영국은 초창기 인공지능이 탄생하고 성장하기에 매우 비옥한 토양을 가지고 있었다. 16세기 귀납적 방법의 경험론을 창안한 프랜시스 베이컨Francis Bacon, 17세기 경험론을 계승하고 인식론을 창시한 존 로크John Locke, 그리고 19, 20세기 논리학과 언어학에 많은 영향을 준 분석철학의 선구자 조지 무어George E. Moore와 버트랜드 러셀Bertland Russel, 물리학 및 생물학의 아이작 뉴턴Isaac Newton, 찰스 다윈Charles Darwin 등 무수히 많은 철학자와 과학자들의 사상이 숨쉬는 곳이었다.

영국의 수학자 앨런 튜링Alan M. Turing은 1912년 그러한 과학과 철학이 숨쉬는 런던에서 태어났다. 앨런 튜링은 지금의 인공지능과 컴퓨터과학을 탄생시킨 장본인이다. '튜링 머신Turing Machine'이라고 불리는 그의 최초 컴퓨터 구조가 향후 영국의 범용 컴퓨터인 콜로서스Colossus나 미국의 존 폰 노이만John von Neumann 방식의 컴퓨터인 에니악 ENIACElectronic Numerical Integrator And Computer에 사용된 기본 모델이 된다. 또한 그는 컴퓨터가 생각을 한다는 개념을 처음으로 구체화해서 인공지능의 개념을 탄생시켰다. 사실 당시에는 인공지능이라는 용어가 만들어지기 전이었고, 영국에서는 기계 지능machine intelligence이라는 용어를 사용했다. 이런 이유로 그를 현대 컴퓨터과학과 인공지능의 아버지라 부른다.

어려서부터 수학적인 천재성과 자연과학에 대한 남다른 감수성을 보여준 튜링에게는 당시 영국 공립학교의 교육 커리큘럼은 그의 지적 호기심을 채워주기에는 부족했던 것 같다. 일례로, 튜링이 다니던 고등학교 교장은 "그를 과학자로 키우려면 공립학교 교육은 시간낭비다"라고 말했다고 전해진다.

튜링은 고등학교 학창시절 우정 이상으로 사랑했던 친구를 잃으면서 육체가 없는 영혼의 존재에 대해 깊이 고민하게 된다. 튜링은 그와 함께 수학과 과학을 주제로 많은 얘기를 나누면서 그의 뛰어난 영감에 영향을 받는다. 튜링의 일기장에는 "그가 밟고 있는 땅을 숭배하고 싶다"라고 표현하기도 했다. 튜링에게 수학과 과학의 영감을 전해준 절친한 친구는 꽃처럼 아름다운 청소년 시기를 넘기지 못하고 폐결핵으로 죽는다. 튜링은 이후 영혼이 육체와 분리되어 사물에 깃들 수 있다고 믿었고, 어떻게 하면 사물이 정신을 소유할 수 있을까에 대한 질문을 스스로에게 끊임없이 하게 된다. 이러한 이유로 그가 '생각하는 기계'에 대한 남다른 통찰을 보여줬는지도 모른다.

앨런 튜링은 1936년 『On Computable Numbers, with an Application to the Entscheidungsproblem』이라는 논문으로 프로그램을 기반으로 하는 최초의 컴퓨터 모델을 제안한다. '튜링 머신Turing Machine'이라고 하는 최초의 프로그래밍 가능한 컴퓨터 구조인데, 독일의 수학자 데이비드 힐버트David Hilbert가 질문한 Entscheidungsproblem, 즉 결정문제decision problem를 증명하기 위해 고안된 것이다. 힐버트의 결정문제는 참과 거짓을 가릴 수 있는 임의의 명제를 컴퓨터 알고리즘을 통해 똑같이 참과 거짓을 판별할 수 있는가를 묻는 문제다.

한편, 거의 같은 시기에 미국의 수학자인 프린스턴 대학교의 알론조 처치Alonzo Church 교수도 힐버트의 결정문제를 고민하고 있었다. 컴퓨터 과학사에서 길이 남을 두 연구는 이렇게 대서양을 사이에 두고 서로 정보 교류가 없는 상태에서 독립적으로 진행되고 있었다. 처치는 튜링보다 불과 몇 개월 전에 'λ–calculus'라는 이론으로 힐버트의 결정문제를 증명하는 논문을 발표한다[1]. λ–calculus와 튜링머

---

1 Church, A. "An Unsolvable Problem of Elementary Number Theory." *Amer. J. Math.* 58, 345–363, 1936.

신은 정확히 동일한 이론으로 유한한 입력값을 유한한 계산시간 내에 유한한 결괏값으로 변환하는 컴퓨터 구조와 그 알고리즘을 설명한다. 처치 교수는 이후 그의 논문에서 튜링머신이 자신의 λ-calculus보다 명확하고 간결하게 계산이론computability을 설명하고 있다고 언급하기도 했다.

튜링과 처치는 각각 자신들의 계산이론인 튜링머신과 λ-calculus를 통해 다음과 같은 가설을 세운다.

'수학 함수를 이용해 어떤 값을 구하는 방법이 있다면, 그 방법을 튜링머신으로도 구현할 수 있다'.

이 가설을 처치-튜링 논제[2] Church-Turing Thesis 또는 튜링-처치 논제라고 부른다. 이 논제는 향후 물리학에서의 뉴튼 법칙Newton's principle처럼 컴퓨터과학에서 가장 기초적인 이론이 된다.

다시 본론으로 돌아가서 튜링은 튜링머신을 통해 어떻게 힐버트의 결정문제를 증명했을까? 튜링은 힐버트의 결정문제를 중단문제halting problem로 치환해서 생각했다. 중단문제는 어떤 입력값을 가지고 무언가를 계산하는 프로그램이 중단할 것인가 아니면 중단하지 않을 것인가를 '예' 또는 '아니오'로 답하는 문제를 말한다. 결론부터 말하면 이 세상의 그 어떤 알고리즘도 프로그램의 중단 여부를 판단할 수 없다. 중단문제는 대표적인 결정 불가능성undecidability에 해당하는 문제다.

튜링은 중단문제가 결정 불가능성 문제임을 증명하기 위해 집합이론을 기반으로 하는 러셀의 패러독스Russell's paradox를 적용한다. 러셀의 패러독스는 "자기 자신을

---

2 일반적으로 논제(thesis)라는 것은 증명이 완료된 정리(theorem) 바로 전 단계로서, 확신은 있지만 증명할 수 없는 가설을 말한다.

원소로 취하지 않는 모든 집합을 포함 하는 전체집합 S가 있을 때, S 자신이 S의 원소인가?"를 묻는 것이다. 이를 집합 기호로 표현하면 다음과 같다.

$$S = \{x \mid x \notin x\}$$로 정의하면,

$$S \in S \Leftrightarrow S \notin S$$

즉, 자기 자신을 원소로 하지 않는 전체집합 S가 있다면 $S \in S$이고 동시에 $S \notin S$ 인 모순이 발생한다. 따라서 자기 자신을 원소로 하지 않는 전체집합 S는 존재하지 않는다. 러셀의 패러독스를 쉽게 예를 들어 설명한 것이 이발사 패러독스다. "어떤 마을에 오직 한 명의 이발사만 살고 있었는데 그 이발사는 '스스로 면도를 하지 않는 모든 사람은 내가 면도를 해주겠다'라고 선언했다"라는 것이 이발사 패러독스다. 이 마을의 이발사는 자신의 주장을 증명하기 위해서는 스스로 면도를 해야 하고 동시에 스스로 면도를 하지 말아야 한다. 즉, 자기 자신이 이발사이기 때문에 스스로 면도를 해야 하고 동시에 스스로 면도하는 사람은 면도하지 않기로 했기 때문에 스스로 면도를 하지 말아야 한다. 결국 모순이다. 따라서 스스로 면도를 하지 않는 모든 사람을 면도해주는 이발사는 존재하지 않는다.

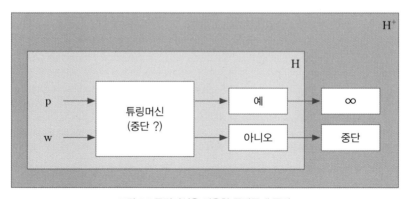

그림 2.1 튜링머신을 이용한 중단문제 증명

그림 2.1에서 보는 바와 같이 튜링은 먼저 중단문제를 해결하는 튜링머신 H가 존재한다고 가정한다. 즉, H는 입력값 w를 실행하는 프로그램 p가 있어, 어떤 기준에 의해 p가 중단되면 '예'를 출력하고 중단되지 않으면 '아니오'를 출력한다. 튜링은 여기에 추가적으로 튜링머신 H를 포함하는 또 다른 튜링머신 H⁺를 가정한다. 이를 유니버설 튜링머신Universal Turing Machine이라고 한다. 이 유니버설 튜링머신, H⁺는 튜링머신 H의 출력값이 '예'가 되면 무한루프를 연결하고 출력값이 '아니오'가 나오면 중단하는 알고리즘을 가진다. H⁺의 출력값을 다시 H⁺에 입력시키면 다음과 같은 상황이 발생한다. 즉, 입력값 H⁺가 중단하지 않으면(무한루프) H⁺는 중단하고, 입력값 H⁺가 중단하면 H⁺는 중단하지 않는다(무한루프). 즉, 모순이다. 따라서 중단문제를 판별하는 튜링머신, 즉 알고리즘은 존재하지 않는다.

튜링은 힐버트의 결정문제 연구를 계기로 1936년 9월 미국으로 건너가 프린스턴 대학에서 처치 교수와 함께 논리학 분야의 연구를 계속하게 된다. 튜링은 처치 교수의 지도를 받고, 1938년에 『Systems of Logic Based on Ordinals』라는 논문으로 박사학위를 받는다.

초기 컴퓨터 모델인 튜링머신의 개념은 프린스턴 대학의 존 폰 노이만 교수의 연구에 상당한 영향을 끼쳤다. 범용 컴퓨터 에드박EDVAC: Electronic Discrete Variable Arithmetic Computer을 설계한 폰 노이만은 펜실베니아 대학의 존 모클리John Mauchly와 프리스퍼 에커트J. Presper Eckert 등과 함께 에니악ENIAC: Electronic Numerical Integrator And Computer 프로젝트에 참여하면서 그의 컴퓨터 구조 이론을 에니악에 적용했다. 이후 폰 노이만의 컴퓨터 구조는 여러 범용 컴퓨터의 기본 구조로 사용됐고 그의 컴퓨터 모델은 현대 컴퓨터 구조의 표준이 된다.

튜링이 박사학위를 받을 즈음 폰 노이만 교수는 그를 연구원으로 초빙하지만 제2차 세계 대전이 발발하면서 튜링은 영국으로 귀국한다. 이후 튜링은 독일의 에니그마 머신^{Enigma machine}이 만들어낸 암호를 푸는 프로젝트를 주도적으로 수행하면서 영국이 제2차 세계 대전에서 승리하는 데 결정적인 기여를 한다. 암호를 푸는 컴퓨터가 바로 콜로서스였다. 이후 튜링은 콜로서스의 성능을 개선하는 자동 컴퓨팅 엔진^{ACE; Automatic Computing Engine}을 설계했고, 이는 그의 동료에 의해 1950년 파일럿 에이스^{pilot ACE}로 발전했다.

인공지능 검사: 튜링 테스트

1950년 튜링은 『Computing Machinery and Intelligence』라는 논문을 통해 컴퓨터가 지능을 갖고 있다는 사실을 어떻게 판단할 것인가에 대한 구체적이고 실제 적용이 가능한 방법으로 튜링 테스트를 제안한다. 그런데 이 논문에서 발표된 최초의 튜링 테스트는 사실 오늘날의 것과 조금 달랐다.

오늘날 사용되고 있는 튜링 테스트는 독립된 공간에 컴퓨터, 사람, 심사원이 들어가 설치된 컴퓨터 화면을 통해 문자를 주고받은 후, 컴퓨터와 사람 둘 다에게 문자를 주고받은 심사원이 어떤 상대가 컴퓨터인지 구별하는 것이다. 만약 심사원이 구별하지 못하면 컴퓨터는 튜링 테스트를 통과하게 된다.

그러나 원래의 튜링 테스트는 이보다 조금 더 복잡했다. 먼저 튜링 테스트를 제안하게 된 동기를 그의 논문을 통해 알아보자.

"I propose to consider the question; 'Can machines think?' This should begin with definitions of the meaning of the terms 'machine' and 'think'…. But this is absurd. Instead of attempting such a definition I shall replace the question by another, which is closely related to it and is expressed in relatively unambiguous words. The new form of the question can be described in terms of a game which we call the imitation game."

여기서 튜링은 '기계가 생각할 수 있는가?'라는 화두를 던진다. 최초의 인공지능 정의를 묻는 질문이다. 여기서 그는 인공지능을 정의할 때 '기계'와 '생각'을 분리해서 생각하지 말고, 모방게임imitation game이라는 명확하고 실용적인 방법을 제안한다.

처음에 튜링이 제안했던 모방게임인 튜링 테스트는 3명의 참가자가 참여해서 두 단계로 진행된다. 먼저, 남자 참가자가 A 역할을 하고, 여자 참가자는 B 역할을 한다. 그리고 심사원은 C 역할을 한다. 첫 번째 단계에서는 심사원 C가 A, B와 문자 메시지로 대화를 나누고 누가 남자이고 여자인지를 알아내는 과정이다. 이때 A는 C에게 자신의 정체를 숨기려고 노력하고 B는 정확히 얘기한다. A가 자신의 정체를 숨기려고 하기 때문에 심사원은 A가 여자로 생각하는 실수를 할 가능성이 있다. 두 번째 단계에서는 A의 남자 대신 컴퓨터로 바꿨을 때 심사원이 똑같은 반응을 보이는지를 테스트하는 것이다. 두 단계로 나눠서 테스트를 진행한 이유는 확실하게 설명돼 있지 않으나, 아마도 두 가지 이유가 있을 듯하다. 첫째는 심사원이 처음부터 컴퓨터와 대화를 한다고 하면 쉽게 컴퓨터와 사람의 차이점을 알아낼 가능성이 높고, 두 번째는 컴퓨터가 사람처럼 자신의 정체를 속이는 행위까지 모방해야 진정한 인공지능으로 판단한 것처럼 보인다. 즉, 여자인 척하는 남자만큼이나 컴퓨터가 사람인 척 흉내를 내면 컴퓨터는 튜링 테스트를 통과한 것이다.

물론 당시에는 이러한 실험을 할 컴퓨터가 존재하지 않았기 때문에 튜링 테스트는 아이디어 차원에서 제안된 것이었다. 그는 이 논문에서 50년 이내에 그러한 인공지능 시스템이 등장할 거라고 예측한다. 다음은 튜링이 이 논문에서 남긴 코멘트다.

> "I believe that in about fifty years' time it will be possible, to programme computers, with a storage capacity of about 10^9, to make them play the imitation game so well that an average interrogator will not have more than 70 per cent. chance of making the right identification after five minutes of questioning."

즉, 튜링은 여기서 10^9bit의 스토리지를 가진 인공지능 컴퓨터와 5분간 대화를 하고 나서 정확하게 대화상대의 정체를 구별하는 심사원은 70%가 안 될 것이라고 예측했다. 지금으로부터 70여 년 전의 예측이다. 튜링이 말한 10^9bit의 스토리지는 메모리 기능을 말하는 것으로 용량이 125MB가 된다. 현재 일반적인 스마트폰 메모리의 용량이 3GB이니 24분의 1 수준이다. 스마트폰에 설치된 개인 비서 앱은 음성 또는 문자로 물어보는 사용자 질문을 거의 사람처럼 대답해 준다.

참고로 약 15년 전에는 튜링 테스트가 인공지능의 기술 수준을 가늠하는 표준으로 여겨지면서 많은 사람들이 저마다 튜링 테스트를 통과했다고 과시하듯 보도하는 경향이 있었다. 이때 인지과학자인 다니엘 데닛Daniel Dennett은 자신의 저서 『Essays on Designing Minds』에서 사람이 느끼기에 사람의 지능 정도를 인지하는 것은 매우 주관적이며 심지어 하찮은 프로그램에도 열광하는 경향이 있다고 지적하면서 튜링 테스트의 맹목적인 추종을 경계하기도 했다.

인공지능 뇌의 진화

컴퓨터의 개발은 다양한 분야에서 서로 다른 목적으로 진행됐다. 예를 들면, 어떤 특정한 기능을 수행하기 위해 컴퓨터와 알고리즘이 일체형으로 동작하는 형태로 개발되기도 했고, 어떤 때는 사람 대신 많은 분량의 숫자를 빠르게 계산하려는 목적으로 컴퓨터를 설계하기도 했다. 그러나 일반적인 문제를 풀 수 있고 또한 사용자의 명령어를 이해하는 범용 컴퓨터의 개발은 언제나 최종 목표였다.

컴퓨터는 수많은 크고 작은 톱니바퀴로 연결된 기계식 계산기에서 진공관을 이용한 전기식, 그리고 지금의 반도체를 집적한 전자회로 방식으로 발전했고, 요즘의 고성능 컴퓨터는 페타플롭스[3]의 빠르기로 숫자를 계산할 수 있으니 그 발전 속도가 그야말로 눈부시다. 하루가 다르게 발전하는 컴퓨터의 성능은 무어의 법칙 Moore's law[4]을 넘어 이젠 양자 컴퓨터[5]로 그 지평을 열어가고 있다.

(1)   (2)

그림 2.2 (1) 1832년 영국의 수학자인 찰스 베비지Charles Babbage가 설계한 차분기Difference Engine
(2) 2015년 11월 기준으로 세계에서 가장 빠른 컴퓨터인 중국의 텐허-2호

---

3   10^{15}(Peta)번의 1초당 실수를 계산(flops, floating point operation per second)
4   인텔의 공동 설립자인 고든 무어(Gordon Moore)가 제안한 것으로 컴퓨터의 처리 속도가 18개월마다 2배로 빨라진다는 법칙
5   이진수로 계산되는 전통적인 컴퓨터 계산 방식과 달리, 0과 1 사이의 임의의 수를 계산하면서 중첩 등과 같은 양자의 성질을 이용해 기존 방식보다 몇천 배 빠른 컴퓨터

단순한 계산기 형태가 아닌 프로그래밍 가능한 초기 컴퓨터 개발의 가장 큰 동인은 1939년에 시작된 제2차 세계 대전의 발발이었다. 이때 각국은 전쟁을 승리로 이끌기 위해 암호 해독이나 무기 개발에 사용될 컴퓨터가 필요했고, 이를 위해 정부는 막대한 연구비를 아낌없이 쏟아부었다. 제2차 세계 대전 당시 이러한 목적을 만족하는 컴퓨터를 제일 먼저 개발한 것은 독일이었다.

독일의 전자공학자인 콘라드 추세Konrad Zuse는 1941년 정부의 지원으로 튜링완전성Turing completeness[6]을 만족하는 Z3 컴퓨터를 개발하는 데 성공했다. 이후 1944년 영국은 독일군의 암호 해독을 위한 컴퓨터인 콜로서스를 개발했고, 미국은 1945년 에니악ENIAC이라는 컴퓨터를 개발하는 데 성공한다.

이들이 개발한 초창기 컴퓨터들은 프로그래밍 가능한 최초의 범용 컴퓨터로서, 대학교를 중심으로 진행되고 있었던 개념적인 수준의 인공지능 알고리즘이 실제로 구현될 수 있게 하는 플랫폼의 역할을 훌륭히 수행했다. 당시 컴퓨터를 설계하고 제작할 수 있었던 미국, 영국, 독일이 사실 인공지능 분야를 선도했다고 말할 수 있다. 그 여파는 지금까지도 이어지고 있으며, 후발 주자들의 추격을 쉽게 허락하지 않고 있는 상황이다.

1980년대부터 일본은 '5세대 컴퓨터Fifth generation computer' 프로젝트라고 하는 국가과제를 통해 차세대 컴퓨터 시스템과 인공지능 분야에 대한 연구를 시작했고, 최근에는 중국이 이 분야에 뒤늦게 뛰어들었다. 중국은 거대한 내수시장과 자본력을 바탕으로 세계적인 핵심인력을 적극적으로 영입하고 있으며, 매우 공격적인 투자로 선두 주자들을 바짝 추격하고 있다. 현재 중국은 미국을 상대할 가장 위협적인

---

6   튜링완전성은 유한한 입력값을 유한한 계산시간 내에 유한한 결괏값으로 변환하는 튜링머신의 필요조건을 만족하는 것을 말한다.

나라로 부상하고 있다. 최근 마이크로소프트는 중국의 고급 인력과 내수시장을 동시에 해결하기 위해 인공지능 연구소를 중국 베이징에 설치하고 운영 중이다.

(1)   (2)

그림 2.3 (1) 앨런 튜링의 이론이 적용된 콜로서스 (2) 펜실베니아 대학의 모클리-에커트 팀이 개발한 에니악

제2차 세계 대전 동안 개발된 에니악을 포함해서 1946년부터 1959년 사이에 개발된 컴퓨터를 1세대 컴퓨터라고 부른다. 1세대 컴퓨터는 중앙처리장치CPU: Central Processing Unit를 위한 메모리 및 회로 기능을 위해 진공관을 주요 부품으로 사용했다. 몇천 개의 진공관을 수많은 케이블로 실타래처럼 연결한 1세대 컴퓨터는 어마어마한 크기로 인해 이동이 불가능했고 특정한 장소에 붙박이 형태로 설치됐다. 진공관을 이용한 1세대 컴퓨터는 태생적인 발열과 전력 소모로 대규모 기관이 아니면 보유할 엄두를 내지 못했다. 물론 가격도 매우 고가였다. 1세대 컴퓨터에서는 모든 작업이 배치batch 형태로 진행됐으며, 입출력 인터페이스로 펀치카드, 종이 테이프가 사용됐고 1세대 후반부에 자기 테이프가 도입됐다. 프로그램을 하기 위해 기계어의 일종인 어셈블러assembler를 사용해야 했다. ENIAC을 비롯해 EDVAC, UNIVAC, IBM 650, IBM 701이 1세대 컴퓨터에 해당한다.

2세대 컴퓨터는 1959년부터 1965년까지 개발된 컴퓨터를 말하는데, 이때부터 진
공관 대신 트랜지스터가 사용됐다. 진공관 대신 트랜지스터를 사용하면서 컴퓨터
의 크기가 훨씬 줄어들었고 동시에 전력 소모량도 현격히 줄었다. 또한 계산 과정
도 1세대보다 안정적이고 빨랐다. 2세대 컴퓨터는 자기 장치를 주력 메모리로 사
용했고, 자기 테이프와 디스크를 2차 저장장치로 사용했다. 사람이 직관적으로 이
해할 수 있는 고급 프로그래밍 언어로 포트란FORTRAN과 코볼COBOL이 개발되어 사
용됐다. 2세대로 접어들면서 각종 기술적인 발전이 이뤄졌지만 가격 면에서는 여
전히 고가여서 사용하기에 상당한 부담이 있었다. 2세대 컴퓨터의 대표적인 모델
로 IBM 1620, IBM 7094, CDC 1604, CDC 3600, UNIVAC 1108 등이 있다.

3세대 컴퓨터는 1965년과 1971년 사이에 개발된 컴퓨터를 말한다. 3세대 컴퓨
터의 가장 큰 특징은 트랜지스터 대신 집적회로IC, Integrated Circuit를 사용한다는 점
이다. 집적회로란 단일 실리콘 칩 위에 여러 개의 트랜지스터와 저항, 그리고 축
전소자가 들어있는 것을 말하는데, 집적회로는 1958년 텍사스 인스트루먼트Texas
Instruments에서 연구원으로 있던 잭 킬비Jack Kilby가 발명한 것이다. 그는 2000년에
집적회로의 발명으로 노벨 물리학상을 수상한다. 집적회로가 사용됨으로써 컴퓨
터는 더욱 작아졌고 성능과 안정성이 훨씬 개선됐다. 이때부터 원격지에서 명령어
를 실행할 수 있는 방법이 개발됐고, 중앙처리장치를 시간차를 두고 공유하는 기
술과 병렬컴퓨팅의 초기 형태인 멀티프로그래밍multiprogramming 기술이 도입됐다.
이때 개발된 고급 프로그래밍 언어로는 파스칼PASCAL과 베이직BASIC 언어가 있고,
IBM 360 시리즈와 허니웰Honeywell 6000 시리즈가 대표적인 3세대 컴퓨터에 해당
한다.

4세대 컴퓨터는 1971년부터 1980년까지 개발된 컴퓨터를 말한다. 4세대 컴퓨터의 특징은 단일 실리콘 칩 안에 몇천 개의 트랜지스터를 집적하는 고밀도 집적회로VLSI: Very Large Scale Integrated의 발명이다. 고밀도 집적회로의 도입은 새로운 컴퓨터 세계로의 진입을 의미한다. 이를 기반으로 마이크로프로세서micro-processor가 개발되면서 컴퓨터의 대중화 시대가 열린다. 이때 C/C++가 개발됐고, 대표적인 기종으로 Cray X-MP, Y-MP, DEC10, STAR 1000, PDP 11 등이 있다.

5세대 컴퓨터는 1980년부터 지금까지를 말한다. 5세대 컴퓨터에서 가장 두드러진 특징은 실리콘 칩의 초고밀도 집적화라고 할 수 있다. 예를 들면, 4세대의 집적회로 안에 들어간 트랜지스터의 개수는 5000개 정도였는데, 2013년 인텔이 출시한 하스웰Haswell 프로세서는 약 26억 개의 트랜지스터가 집적돼 있다. 5세대 컴퓨터에서 또 하나의 특징은 병렬컴퓨팅의 발전이다. 병렬컴퓨팅은 여러 개의 컴퓨터를 마치 하나인 것처럼 사용함으로써 성능을 높이는 기술인데, 이미 3세대 컴퓨터부터 시도돼 왔다. 이 기술이 5세대에서 더욱 관심을 받은 이유는 단일 마이크로프로세서의 성능 한계를 체감했기 때문이다.

마이크로프로세서의 성능을 좌우하는 트랜지스터의 집적도가 18개월마다 2배씩 증가한다는 무어의 법칙은 1990년대까지는 잘 들어맞았으나 점차 집적도의 물리적 한계를 보이면서 주춤하기 시작한다. 이러한 성능 포화현상을 극복하기 위해 병렬컴퓨팅 기술이 적극 개발됐다. 예를 들어, 단일 CPU 칩 안에 여러 개의 코어core를 내장한다거나, 한 대의 컴퓨터 안에 있는 여러 개의 CPU가 중앙에 내장된 메모리를 공유해서 여러 개의 CPU를 프로그램 하나가 동시에 사용할 수 있게 하는 것이다. 이러한 기법을 공유 메모리shared memory 병렬컴퓨팅이라고 한다. 컴퓨터의 성능을 더욱 확장하기 위해 물리적으로 분리돼 있는 분산형 컴퓨터를 네트워크로 연결해 동시에 사용하는 초병렬컴퓨팅 기술도 이때 등장하게 된다. 이러한 병렬컴퓨팅을 분산형 메모리 초병렬컴퓨팅massively parallel computing with distributed memory이라고 한다.

분산형 병렬컴퓨터에서는 네트워크 케이블을 통해 컴퓨터 사이에서 데이터를 주고받는데, 이때 데이터의 전송 속도를 높이기 위해 빛을 이용한 광섬유 케이블이 사용되기도 한다. 지금은 구글이나 페이스북, 그리고 아마존 같은 서비스 업체부터 정부 소유의 슈퍼컴퓨팅센터까지 데이터센터에 있는 몇천 대의 컴퓨터를 마치 하나의 컴퓨터처럼 자유자재로 사용할 수 있다.

5세대에서 들어서면서 이처럼 눈부시게 발전한 기술로 인해 그동안 컴퓨터 성능의 한계로 쳐다보지도 못했던 대규모 문제에 이제는 도전할 수가 있게 됐다. 초고집적 프로세서와 고성능 네트워크 장비, 그리고 대용량의 메모리와 입출력 장치를 갖춘 컴퓨터 환경이 완성되면서 딥러닝과 같은 기술이 실용화되는 단계에 이르렀다.

최초의 인공신경망: 퍼셉트론

한편 미국에서는 1943년 신경외과 의사인 워렌 맥컬록Warren McCulloch과 논리학자인 월터 피츠Walter Pitts의 역사적인 연구[7]에서 인공신경망이 시작된다. 그들은 마치 전기 스위치처럼 '온', '오프'하는 기본적인 기능이 있는 인공 신경을 그물망 형태로

---

7   Warren S. McCulloch and Walter Pitts. A logical calculus of the ideas immanent in nervous activity. Bulletin of mathematical biophysics. vol. 5 (1943). pp. 115－133.

연결하면 그것이 사람의 뇌에서 동작하는 아주 간단한 기능을 흉내 낼 수 있다는 것을 이론적으로 증명했다.

이 연구는 신경망 기반의 인공지능 연구에 서막을 올리는 사건이었고, 향후 1958년 코넬 대학교의 심리학자인 프랭크 로센블래트$^{Frank\ Rosenblatt}$의 연구에 결정적인 영향을 준다. 여기서 탄생된 이론이 바로 퍼셉트론^{Perceptron}[8]이다.

그림 2.4 프랭크 로센블래트의 퍼셉트론 장비: 왼쪽에 보이는 사각형 박스가 ▲●■을 인지하는 시각센서다(출처: Neurocomputing, Robert Hecht-Nielsen)

프랭크 로센블래트는 맥컬록과 피츠의 원시적인 인공신경망 이론을 바탕으로 '학습'이라는 개념을 추가한다. 로센블래트가 정의한 학습의 개념은 1949년 도널드 올딩 헵$^{Donald\ Olding\ Hebb}$이 발표한 저서 『The Organization of Behavior』에서 아이디어를 얻었다. 헵은 이 책에서 생물학적 신경망 내에 반복적인 시그널이 발생할 때 신경세포들은 그 시그널을 기억하는 일종의 학습효과가 있음을 지적했다. 그는

---

8 가장 간단한 인공 신경망. 입력값을 선형으로 변환하는 논리연산장치

이 관찰을 기반으로 생물학적 신경망의 학습 메커니즘을 인공신경망에서는 가중치weight factor라는 것으로 그 효과를 대체할 수 있음을 설명했다.

1958년 로센블래트는 헵의 가중치 개념을 적용해 사람의 시각 과정을 시뮬레이션하는 물리적인 기구를 만들면서 퍼셉트론 이론을 발표한다. 로센블래트가 발표한 퍼셉트론은 인공신경망ANN; Artificial Neural Network을 실제로 구현한 최초의 모델이다.

인공지능 용어의 등장

인공지능이라는 말은 1956년 여름 존 매카시John McCarthy가 다트머스 대학에서 열린 컨퍼런스에서 처음 사용했다. 존 매카시는 프린스턴 대학에서 박사학위를 받고 다트머스 대학에서 교수로 재직하고 있던 중 마빈 민스키Marvin Minsky, 정보이론Information Theory의 창시자 클로드 쉐넌Claude Shannon, IBM 701[9]을 설계한 나다니엘 로체스터Nathaniel Rochester 등과 공동으로 이 컨퍼런스를 주최했는데, 다수의 프린스턴 대학 동문들과 IBM의 아서 사무엘Arthur Samuel, MIT의 레이 솔로모노프Ray Solomonoff, 올리버 셀프리지Oliver Selfridge, 그리고 카네기멜론 대학의 허버트 사이먼Herbert Simon과 알렌 뉴웰Allen Newell 등이 참여했다. 사실 이 컨퍼런스에서는 별다른 연구결과는 발표되지 않았고 인공지능이라는 용어의 탄생으로 그 의미가 있다고 할 수 있다.

이후 존 매카시는 다트머스 대학에서 MIT로 자리를 옮긴 후 계속 인공지능 연구를 진행한다. 그는 MIT에서 인공지능 분야에서 사용되는 LISP를 개발했다. LISP는

---

9 IBM 701은 최초로 대량 생산된 과학계산용 컴퓨터다. 폰 노이만 구조를 갖추고 있고 1952년에 출시됐다.

고급 프로그래밍 언어로 매카시가 1958년에 개발해 1960년에 발표한 것이다. 이는 포트란보다 약 2년 후에 만들어진 것으로 알려졌는데, 지금까지도 사용되고 있는 고급 프로그래밍 언어다.

다트머스 컨퍼런스에 참여했던 마빈 민스키 박사도 1958년 MIT에 합류한다. 민스키는 1959년 매카시와 공동으로 MIT 내에 AI 랩을 만들면서 인공지능의 중심이 프린스턴 대학에서 MIT로 이동하게 된다. 민스키는 지속적으로 어떻게 하면 컴퓨터가 사람처럼 지각하고 사고하는지에 대해 연구했으며, 그 공로로 1969년 컴퓨터 과학 분야의 노벨상이라고 하는 튜링 어워드Turing Awards를 수상한다(2년 후인 1971년에는 존 매카시가 수상한다). 또한 그는 1985년에 MIT에서 미디어 랩을 설립하기도 했다. 인공지능의 선구자인 마빈 민스키는 2016년 1월, 88세의 일기로 수많은 업적과 함께 역사 속으로 사라진다.

다트머스 컨퍼런스에 참석한 인공지능 전문가 가운데 아서 사무엘이 있었다. 그가 바로 머신러닝machine learning이라는 용어를 처음으로 사용한 사람이다. MIT에서 전기공학으로 석사학위를 받은 사무엘은 벨 연구소를 거쳐 어바나 샴페인에 있는 일리노이 주립대 전기공학과 교수를 역임했다. 이후 IBM으로 자리를 옮겼는데, 1959년 IBM이 개발한 최초의 과학계산용 상용 컴퓨터인 IBM 701에서 실행되는 인공지능 프로그램을 개발한다. 그의 프로그램은 보드게임 중 하나인 체커checkers 게임을 사람을 상대로 하는 것이었는데, 이 연구결과를 발표하는 그의 논문 『Studies in Machine Learning Using the Game of Checkers』[10]에서 처음으로 '머신러닝'이라는 용어를 사용했다. IBM에서 은퇴한 후 그는 스탠포드 대학에서 인공지능 분야 연구교수를 역임하면서 후배 양성에 힘을 쏟았다.

---

10 IBM Journal of Research and Development(Volume:3, Issue: 3), 1959

인공지능의 위대한 도전들

1950년대에 존 폰 노이만 교수가 있었던 프린스턴 대학은 인공지능 분야의 산실이었다. 당시 프린스턴 대학의 박사과정 학생이었던 마빈 민스키와 딘 애드먼드Dean Edmonds는 최초의 인공신경망 컴퓨터를 개발하고 있었다. 이때가 1951년이었다.

그들은 쥐가 미로를 찾는 것을 시뮬레이션하는 컴퓨터를 설계했다. 이 컴퓨터는 40개의 뉴런neuron을 가진 컴퓨터로서 SNARCStochastic Neural Analog Reinforcement Computer 이라고 불렸다. 민스키와 에드먼드는 SNARC에 40개의 뉴런을 구현하기 위해 3,000개의 진공관을 사용했다. 그러나 마빈 민스키의 박사논문 연구로 진행된 이 프로젝트는 아쉽게도 성공하지 못했다.

그림 2.5 SNARC의 부품 일부(출처: cyberneticzoo.com)

1951년 영국 방위산업체인 페란티Ferranti는 맨체스터 대학과 공동으로 최초의 상용 컴퓨터 페란티 마크 원Ferranti Mark I을 개발한다. 페란티 마크 원은 맨체스터 전자 컴퓨터Manchester Electronics Computer 또는 맨체스터 페란티Manchester Ferranti로도 불렸다. 이 최초의 상용 컴퓨터는 맨체스터 대학에 설치됐는데, 이 컴퓨터를 이용해 갖가지 인공지능 프로그램들이 개발됐다.

1951년 영국의 컴퓨터 프로그램 분야의 선구자인 크리스토퍼 스트래치Christopher Strachey는 페란티 마크 원에서 동작하는 최초의 인공지능 체커checker 보드게임 프로그램을 개발했다. 사실 그는 이 프로그램을 앨런 튜링이 개발한 ACEAutomatics Computing Engine 컴퓨터에서 이미 잘 동작하는 것을 확인한 상태였다. 그의 인공지능 체커 프로그램은 페란티 마크 원 컴퓨터에서 정상적인 계산 속도를 유지하면서 처음부터 끝까지 성공적으로 실행됐다.

페란티에서 연구원으로 근무하고 있던 디트리치 프린즈Dietrich Prinz는 최초로 체스 게임을 타깃으로 인공지능 프로그램 개발에 도전한다. 체스는 서양에서 가장 인기 있는 보드게임이었고, 컴퓨터가 사람을 상대로 체스 게임을 한다는 것은 인공지능 수준을 시험하는 의미로 매우 중요한 사건이었다. 앨런 튜링의 동료이기도 했던 디트리치 프린즈는 1951년에 페란티 마크 원에서 동작하는 인공지능 체스 프로그램을 완성한다. 그러나 페란티 마크 원의 성능 한계로 그의 프로그램은 전체 게임을 할 수는 없었고, 'mate-in-two'라고 하는 체스의 마지막 단계인 체크메이트checkmate 두 단계 전에서 가장 최적의 이동 경로를 결정할 있는 수준이었다.

1947년 앨런 튜링도 인공지능 체스 프로그램을 설계했지만 끝까지 완성하지는 못했다.

정보이론의 창시자인 클로드 쉐넌은 MIT를 졸업하고 벨 연구소의 연구원으로 있었는데, 그는 튜링의 '생각하는 기계'의 가능성을 매우 공감하고 있었다. 1950년 그는 인공지능 기반의 체스 게임에 관련된 논문[11]을 발표하면서 경우의 수가 10^{120}인 체스게임을 컴퓨터가 풀기 위해서는 사람과 같이 정성적인 경험 기법heuristic

---

[11] Claude Shannon, Programming a Computer for Playing Chess, Philosophical Magazine, 1950

approach이 필요하다고 주장했다. 그는 이 논문의 의미를 다음과 같이 설명했다. "(이 연구가) 실용적으로 중요하지 않을 수도 있지만 이론적으로 관심있는 문제이기도 하고 또한 다른 유사한 속성을 지닌 더욱 중요한 문제를 해결하는 데 쐐기 역할을 할 수 있으리라 희망한다". 다른 여러 전문가들도 체스 게임과 같은 인공지능 프로그램을 만들 수 있으면 다른 복잡한 문제도 해결할 수 있을 것이라고 믿었다.

체스의 전체 게임을 할 수 있는 인공지능 프로그램은 1958년 알렉스 번스타인Alex Bernstein이 처음 개발했다. 알렉스 번스타인은 IBM의 프로그래머로 있었는데, 재능 있는 체스 선수이기도 했다. IBM 704 컴퓨터에서 동작하는 그의 체스 프로그램은 게임 시작부터 마지막까지 사람을 상대로 경기를 할 수 있는 수준이었는데, 실력은 아쉽게도 초보자 수준을 넘어서진 못했다. 번스타인의 프로그램에서 각 말이 이동을 위해 계산하는 평균 소요시간은 약 8분 정도였다.

인공지능의 첫 번째 겨울

퍼셉트론을 발명한 로센블래트와 고등학교 동창인 민스키 박사도 당시 생물학적 신경망에 영감을 얻어 퍼셉트론과 유사한 연구를 하고 있었다. 두 과학자는 매번 컨퍼런스에서 만날 때마다 퍼셉트론의 적용 가능성에 대해 서로 논쟁을 벌였는데, 로센블래트는 대부분의 문제에 대해 자신의 퍼셉트론 이론이 적용될 수 있음을 주장했고 민스키는 매우 한정적인 경우에만 퍼셉트론 이론이 적용될 수 있다고 주장했다.

1969년 마빈 민스키와 그의 동료 세이무어 페퍼트Seymour Papert는 저서를 통해 로센블래트의 퍼셉트론 이론의 한계점을 수학적으로 증명한다. 즉, 로센블래트의 퍼셉트론은 'AND' 또는 'OR' 같은 선형 분리가 가능한 문제에서는 적용할 수 있지만 'XOR' 문제에는 적용할 수 없다는 것이 주요 내용이었다.

이들의 발표는 인공지능의 가능성에 기대를 걸었던 학계의 뜨거운 분위기를 일순간 얼어붙게 만든 큰 사건이었다. 이 사건을 계기로 학계의 많은 사람들이 인공지능에 관심을 잃게 됐고, 심지어 그들의 발표를 노골적으로 원망하는 사람도 있었다. 인공지능이 점점 학계에서 외면당하면서 자연스럽게 연구비 지원도 줄어들었다. 이를 '연결주의론의 포기abandonment of connectionism'라고 한다. 당시 인공신경망을 연결주의론Connectionism이라고 불렀기 때문이다.

1957년 세계 최초의 인공위성인 스푸트닉Sputnik을 러시아가 쏘아 올리자 미국은 충격에 휩싸였다. 곧 미국은 국립연구회NRC, National Research Council를 중심으로 러시아가 출간한 과학 논문을 자동으로 번역해주는 프로젝트에 막대한 자금을 지원하기로 결정한다. 그러나 정부의 적극적인 후원에도 불구하고 그 당시의 인공지능 기술 수준으로는 이렇다 할 뚜렷한 성과를 내지 못했다.

1966년 결국 미국 정부는 기계번역에 관련된 연구자금 지원을 전격 중단한다. 그때까지 쏟아부은 연구비는 당시 기준으로 약 2천만 달러였다.

1960년대에 미국 인공지능 연구자금은 주로 국방부 산하 방위고등연구계획국DARPA에서 나왔는데, 인공지능 분야라고 하면 거의 조건없이 연구자금을 대는 분위기였다. 대부분의 연구비는 마빈 민스키, 존 매카시, 허버트 사이먼, 알렌 뉴웰 프로젝트에 집중됐는데, 연구 내용보다는 사람 중심으로 투자가 이뤄졌다.

1969년 소위 맨스필드 수정안Mansfield's Amendments이 의회에 통과되면서 국방 연구예산을 좀 더 실무적인 분야에 투자하는 기조로 정책이 바뀐다. 이에 따라 방향성

없는 기초연구를 지양하고, 목표지향적인 단기 프로젝트에 집중적으로 투자하게
된다. 실질적인 효용성을 보여주는 구체적인 연구계획이 아니면 인공지능 분야에
서 연구자금을 확보하는 것이 쉽지 않았다. 이러한 현상은 1980년대 초까지 지속
된다.

한편 영국에서도 인공지능 분야가 처한 상황은 좋지 않았다. 1971년 맨체스터 대
학 교수인 제임스 라이트힐 경Sir. James Lighthill은 영국 의회로부터 '영국 인공지능 연
구 현황'에 대한 분석보고서 작성을 요청받는다. 그는 이 보고서에서 현재의 인
공지능 기술은 현실적으로 의미 있는 대규모 문제를 풀기에는 역부족이다라는
결론을 내렸다. 대규모 문제란 문제의 크기가 커지면 기하급수적으로 후속 과정
이 늘어나는 문제 또는 경우의 수가 10^n 크기의 문제에서 n이 커질 때 컴퓨터로
다룰 수 없는 경우를 말한다. 그는 이 보고서에서 이 문제를 각각 '폭발적인 조합의
증가combinatorial explosion', '다루기 힘듦intractability'이라고 표현했다. 이러한 문제는 지
금도 적용되는 것으로, 결국 컴퓨터 성능과 매우 밀접하게 연관돼 있다. 이로 인해
영국에서는 각종 인공지능 연구가 중단됐고, 일부 대학에서만 근근이 연구를 이어
갔다.

이처럼 60년대 말, 70년대 초에 인공지능 분야에서 발생한 일련의 비관적인 사건
들은 일시적인 인공지능의 침체기를 불러오는 계기로 작용했다. 이것이 첫 번째
'인공지능의 겨울[12]'이다.

---

12 1차 인공지능의 겨울(1974 ~ 1980)

인공지능의 재도약

마빈 민스키와 세이무어 페퍼트가 발표한 인공신경망의 한계성, 미국의 연구자금을 쥐고 있는 국방성 산하 고등연구프로젝트원의 연구비 삭감, 영국 의회에 보고한 맨체스터 대학 제임스 라이트힐 교수의 인공지능 비관론 등으로 촉발된 1970년대의 인공지능의 겨울은 1980년대에 들어서면서 일련의 사건을 통해 새로운 전환기를 맞는다. 그 첫 번째 사건이 1980년대에 산업계에 본격적으로 도입된 전문가 시스템expert system의 활약이다.

전문가 시스템이라는 것은 사람이 보유한 전문적인 지식과 경험을 잘 정리해 적재적소에 가장 알맞은 정보를 제공함으로써 비전문가들도 전문가 수준으로 업무를 처리할 수 있게 해주는 시스템을 말한다. 전문가 시스템은 일반적으로 3개의 요소, 즉 ① 전문가의 지식과 경험을 사실과 규칙 형태로 저장한 지식 데이터베이스knowledge database, ② 자문과 의사결정을 생성하는 추론엔진, ③ 사용자와 시스템 간 입력/출력 인터페이스로 구성돼 있다.

VAX라는 컴퓨터로 1970년대 중형컴퓨터 시대를 이끌었던 미국의 DECDigital Equipment Corp는 1982년 전문가 시스템인 XCONeXpert CONfigurer을 도입한다. XCON은 DEC의 요청으로 카네기멜론 대학의 존 맥더모트John P. McDermott 교수가 1978년에 개발한 것이다. DEC는 XCON을 이용해 고객의 요구사항에 맞게 주문생산을 함으로써 약 400억 원의 원가절감을 할 수 있었다. 화학제품 제조회사인 듀폰DuPont도 100여 가지 분야에 전문가 시스템을 도입해 100억 원 상당의 원가를 절감했다. 조사에 의하면 1980년대 말까지 미국 내 500대 기업의 절반이 전문가 시스템을 개발하거나 유지보수에 비용을 사용했다고 한다.

전문가 시스템에서 전문가의 지식과 경험을 어떤 규칙을 통해 비전문가에게 '설명'하기 위해서는 추론엔진이 중요한 역할을 한다. 추론엔진은 일반적으로 IF-THEN 구조로 돼 있는데, 만약 확보한 정보가 부족하거나 정보 간 상관성이 결여된 경우 또는 애매한 언어로 표현된 지식과 정보가 포함돼 있는 경우에는 불확실한 추론을 할 가능성이 있다. 이를 극복하기 위해 베이즈^{Bayes} 기반 추론을 통해 확률적 방법으로 해결한다. 예를 들면,

IF E는 참이다.
THEN H는 참이다.

에서 H는 참이라는 것을 베이지안 방법에 의해 설명하는 것이다. 즉,

$$P(H \mid E) = \frac{P(H) \cdot P(E \mid H)}{P(E)}$$

처럼 베이즈 룰$^{Bayes' Rule}$을 이용해 H가 참이라는 사실을 확률적 관점에서 추론하게 된다.

추론엔진의 불확실성을 해결하는 접근법 중 또 다른 예가 퍼지 이론$^{Fuzzy\ theory}$이다. 퍼지 이론은 '0'과 '1'과 같이 두 개의 값만을 취할 수 있는 이진논리$^{binary\ logic}$와는 달리 '0'과 '1' 사이에 여러 가지 값을 가질 수 있는 다중값 논리$^{multi-valued\ logic}$인 수학 원리다.

전문가 시스템에서 퍼지 이론이 필요한 이유는 모든 지식과 경험들을 '0'과 '1'과 같이 이진적으로 설명하기가 어려운 경우가 있기 때문이다. 예를 들면, '밸브를 천천히 돌린다', '높은 온도에서 스위치를 끈다', '정밀하게 조작해야 한다' 등과 같은 경우가 여기에 해당한다.

최초의 퍼지전문가시스템은 1975년 영국 런던대학교의 에브라힘 맘다니Ebrahim Mamdani 교수가 증기기관을 제어하기 위해 개발한 것이다. 맘다니 방법은 4단계로 구성돼 있는데, 1단계는 이진형으로 된 입력값을 연속된 범위 내 어떤 값으로 전환하는 퍼지화fuzzification, 2단계는 규칙에 기반한 퍼지값의 연산evaluation, 3단계는 여러 규칙에서 출력된 결과의 통합, 그리고 4단계는 통합된 퍼지형의 결괏값을 다시 이진형으로 전환하는 역퍼지화defuzzification다. 이러한 맘다니 방법은 퍼지 규칙에 있는 전문성을 추출하는 데 탁월한 성능을 보여 지금도 널리 사용되고 있다.

1980년대 인공지능이 활용된 또 다른 사례는 비즈니스 인텔리전스Business Intelligence다. 비즈니스 인텔리전스는 다양한 분야의 데이터를 수집, 정리, 분석해서 사업전략을 수립하는 데 필요한 정보를 제공하는 시스템이다.

'비즈니스 인텔리전스'라는 용어는 1865년 리처드 밀러 데브스Richard Millar Devens가 자신의 저서 『상업과 사업 비법 백과사전Cyclopaedia of Commercial and Business Anecdotes』에서 은행가인 헨리 퍼네스 경Sir. Henry Furnese이 어떻게 경쟁사보다 먼저 정보를 입수하고 이용하는지를 소개하면서 이 용어를 사용했다. 이후 1958년 IBM 연구원인 한스 피터 룬Hans Peter Luhn이 IBM 저널에 『비즈니스 인텔리전스 시스템Business Intelligence System』이라는 기사를 통해 좀 더 명확히 산업계에서 사용될 수 있는 용어로 정의하면서 지금까지 사용돼 오고 있다.

1956년 IBM은 하드디스크를 개발하고 플로피 디스크 및 레이저 디스크를 연속으로 개발에 성공한다. IBM의 이러한 저장장치들이 기업의 주요한 경영정보시스템으로 사용되기 시작하면서 기업 내에 데이터들이 쌓이기 시작했다. 1970년대에 들어서면서 이러한 기업환경의 변화와 맞물려 기업이 보유하고 있는 데이터를 처리해 기업의 의사결정을 지원하는 소위 의사결정 지원 시스템DSS, Decision Support System

이 등장했다. 하지만 당시의 DSS 기술 수준은 기업이 결정적인 효과를 얻기에는 여러모로 부족했다. 1980년대 데이터 웨어하우스Data Warehouse 기술과 데이터 마이닝 기술이 도입되면서 비즈니스 인텔리전스는 산업계에 핵심적인 도구로 자리잡기 시작한다.

최근에는 빅데이터Big Data 트렌드에 따라 기업 내부의 데이터뿐만이 아니라 기업 외부의 데이터까지 분석하면서 비즈니스 인텔리전스의 적용 영역을 넓혀가고 있다. 기업 외부의 데이터는 소셜미디어나 IoTInternet of Things 등과 같은 센서에서 발생하는 비정형 데이터unstructured data를 말한다. 또한 머신러닝의 기법이 고도화되고 이러한 기술이 비즈니스 인텔리전스에 적용되면서 비즈니스 인텔리전스는 더 똑똑한 기업의 두뇌로 진화하고 있다.

1980년대 미국과 영국이 주도했던 인공지능과 컴퓨터 산업에서 아시아는 까마득한 변방이었다. 아시아에서 산업화가 가장 먼저 이뤄진 일본은 이러한 최첨단 산업 전쟁에 참전을 선언한다. 1982년 일본 정부는 통상산업성MITI; Ministry of International Trade and Industry을 중심으로 '제5세대 컴퓨터' 프로젝트를 출범시키면서 본격적인 서구 기술과의 경쟁을 시작한다. 참고로 컴퓨터의 1세대는 1940년대까지 개발됐던 진공관 컴퓨터이고, 2세대는 트랜지스터와 다이오드를 이용한 컴퓨터다. 3세대 컴퓨터는 집적회로를 사용하기 시작했고, 4세대 컴퓨터부터 비로소 중앙처리장치CPU인 마이크로 프로세서가 개발되어 사용된다.

일본은 초병렬컴퓨팅의 개념을 바탕으로 5세대 컴퓨터를 개발해서 포스트 4세대 컴퓨터 시대를 주도하려고 했다. 그러나 잘 알려진 것처럼 병렬컴퓨팅 프로그래밍의 복잡성 때문에 프로젝트를 진행하는 데 어려움이 있었고, 여기에 5세대 컴퓨터의 병렬컴퓨팅 성능이 단일 컴퓨터에도 종종 추격당하는 현상이 벌어졌다. 예를 들면, 썬 마이크로시스템즈^{Sun Microsystems}의 스팍^{SPARC} 워크스테이션 또는 인텔의 x86 기반 서버보다 5세대 초병렬컴퓨터의 성능이 좋지 못했다.

국가 프로젝트로 시작한 일본의 5세대 컴퓨터는 상업화에 실패하면서 5세대 컴퓨터 프로젝트는 가시적인 결실을 얻지 못하고 중단된다. 1982년부터 1992년까지 10년 동안 진행된 5세대 컴퓨터 프로젝트에 자그마치 약 4억 달러^{당시 화폐기준으로}의 연구비가 투입됐다. 그러나 일본의 이러한 도전적인 투자는 2002년부터 2004년까지 세계에서 제일 빠른 슈퍼컴퓨터로 이름을 올린 지구 모형기^{Earth Simulator} 탄생의 밑거름이 됐다.

지진이나 태풍과 같은 자연재해를 모델링하는 데 주로 사용됐던 지구 모형기는 슈퍼컴퓨터 분야의 종주국이라고 자부했던 미국에 오랫동안 불명예를 안겼던 장본인이다. 당시 미국이 보유한 슈퍼컴퓨터의 성능은 미국을 제외한 모든 나라의 슈퍼컴퓨터의 성능을 모두 더한 것보다도 높았다. 2004년 미국은 IBM 블루진^{Blue Gene}을 가지고 결국 세계 1위 자리를 탈환했지만 현재는 다시 중국의 텐허-2^{Tianhe-2, 天河-2}라는 슈퍼컴퓨터에게 세계 1위를 내주고 있는 상태다.

일본의 5세대 컴퓨터 프로젝트가 보도되자 미국은 1957년 러시아 스푸트닉 인공위성의 악몽을 다시 떠올린다. 미국은 국방성을 중심으로 전략 컴퓨팅 계획^{Strategic Computing Initiative}이 입안되고 약 10억 달러의 연구비를 투입한다. 전략 컴퓨팅 계획은 더욱 진화된 컴퓨터와 인공지능에 중점을 두고 새로운 칩 설계 및 생산, 컴퓨터 시스템 개발, 그리고 인공지능 기술 개발에 집중적으로 투자했다. 그러나 1983년부터 1993년까지 계속된 전략 컴퓨팅 계획이 인공지능 분야에서 기대했던 것만큼 가시적인 성과를 얻지 못하자 1993년 가속화된 전략 컴퓨팅 계획^{Accelerated Strategic Computing Initiative}을 거쳐 고급 시뮬레이션 및 컴퓨팅 프로그램^{Advanced Simulation and}

Computing Program으로 명칭이 바뀌면서 인공지능 대신 슈퍼컴퓨팅 분야로 연구 방향을 전환한다.

인공지능에서 파생된 머신러닝

인공지능이라는 용어가 탄생한 1956년의 다트머스 컨퍼런스 이후 IBM 인공지능 연구원인 아서 사무엘은 1959년 체커 게임 논문을 발표하면서 처음으로 머신러닝이라는 용어를 사용한다. 머신러닝은 이후 지금까지 인공지능의 핵심적인 주제로 지속돼 왔다.

제이미 카보넬Jaime Carbonell과 그의 동료들이 1983년에 발표한 논문[13]에서 머신러닝은 지금까지 세 가지 접근법으로 연구가 진행돼 왔다고 설명한다.

첫 번째가 신경 모형 패러다임Neural Model Paradigm이다. 신경 모형은 맥컬록과 피츠에서 시작된 인공신경망 이론이 로센블래트의 페셉트론으로 이어졌고 이것은 연결주의론이라는 머신러닝의 한 분야를 형성했다. 신경 모형 패러다임은 초창기 열악한 컴퓨터 기술로 인해 이론 위주의 연구가 진행되다가 이후 자체적인 특수 목적 장치들을 고안하면서 인공신경망을 구현한다. 1차 인공지능의 겨울이 시작되면서 신경 모형 패러다임은 몇몇 학자에 의해 그 명맥이 근근이 이어져갔다. 예를 들면, 하버드 대학교 박사과정이었던 폴 워보스Paul Werbos는 1974년 자신의 박사논문[14]에서 최초로 다층 신경망의 학습 알고리즘으로 역전파 이론을 적용할 수 있음을

---

13 Jaime G. Carbonell, Ryszard S. michalski, Tom M. Mitchell, Machine Learning: A Historical and Methodological Analysis, The AI Magazine, 1983

14 P. Werbos, Beyond Regression: New Tools for Prediction and Analysis in the Behavioral Sciences, PhD thesis, Harvard University, Cambridge, MA, 1974

보인다. 그러나 당시 연결주의론에 대한 학계의 냉랭한 분위기 때문에 그는 1982년까지 자신의 연구 결과를 대중에 발표하지 않았다. 폴 워보스의 논문은 1985년 데이비드 파커David B. Parker와 프랑스의 얀 르쿤Yann LeCun에 의해 재발견되면서 연결주의론은 새로운 국면을 맞이한다.

신경 모형 패러다임은 2000년대 들어서면서 심층신뢰망Deep Belief Network, 컨볼루션 신경망Convolution Neural Network 등 획기적인 새로운 알고리즘의 소개와 범용 그래픽 프로세서GPGPU: General Purpose Graphical Processing Unit를 이용한 컴퓨터 성능의 개선으로 깊은 신경망 구조를 가진 딥러닝Deep Learning으로 발전한다.

두 번째는 심볼 개념의 학습 패러다임Symbolic Concept-Acquisition Paradigm이다. 이 패러다임은 서두에서 얘기했던 스튜어트 러셀과 피터 노빅의 인공지능 분류에서 '인간처럼 생각하는' 영역과 유사하다. 1960년에 시작된 이 패러다임은 헌트Hunt와 그의 동료가 발표한 논문『Programming a Model of Human Concept Formation』에서 그 기원을 찾을 수 있다. 이 패러다임은 숫자나 통계 이론 대신 논리학이나 그래프 구조를 사용하는 것으로 1970년대 중반부터 1980년대 후반까지 인공지능의 핵심적인 접근법이었다. 여기서 심볼릭symbolic이라는 것은 인간이 읽을 수 있는 human-readable 것으로 해석하면 될 듯하다. 카네기멜론 대학의 허버트 사이먼 교수와 알렌 뉴웰 교수가 이 패러다임의 대표적인 학자다. 이 패러다임은 나중에 전문가 시스템에 많은 영향을 미친다.

세 번째는 현대지식의 집약적 패러다임Modern Knowledge-Intensive Paradigm이다. 현대지식의 집약적 패러다임은 1970년대 중반부터 시작됐다. 이 패러다임이 등장한 배경은 인지과학에서 사용하는 'tabula rasa'라는 말처럼 아무런 지식도 없는 백지 상태에서 학습을 시작하는 신경 모형을 지양하고 이미 학습된 지식은 재활용해야 한다는 이론이 대두되면서 시작됐다. 또한 그동안 머신러닝의 중심이 됐던 심볼 개념의 학습 패러다임에서 그 영역을 확장하고자 하는 움직임이 현대지식의 집약적 패러다임이 탄생하게 된 또 다른 동기였다. 이 패러다임의 대표적인 경우가 1983년 로스 퀸란Ross Quinlan이 제안한 의사결정 트리Decision Tree 알고리즘이다. 의사결정 트리 알고리즘은 블랙박스back box 형태의 다른 머신러닝 알고리즘과는 달리 이른바 화이트 박스white box 알고리즘이어서 사용자가 그 진행 프로세스를 직관적으로 확인할 수 있다. 블랙 박스는 진행과정이 숨겨진 형태를 말한다. 의사결정 트리는 노이즈noise 데이터의 처리에 큰 강점을 보이면서 실무적으로 많이 사용되고 있다.

1990년대에 들어서면서 머신러닝은 새로운 전환기를 맞는다. 그동안 머신러닝은 인공지능의 연구분야 중 하나로 주로 컴퓨터의 학습 방법론에 치중했는데, 이때부터 실생활에서 필요한 문제를 해결할 수 있는 실용적인 머신러닝 연구 분위기가 새롭게 형성된 것이다. 즉, 90년대의 머신러닝 패러다임은 컴퓨터를 이용한 통계학에 가까웠다. 통계학 관점에서 데이터를 분석하는 데이터 마이닝과 이론적으로 많은 부분을 공유했으며 더욱 향상된 컴퓨터의 보급 및 인터넷의 확산으로 디지털 데이터의 손쉬운 확보도 이러한 움직임에 많은 영향을 끼쳤다.

러시아의 통계학자인 블라드미르 배프니크Vladimir Vapnik는 1963년에 발표한 서포트 벡터 머신Support Vector Machine 이론을 일반화한 소프트 마진soft margin 서포트 벡터 머신을 그의 동료와 함께 공동연구로 1995년에 발표한다. 서포트 벡터 머신은 1990년대와 2000년대 초반까지 머신러닝의 핵심적인 알고리즘으로 사용됐다.

두 번째 인공지능의 겨울

1차 인공지능의 겨울을 종식시킨 원인은 크게 두 가지로 볼 수 있다. 첫 번째는 전략적 가치를 가진 대규모 연구가 정부 주도로 추진됐던 경우다. 예를 들면, 일본의 5세대 컴퓨터 프로젝트나 미국 국방성을 중심으로 시작된 인공지능 및 고급 컴퓨터 개발 프로젝트가 여기에 해당한다.

두 번째는 산업계에서 시작된 인공지능의 실제 적용으로 그 실효성이 검증된 경우다. 예를 들면, 스토리지 시스템 개발이나 전문가 시스템, 그리고 비즈니스 인텔리전스 같은 상품들이 실제 산업계에서 효과를 발휘하면서 많은 사람들이 인공지능의 가능성과 실용성을 스스로 확인할 수 있었다.

바꿔 얘기하면 인공지능 분야에서 정부 주도의 전략 과제가 없거나 산업계에서 필요한 상품화 수준의 인공지능 기술이 완성되지 않으면 인공지능은 언제든지 쇠퇴기를 맞이할 수 있다는 의미다.

정부의 과학 정책은 여러 가지 상황 변수에 따라 실용성과 전략적 가치 사이를 시계추처럼 반복적으로 왕복한다. 이러한 상황은 인공지능 분야의 연구에서도 마찬가지다. 전략적인 투자의 기조가 강조되는 시기에는 아낌없는 투자를 받다가, 실용성을 중시하는 정책이 주류를 이루면 여지없이 연구자금의 씨가 마른다.

한편 산업계에서도 그동안 인공지능의 발전 방향으로 여겨졌던 전문가 시스템도 갖가지 문제점을 드러내면서 또 한번의 시련의 시기를 맞이한다. 산업계에서 그동안 그 역할을 잘 수행했던 전문가 시스템에 대해 여전히 성능 대비 가격 측면에서 불만을 가지고 있었다. 더군다나 1980년대 후반부터 시장에서 본격적으로 보급되기 시작한 개인용컴퓨터PC; Personal Computer는 성능 면에서 고가의 전문가 시스템에 비해 크게 부족하지 않았다. 또한 전문가 시스템에 새로운 정보를 업데이트하려면 그 절차가 매우 복잡하고 까다로웠다. 이러한 이유로 산업계 측면에서 점차 전문가 시스템의 매력이 떨어지면서 서서히 그 성장 동력도 줄어든다. 이로 인해 인공지능의 확산에 제동이 걸렸다.

1980년대 말부터 시작된 두 번째 인공지능의 겨울은 1990년대초까지 이어졌다.

현재의 인공지능

2000년대에 들어서면서 보고, 듣고, 생각하고 행동하는 인공지능의 수준은 괄목할 만한 성장을 보인다.

얼마전에 세계의 이목을 집중시켰던 세기의 대결 '알파고 대 이세돌'에서도 확인한 것처럼 인공지능 기술은 그동안 인간의 난공불락이었던 바둑에서도 인간의 능력을 넘어섰다.

알파고를 개발한 구글 딥마인드는 구글이 2014년에 인수한 영국 런던 기반의 스타트업이었다. 딥마인드는 인공지능 기술 분야 중 강화학습이 전문인 회사로, 알파고를 설계하기 전에 이미 컴퓨터 게임을 사람처럼 배워서 전문가보다 높은 점수를 낸 데모를 보여준 적이 있다. 강화학습이란 마치 어린아이가 태어나서 백지 상태에서 배워나가는 이른바 '*tabula rasa*' 같은 학습 알고리즘이다.

태어난 지 3년이 채 안 된 알파고는 30년 이상 수련한 세계 바둑 마스터를 꺾었다. 알파고는 3년 동안 24시간 365일 학습을 하면서 현존하는 모든 바둑 기보를 암기하고 분석해 자신의 지식으로 만들었다. 알파고의 계산 능력은 바둑 경기 시 매 순간 최선의 돌 위치를 단 1초 안에 결정하는 수준이다. 바둑에 관한 알파고의 지능은 영원히 인류가 넘지 못할 것이다.

스마트폰에 설치된 개인 비서는 사람이 말을 알아듣고 친구에게 대신 전화를 걸어 준다거나 식당을 예약해주기도 한다. 그리고 외국인과 통화할 때 거의 실시간으로 통역해준다. 나한테 온 이메일을 분석해서 스팸 메일은 걸러주고 중요도 순으로 정렬해준다. 디지털 이미지를 인식하고 사람 얼굴을 보고 누구인지 구별한다. 영화를 추천해주기도 하고 요리 방법을 알려주기도 한다. 사람과 같이 퀴즈쇼에서 퀴즈를 풀고 프로 바둑 기사와 대등하게 바둑을 둔다. 이미 퀴즈쇼나 프로바둑에서는 인간 챔피언보다 월등함을 보여줬다. 숙련된 의사처럼 환자의 증상을 분석하고 진단한다. 월스트리트에서 몇 백만 달러의 연봉을 받는 금융 애널리스트나 상품설계사인 퀀트quant보다 정확히 금융 시장을 예측하고 자산운용을 한다. 강화학습으로 훈련된 무인 비행기인 드론drone은 스스로 활공하면서 장애물을 피하고 무사히 착륙한다. 자율 운전 자동차는 2009년부터 약 6년 동안, 약 100만 마일 무사고 운전을 기록 중이다. 사실 무사고는 아니고 12번의 경미한 사고가 있었지만 95%가 다른 차량의 실수로 인한 사고였다고 한다. 100만 마일이면 지구를 37번 도는 거리다. 인간처럼 직립보행을 하는 휴머노이드 로봇은 계단을 오르내리는 것은 물론이고 눈 덮인 언덕을 중심을 잡으면서 사람처럼 걸어간다. '인간처럼 행동하는 시스템'이 바로 코앞에 서 있는 느낌이다.

최근 인공지능 분야에서의 핫 트렌드는 인공신경망 기반의 딥러닝과 로보틱스robotics다.

딥러닝은 앞서 설명한 바와 같이 머신러닝의 접근법 중 하나인 신경망 모형 패러다임에 그 뿌리를 두고 있다. 단일 퍼셉트론에서 해결하지 못한 비선형 문제를 다층 퍼셉트론, 즉 다층 신경망 이론으로 해결하면서 주목을 받았으나, 효율적인 학습모델의 부재로 별다른 진전을 보지 못했다. 신경망 알고리즘에서 학습모델이란 각 층마다 연결돼 있는 신경망의 가중치 계수를 결정하는 것을 말한다.

70년대 중반 인공신경망 분야에 매우 중요한 논문[15]이 발표된다. 다층 신경망의 학습모델 방법으로 역전파 알고리즘이 최초로 적용된 것이다. 그러나 이 연구는 1차 인공지능 겨울의 그늘에 빛을 보지 못하고 8년 후에 학술지에 공개된다. 이 연구는 80년대 중반에 몇몇 학자들에 의해 재발견되면서 본격적인 연결주의론의 부활로 이어졌다.

역전파 방법에 탄력을 받은 신경망 연구원들은 좀 더 복잡한 문제를 풀기 위해 신경망의 층수를 늘리다가 모델의 해가 국부적인 최솟값을 벗어나지 못하거나 최적해로 수렴하는 데 수많은 반복 계산이 발생하는 문제에 직면한다. 이러한 현상이 나타나는 원인은 신경망 층이 늘어나면서 출력층의 정보가 역전파되는 과정에서 판별력이 소멸되기 때문이다. 이러한 현상은 역전파 학습에서 가장 일반적으로 사용되는 경사감소법gradient descent에서 볼 수 있는데, 이를 경사감소소멸vanishing gradient descent이라고 한다.

1990년대에 이러한 경사감소소멸 문제는 여러 연구에 의해 해결된다. 예를 들면, 출력층의 정보를 계속 메모리에 기억해서 역전파에 이용하는 장단기 기억법LSTM: Long Short-Term Memory이 대표적인 경우다. 장단기 기억법은 이후 계속 개선되면서 최근까지 필기체 인식이나 음성인식 및 자연어 처리 등에 주요 알고리즘으로 활용되고 있다.

---

15 P. Werbos, Beyond Regression: New Tools for Prediction and Analysis in the Behavioral Sciences, PhD thesis, Harvard University, Cambridge, MA, 1974

70년대 말에 소개됐던 컨볼루션 신경망 이론은 80년대말 역전파 이론에 적용되어 이미지 인식 분야에 큰 발전을 가져왔다. 이미지 분석 분야에서는 역전파 기반의 컨볼루션 신경망이 오늘날 가장 효과적인 알고리즘으로 널리 사용되고 있다. 2000년대 중반에 들어서면서 깊은 신경망의 효율성을 높이려는 연구가 중점적으로 이뤄졌다. 예를 들어, 2006년에 소개된 제한된 볼츠만 머신RBM: Restricted Boltzmann Machine을 기반으로 하는 심층신뢰망DBN: Deep Belief Network이 대표적이다. 심층신뢰망은 컴퓨터비전computer vision 분야에서 그 효력을 보여주었던 알고리즘인데 학습초반에 효과적으로 이미지의 특성을 분석하는 장점으로 심층신뢰망에서 해를 용이하게 구할 수 있게 해준다. 심층신뢰망 이론의 효과가 검증이 되고 나서 딥러닝이라는 용어가 본격적으로 사용되기 시작한다. 여기에 2000년대부터 사용되기 시작한 범용 그래픽 프로세서의 활용도 더욱 딥러닝의 발전을 촉진한다.

최근 인공지능에서 또 하나의 뜨거운 분야는 로보틱스다. 로보틱스 분야는 크게 3가지로 분류할 수 있는데 첫 번째가 산업용 로봇이다. 산업용 로봇은 이미 공장자동화 분야에서는 폭넓게 활용되고 있는 상황이고 2018년까지 약 15% 이상 성장할 것이라고 예상하고 있다. 두 번째는 전문 서비스 로봇인데 재난용이나 물류운송용, 군사용 로봇을 말한다. 전문 서비스 로봇의 성장률은 약 11% 정도로 예상된다. 세 번째는 개인용 서비스 로봇이다. 개인용 서비스 로봇은 장애인 도우미 로봇, 가정용 로봇 청소기나 개인 비서, 완구류 로봇 등이 있다. 개인용 서비스 로봇의 시장은 2018년까지 약 35% 성장할 것으로 예상한다.

검색 서비스와 동영상 콘텐츠 서비스를 통해 광고 사업을 하는 구글은 2013년부터 로보틱스를 구글의 새로운 성장 동력으로 선정하고 본격적인 투자를 하고 있다. 이러한 결정은 세계 스마트폰의 80% 이상에 탑재돼 있는 운영체제인 안드로이드Android를 만든 앤디 루빈Andy Rubin이 구글의 경영진을 설득하면서 시작됐다.

안드로이드는 인조인간이라는 뜻으로 안드로이드를 설계한 앤디 루빈도 원래는 로봇 공학자였다. 그는 대학교를 졸업하고 애플에 우연한 소개로 취직하기 전까지 독일의 광학렌즈 제조회사에서 로봇공학자로 일했다. 앤디 루빈은 안드로이드를 기획할 때부터 로봇사업을 염두에 뒀을지도 모른다. 구글의 로보틱스 사업은 무인 주행 자동차와는 사실 별개로 진행되고 있다.

구글은 2013년 일본 동경대 졸업생이 창업한 휴머노이드 로봇 전문회사인 샤프트 Schaft 인수를 시작으로, 빅독BigDog으로 유명한 군사용 로봇을 만드는 보스턴 다이나믹스Boston Dynamics 등 지금까지 10여 개 이상의 로봇 전문회사를 사들였다. 인수된 회사를 모아 시작한 구글의 로봇 사업은 2014년말 문제가 발생한다. 구글의 로봇 사업을 기획했고 이후 줄곧 로봇 그룹을 총괄해오던 앤디 루빈이 경영진과의 갈등으로 회사를 떠나게 된 것이다. 구글은 후임자를 지금까지 물색하고 있지만 마땅한 인물을 찾지 못하고 있는 실정이다. 이로 인해 로봇 분야를 독립적인 사업부로 출범하려는 초기의 계획을 잠시 미루고 현재 구글의 지주회사 소속인 구글 엑스 Google X에 잠정 편입시키기로 했다. 구글 엑스는 소위 '문샷moonshot' 프로젝트를 진행하는 베일에 싸인 공개되지 않은 연구개발 조직인데, 구글 무인자동차나 택배용 드론, 구글 글래스 등과 같은 혁신적인 차세대 기술들을 연구하고 있다.

2015년에 열린 DRCDARPA Robotics Challenge에서 한국 KAIST의 오준호 교수가 이끄는 휴보Hubo 팀이 세계의 쟁쟁한 후보자들을 물리치고 우승했다.

DRC는 2011년 일본 후쿠시마 원자력 발전소 재난 사건 이후 재난사고 현장에서 사람을 대신해서 임무를 수행할 로봇을 개발할 목적으로 미국 방위고등연구계획국DARPA이 기획한 세계적인 경진대회다.

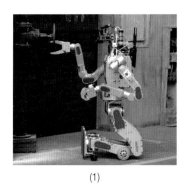 

(1)   (2)

그림 2.6 DRC2015 (1) 우승한 KAIST 휴보 (2) 2위 보스톤 다이나믹스 IHMC(출처: DARPA)

이 대회에서는 재난현장에서 발생될 수 있는 대표적인 상황을 8가지로 설정하고 각 분야에서 출전 로봇이 얼만큼 빠르고 완벽히 태스크를 완수하는지 시험한다. 예를 들면, 특수하게 설계된 자동차를 운전해서 목적지에 도달한 후 하차하는 태스크, 파편 같은 장애물을 치우는 태스크, 닫혀있는 문을 열고 들어가는 태스크, 밸브를 잠그는 태스크, 재난현장처럼 여러 가지 파편들이 불규칙하게 놓여져 있는 바닥을 통과하는 태스크, 선반 위에 올려져 있는 공구들을 다루는 태스크, 플러그를 뽑거나 다시 꼽는 태스크, 계단을 오르내리는 태스크 등이다.

대부분의 참가 로봇들이 문을 열거나 벽에 드릴을 하는 태스크에서 중심을 잃거나 넘어지는 등 아직 두발로 균형을 유지하는 것이 기술적으로 완벽히 구현되지 않았다. 물론 이 밖에도 휴머노이드humanoid 로봇 연구에서는 여러 분야에서 해결해야 할 문제가 산재해 있다.

DARPA는 2004년 미국 모하비 사막에서 무인자동차 경주대회를 개최했고 이것은 2007년에는 도심 자동차 대회로 이어졌다. 이후 무인자동차의 기술은 발전을 거듭해 이제는 상용화를 눈앞에 두고 있다. 무인자동차의 발전사와 같이 휴머노이드 재난 로봇도 지금은 매우 어설퍼 보이기는 하지만 끊임없는 도전과 실패, 성공을 통해 머지않은 미래에는 우리 주변에서 흔히 볼 수 있는 상황이 벌어질 것이다.

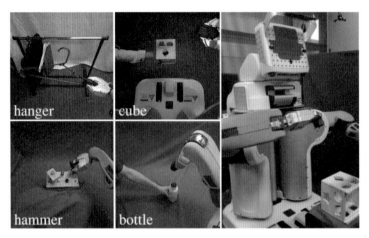

그림 2.7 미국 버클리대학 로봇연구실에서 개발한 두 팔 로봇[16]

미국 버클리대학의 한 로봇 연구실에서는 최근 강화학습에 딥러닝 기술을 적용해 옷을 사람처럼 개고 정해진 선반에 올려 놓거나 옷걸이에 걸 줄 아는 로봇을 개발했다. 또 이 두 팔 로봇은 그림 2.7에서 보는 바와 같이 병뚜껑을 돌려서 열거나 나무에 박힌 못을 뽑을 수도 있다. 사람이 두 손으로 하는 대부분의 작업을 수행 시간과 정확도 측면에서 사람과 큰 차이가 없다.

이 연구에서 주목해야 할 성과는 로봇에 장착된 카메라가 컴퓨터비전 기술을 이용해 상황을 인지하고 최선의 행동 정책을 찾아내서 바로 로봇 관절 모터에 피드백하는 학습을 시행착오를 통해 스스로 수행한다는 것이다. 이 연구를 주도하고 있

---

16 Sergey Levine, Chelsea Finn, Trevor Darrell, Pieter Abbeel, 'End-to-End Training of Deep Visuomotor Policies', 2015

는 버클리 대학의 피터 아빌Pieter Abbeel 교수는 이 연구를 통해 시각과 행동이 연동된 로봇 개발을 빠르게 할 수 있게 됐다고 설명한다. 즉, 인공지능의 학습 방법이 사람이 학습하는 방식에 더욱 가까워진 것이다.

IoT 시대의 인공지능

우리는 온몸에 있는 감각 세포를 통해 실시간으로 주변상황을 인지하고, 매 순간 적절한 반응 작용을 통해 우리 몸을 가장 최적으로 유지하는 항상성을 갖는다. 어떤 반응들은 우리가 의도적으로 조절하지 않아도 자동적으로 일어나며, 어떤 반응들은 우리의 결정에 따라 움직인다. 우리의 몸을 굳이 IT 환경으로 비유한다면 감각신경을 센서, 중추신경을 네트워크, 근육을 액추에이터actuator, 그리고 뇌를 컴퓨터로 표현할 수 있다.

우리 자신을 포함한 우리 주변의 모든 일상적인 환경도 마치 우리의 몸처럼 변해가고 있다. 즉, 옷이나 안경, 신발 등에 부착되는 센서부터 시작해 가로등, CCTV, 신호등과 같이 도시 시설에 설치되는 전자 장비, 그리고 사무실, 공항, 쇼핑몰, 공장에 설치돼 있는 센서들이 우리 몸의 감각 세포처럼 센싱한 데이터를 쉴새 없이 쏟아내며 그때그때의 상황을 알려준다. 소리, 온도, 습도, 흔들림, 기울기, 밝기, 냄새, 이미지, 동영상, 이산화 탄소 농도 등의 데이터가 시간에 따라, 위치에 따라, 사용 환경에 따라 생성되는 데이터들이 바로 그것들이다. 여기서 생성되는 데이터의 규모Volume는 너무 크고, 속도Velocity는 너무 빠르고, 그 종류가 너무도 다양Variety하다. 그래서 우리는 이러한 데이터를 빅데이터Big Data라고 한다.

휴대용 스마트 기기나 웨어러블wearable 센서들을 통해 우리 몸에서 측정된 데이터
는 주변 환경에서 감지된 데이터와 나의 의료기록 등과 합쳐져서 나의 건강을 항
시 모니터링해주고 필요한 건강정보를 추천해주며, 사무실에서 측정된 데이터는
효율적인 근무환경을 만들어 주고, 쇼핑몰에서 측정된 데이터는 상품 진열과 고객
의 이동 동선을 설계하는 데 도움을 준다. 도심에 설치된 센서를 통해 교통혼잡을
방지하고 대중교통 운행시간을 알려주고, 좀 더 안전한 치안 환경을 제공한다. 공
장 안에 설치된 센서는 원료의 공급 일정을 최적화하고 생산 라인에서 발생할 수
있는 장애를 사전에 감지해 불량률을 줄여 생산성을 향상시킨다.

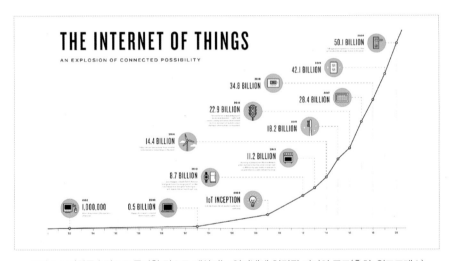

그림 2.8 기하급수적으로 증가할 것으로 예상되는 인터넷에 연결된 기기의 규모(출처: 워드프레스)

2015년말 기준으로 약 64억 개의 IoT 기기들이 이미 설치돼 있고, 2020년이 되면
약 500억 개의 센서가 설치될 것으로 예상하고 있다.

IoTInternet of Things라는 말은 1999년 영국의 기술전략가이며 사업가인 케빈 애쉬튼
Kevin Ashton이 처음으로 사용했다. 그는 RFIDRadio Frequency IDentification와 같은 센서들

이 원하는 모든 사물에 부착되고 이것들이 인터넷에 연결되면 언제, 어디서든 사물들을 제어할 수 있는 유비쿼터스ubiquitous 시스템을 구축할 수 있다고 설명했다. 참고로 RFID는 사물의 고유번호를 저장하는 바코드barcode 대신 손톱만한 크기의 회로에서 전파를 송수신해서 사물의 고유번호와 필요한 정보를 탐지하는 기술이다.

IoT가 등장하게 된 또 하나의 배경은 그동안 인터넷 주소의 표준이었던 IPv4Internet Protocol version 4에서 IPv6로의 전환이다. 집집마다 주소가 있듯이 컴퓨터나 IoT 기기들도 인터넷 주소를 가진다. 인터넷 주소의 표준이 바로 IPv4이며, IPv4에서는 32 비트의 정보를 가지고 주소를 정의한다. 즉, 2^{32}=4,294,967,296개의 주소를 만들 수 있는데, 2011년 2월 4일부로 모든 인터넷 주소가 소진되어 IPv4 형식의 주소 체계는 더는 사용하지 않는다. 이후 IPv6로 전환됐다. IPv6는 128비트의 정보를 가지고 주소를 정하기 때문에 2^{128}개의 거의 무제한의 인터넷 주소를 사용할 수 있어서 500억 개의 IoT 기기는 충분히 사용하고도 남는 개수다.

일반적으로 IoT는 크게 3개의 층으로 구성돼 있다. 첫 번째는 단말센서층이다. 단말 센서층은 기기device 또는 그냥 센서sensor라고 하는데, 그 구성요소로 ① 센서 ② 중앙처리장치CPU와 메모리 ③ 네트워크 장치가 있다. IoT 단말기는 무선 기기가 대부분이어서 전력공급장치인 배터리를 내장한다. 여기에 기기를 동작시키는 매우 가벼운 운영체제가 설치된다. 삼성전자, 인텔, 퀄컴, 텍사스 인스트루먼트가 대표적인 IoT 센서 제조회사다.

IoT에서 두 번째 층은 통신망이다. 매 순간마다 측정된 데이터는 마치 시냇물처럼 계속 흘러가는데 통신망은 이를 원하는 곳으로 흘러가게 하는 통로 역할을 한다. 예를 들면, 비가 오면 계곡으로 빗물이 모여 다시 강으로 합쳐져서 바다로 가듯이,

흩어져 있는 센서들이 측정한 데이터를 중간에서 한번 모으고 다시 모아진 데이터
는 상위층으로 전달한다. 이 데이터의 전달 구조는 마치 나무를 거꾸로 세운 역 트
리 구조와 흡사하다. 중간 단계에는 여러 개의 센서를 관리하는 마스터master 센서
가 있고, 마스터 센서를 관리하는 로컬 서버local server가 있다. 로컬 서버는 일반적
으로 사무실이나 공장 등 현장에 위치한다. 최근에 IoT에서 사용되는 로컬 서버를
클라우드에 비유해 포그fog 컴퓨터라고도 한다. 이 로컬 서버는 마스터 센서에서
받은 데이터를 다시 중앙컴퓨터 또는 클라우드cloud로 전송한다. 여기서 클라우드
라는 것은 여러 대의 컴퓨터가 모여있는 중앙 데이터센터를 말한다.

IoT의 세 번째 층은 응용application 계층이다. 센서에서 전달된 데이터를 저장하고
분석해서 적재 · 적소 · 적시에 의사결정을 내리는 단계다. 이 응용 계층은 현장에
있는 로컬 서버에 있을 수도 있고 클라우드에 있을 수 있다. 응용 계층의 기능이
IoT에 핵심이고 인공지능이 바로 응용 계층에 결정적인 역할을 한다.

응용 계층은 다시 3가지 모듈로 구성된다. 첫 번째는 통신망 인터페이스 모듈인데,
센서와 통신하면서 데이터를 송수신하고 센서를 관리한다. 두 번째 모듈은 데이터
를 효율적으로 저장하고 분류한다. 필요없는 데이터는 삭제하고 많이 쓰이는 데이
터는 가장 입출력이 빠른 저장장치에 위치시키고 데이터 유실을 방지하기 위해 복
제본을 만들어 물리적으로 분리된 저장장치에 저장한다. 세 번째는 저장된 데이터
를 분석해서 의미 있는 정보를 만든 후 자동으로 의사결정을 내리거나 아니면 사
용자에게 의사결정에 필요한 정보를 제공한다. 자율운전자동차의 예를 들면, 운
전자의 눈에 해당하는 시각 센서를 통해 주변의 상황을 인지하고 분석하고 동시에
자동차의 속도, 가속도를 분석한다. 또한 도로면의 상태도 감지한다. GPS를 통해

나의 현재 위치를 파악한다. 그리고 도심에 설치돼 있는 CCTV와 다른 교통 시스템에서 확보한 교통정보를 클라우드와 같은 중앙컴퓨터에서 받는다. 이렇게 수집한 데이터를 분석해서 자동차가 스스로 경로를 결정하고 주행 및 정지 등을 수행한다. 또는 이러한 정보를 운전자에게 제공할 수도 있다.

시장조사기관에 의하면 2020년이 되면 디지털 데이터가 44ZB^{ZettaByte}가 된다고 한다. 1ZB의 크기를 가늠해 보기 위해 데이터 저장 용량에 대한 단위를 다음과 같이 간단히 정리했다.

1,000 byte	=	1 Kilobyte
1,000 Kilobyte	=	1 Megabyte
1,000 Megabyte	=	1 Gigabyte
1,000 Gigabyte	=	1 Terabyte
1,000 Terabyte	=	1 Petabyte
1,000 Petabyte	=	1 Exabyte
1,000 Exabyte	=	1 Zettabyte

즉, 요즘 사용되는 고성능 노트북 컴퓨터는 1TB의 데이터를 저장할 수 있는데, 44ZB의 데이터를 사용하려면 이러한 고성능 노트북이 440억 대가 필요하다. 44ZB의 데이터 중에서 IoT에서 생성된 데이터는 전체의 80% 이상이 될 전망이다.

폭증하는 디지털 데이터는 이미 사람이 수동으로 처리할 수 있는 수준을 넘어선 상태여서 머신러닝이나 딥러닝 같은 인공지능 기술이 IoT 분야에 중요한 이유가 바로 여기에 있다.

인공지능의 미래

오늘날의 인공지능 기술은 앞에서 설명한 바와 같이 다양한 분야에서 이뤄진 수많은 연구가 결합된 결정체다. 인공지능에 연관된 학문은 거의 모든 분야를 망라한다. 각 시대마다 등장한 천재들은 끊임없이 '가설 → 증명 → 구현 → 개선'의 과정을 겪으면서 수많은 실패와 좌절, 그리고 궁극적인 해결안을 찾아내면서 지금의 인공지능으로 진화시켰다. 지금도 이러한 노력들은 세계 곳곳에서 계속되고 있다.

최근 인간의 뇌를 모방한 딥러닝 기법이 광범위하게 인공지능 분야에 적용되면서 다양하고 파괴적인 성공 사례를 보여주고 있다. 수십 페타플롭스의 고성능 컴퓨터에 잘 설계된 알고리즘이 프로그래밍되어 매일 엄청난 규모로 생산되는 디지털 데이터를 학습하게 된다면 상상하지 못한 상황이 벌어질 수도 있다.

여기에 만약 컴퓨터가 스스로 알고리즘을 개선할 수 있다면 인간이 제어할 수 있는 수준을 벗어날 수도 있다. 이러한 이유로 일론 머스크, 빌 게이츠, 스티븐 호킹 등과 같은 사람들은 초지능 컴퓨터super intelligent machine의 도래를 경고했을지도 모른다.

얼마전에 경험했던 알파고의 충격에서 확인한 것처럼 이제 인공지능 기술은 더이상 공상과학 소설에서만 나오는 얘기가 아니라 이미 우리 생활의 일부가 되고 있다. 전문가들은 시행착오를 통해 스스로 학습하는 이러한 강화학습 기반의 딥러닝이 인공지능 분야에서 핵심적인 역할을 할 것으로 예상하고 있다.

인공지능 분야의 미래학자인 레이 커즈웨일Ray Kurzweil은 자신의 저서 『The Singularity is Near』에서 2045년 정도가 되면 특이점singularity point이 도래한다고 예측했다. 특이점이라는 것은 수학이나 물리학에서는 어떤 함수값이 극한값에 수렴하는 점을 말한다. 예를 들면, $\frac{1}{x}$에서 x가 0에 가까워지면 $\frac{1}{x}$은 무한대로 발산하는데 이때 0이 특이점이다.

레이 커즈웨일이 표현하고자 하는 특이점은 어느 순간이 되면 인공지능이 제어할수 없을 정도로 폭발적으로 발전한다는 것을 은유적으로 표현한 것이다. 즉, 인공지능 기술이 완만하게 발전하다가 급속도로 팽창하듯이 발전하는 시점을 2045년정도로 예측하고 있다.

커즈웨일이 표현했던 특이점의 원조는 사실 1965년으로 거슬러 올라간다. 영국의수학자인 어빙 존 굿Irving John Good은 자신의 저서[17]를 통해 강한 인공지능을 오래전에 예언했다. 그는 앨런 튜링과 함께 제2차 세계 대전 당시 독일의 암호를 푸는프로젝트에 참여하기도 했다. 그는 이 책에서 인간이 만든 범용인공지능AGI: Artificial General Intelligence이 재귀적인 자기 개발recursive self-improvement 능력을 가지고 초인공지능ASI: Artificial Super Intelligence으로 발전하는 이른바 지능의 폭발intelligence explosion을 예측했다.

첫 번째 인공지능 겨울을 초래한 원인 중 하나인 1971년 제임스 라이트힐 경의 보고서에는 "폭발적인 조합의 증가를 보여주는 문제는 인공지능이 다룰 수 없다"라고 적혀있다. 이러한 '폭발적인 조합의 증가'가 아이러니하게도 인공지능의 특이점이 되고 있다. 의학, 수학, 물리학, 통계학, 심리학, 컴퓨터공학 등 다양한 분야에서 벌어지는 혁신적인 시도들이 인터넷을 통해 공유되면서 인공지능 알고리즘에 폭발적인 조합을 제공하고 있다.

---

[17] Good, I. J. (1965), Speculations Concerning the First Ultraintelligent Machine, Advances in Computers (Academic Press)

특히 각 분야에서 진행되고 있는 표준화나 플랫폼화는 이론적인 수준에 머물러 있는 아이디어를 실제로 구현하는 데 소요되는 시간을 획기적으로 줄여준다. 예를 들면, 드론이나 로봇에 들어가는 부품들이 마치 레고 블록처럼 기능별로 모듈화돼 있고 인터페이스가 표준화돼 있어 무수히 많은 조합을 가능케 한다. 특히 대부분의 시스템에는 운영체제를 비롯한 각종 기능들이 통합된 플랫폼 형태로 제공되어 마치 히말라야 등정 시 베이스캠프를 이용하는 효과를 얻는 것과 같다.

우리는 인공지능 기술을 통해 우리가 그동안 하지 못했던 일task 또는 하기에 위험한 일이나 번거로운 일 등을 인공지능 에이전트가 대신 해주길 바란다. 사실 이러한 노력들은 인류가 도구를 사용하면서부터 시작된 일들이다. 인공지능 수준까지는 아니지만 우리의 일을 대신 해주는 에이전트는 이미 우리 생활에 침투해 있는 상태다. 예를 들면, 빨래나 청소를 대신 해주는 세탁기나 로봇 청소기, 공장에 있는 용접 및 조립 로봇 등이 대표적이다. 그러나 우리는 이러한 자동화 기기들이 지능을 가지고 학습됐다고 말하지 않는다. 다만 자동적으로 일을 처리할 수 있게 그 순서가 프로그래밍됐다고 한다.

전문가들은 '현재의 인공지능 기술은 지금 중요한 변화의 변곡점에 있다'라고 말한다. 얼마전에 있었던 바둑 분야의 세기의 대결처럼 인공지능 기술이 사람과 겨룰 수 있는 마지막 게임을 정복했다는 것이 그 사실을 증명한다. 더 중요한 것은 알파고가 인간 세계 챔피언을 이기는 수준까지 학습하는 방식이 과거의 방식, 즉 사람이 각 상황에 맞게 'IF-THEN' 식으로 짜놓은 시나리오대로 프로그래밍된 것이 아니라 사람처럼 시행착오를 통해 스스로 바둑을 두는 방법을 터득했다는 것이다. 알파고를 설계한 프로그래머들조차도 알파고가 스스로 배워온 바둑 능력에 놀라움을 감추지 못했다.

알파고가 보여준 학습 방법은 백지상태의 지식을 가진 어린아이가 스스로 배워나
가는 사람의 성장 과정과 정확히 일치한다. 스스로 학습하는 인공지능은 또 다른
가공할 파괴력을 지니고 있다. 바로 인공지능의 학습 속도다. 인공지능이 성장하
는 시간은 사람이 성장하는 시간보다 비교할 수 없을 정도로 훨씬 빠르다. 예를 들
면, 알파고가 바둑을 배운 시간은 3년 남짓인데(알파고의 알고리즘 개발 시간을 빼
고 학습 시간만 고려하면 이보다 훨씬 짧다), 이세돌 9단은 지금이 있기까지 30년
이상 바둑 수련을 해왔다. 마치 태어나서 첫 돌을 맞을 때 박사학위를 받는 것과
마찬가지다.

레이 커즈웨일은 2045년 정도가 되면 인공지능 기술이 폭발적으로 팽창하는 시기
가 될 것이라고 예상하지만 현재 벌어지고 있는 기술의 융·복합 추세를 보면 특
이점이라는 시점이 생각보다 빠르게 도래할지도 모른다. 우리 세대에 들이닥칠 디
지털 창세기를 어떻게 준비해야 할지 현재로서는 뚜렷한 답이 없어 보인다.

머신러닝

03

머신러닝
개요

머신러닝이라는 용어는 IBM의 인공지능 분야 연구원이었던 아서 사무엘이 자신의 논문『Studies in Machine Learning Using the Game of Checkers』에서 처음으로 사용했다. 여기서 머신machine이라는 것은 프로그래밍 가능한 컴퓨터를 말한다.

머신러닝은 3가지 접근법으로 연구가 진행돼 왔다. 첫 번째가 신경 모형 패러다임이다. 신경 모형은 퍼셉트론에서 출발해서 지금은 딥러닝으로 이어지고 있다. 두 번째는 심볼 개념의 학습 패러다임이다. 이 패러다임은 숫자나 통계이론 대신 논리학이나 그래프 구조를 사용하는 것으로 1970년대 중반부터 1980년대 후반까지 인공지능의 핵심적인 접근법이었다. 세 번째는 현대지식의 집약적 패러다임이다. 1970년대 중반부터 시작된 이 패러다임은 백지상태에서 학습을 시작하는 신경 모형을 지양하고 이미 학습된 지식은 재활용해야 한다는 이론이 대두되면서 시작됐다.

1990년대에 들어서면서 컴퓨터의 학습 방법론에 중점을 뒀던 기존의 접근법보다는 실생활에서 필요한 문제를 해결할 수 있는 실용적인 머신러닝 연구가 주류를 이뤘다. 90년대의 머신러닝 패러다임은 컴퓨터를 이용한 통계학에 가까웠다. 통계학 관점에서 데이터를 분석하는 데이터 마이닝과 이론적으로 많은 부분을 공유했으며, 급격히 발전된 고성능 컴퓨터의 보급과 인터넷의 확산으로 인한 디지털 데이터의 손쉬운 확보도 이러한 움직임에 많은 영향을 끼쳤다.

2부에서는 머신러닝의 기본 정의를 알아보고 머신러닝에서 사용되는 여러가지 알고리즘과 적용 예를 통해 머신러닝을 쉽게 이해하는 데 도움을 주고자 한다.

머신러닝 정의

카네기멜론 대학교의 톰 미첼Tom Mitchell 교수는 자신의 저서 『머신러닝Machine Learning』에서 러닝, 즉 학습의 정의를 다음과 같이 내렸다.

> "만약 컴퓨터 프로그램이 특정한 태스크 T를 수행할 때 성능 P만큼 개선되는 경험 E를 보이면 그 컴퓨터 프로그램은 태스크 T와 성능 P에 대해 경험 E를 학습했다라고 할 수 있다".

예를 들어, 컴퓨터에 필기체를 인식하는 학습을 시킨다고 했을 때

- **태스크** T: 필기체를 인식하고 분류하는 것
- **성능** P: 필기체를 정확히 구분한 확률
- **학습 경험** E: 필기체와 정확한 글자를 표시한 데이터세트

컴퓨터가 새롭게 입력된 필기체를 분류할 때(T), 미리 만들어진 데이터세트로 학습한 경험을 통해(E) 정의된 확률 수준으로 필기체를 인식하면(P) 컴퓨터는 학습을 했다라고 말할 수 있다.

한편, 실무적인 관점에서 러닝, 즉 학습의 정의[1]는 다음과 같이 설명할 수 있다.

학습Learning = 표현representation + 평가evaluation + 최적화optimization

---

1 A Few Useful things to Know about Machine Learning, Pedro Domingos, CACM, 2012

여기서 표현은 어떤 태스크를 수행하는 에이전트가 입력값을 처리해 어떻게 결괏값을 만들지를 결정하는 방법을 말한다. 예를 들면, 필기체 아라비아 숫자^{입력값}가 실제로 어떤 숫자^{실제값}를 의미하는지를 예측하는^{결괏값} 논리 모형을 말한다. 다음 장에서 설명할 서포트 벡터 머신이나 의사결정 트리 또는 k-means 모델 등이 표현을 위한 방법들이다. 평가는 에이전트가 얼마만큼 태스크를 잘 수행했는지 판정하는 방법을 말한다. 예를 들면, 최소제곱법과 같이 동일한 기준으로 정량화된 결괏값과 실제값의 차이를 제곱해서 모두 더한 값을 가지고 태스크의 수행 정도를 판단하는 방법이다. 최적화는 평가에서 설정한 기준을 최적으로 만족하는 조건을 찾는 것이다. 만약 최소제곱법과 같은 기준으로 평가한다면 경사감소법 등과 같은 방법으로 최적 조건을 찾는다. 최적화 과정이 끝나면 학습 모델에 사용된 가중치가 결정된다. 이를 두고 학습이 완료됐다고 한다. 참고로 여러 가지 방법에 의해 학습이 완료된 후, 새로운 데이터에 대한 예측을 하는 것을 일반화^{generalization}라고 한다.

머신러닝은 종종 데이터 마이닝과 혼용되기도 하는데, 그 이유는 아마도 머신러닝에서 사용하는 분류나 군집 같은 방법을 데이터 마이닝에서도 똑같이 사용하기 때문일 것이다. 즉, 분류나 예측, 군집과 같은 기술, 모델, 알고리즘을 이용해 문제를 해결하는 것을 컴퓨터과학 관점에서는 머신러닝이라고 하고, 통계학 관점에서는 데이터 마이닝이라고 한다. 이러한 현상이 발생한 계기는 1990년대에 들어서면서 실용적인 머신러닝 연구를 위해 통계학에서 다루고 있는 사례들을 컴퓨터 과학자들이 컴퓨터를 이용해 좀 더 효율적인 해결 방안을 찾아내는 과정에서 비롯됐다고 할 수 있다.

머신러닝과 데이터 마이닝의 차이점을 굳이 설명하자면 데이터 마이닝은 가지고 있는 데이터에서 현상 및 특성을 발견하는 것이 목적인 반면, 머신러닝은 기존 데이터를 통해 학습을 시킨 후 새로운 데이터에 대한 예측값을 알아내는 데 목적이 있다라고 할 수 있다.

머신러닝의 분류

머신러닝은 학습 데이터에 레이블label이 있는 경우와 그렇지 않은 경우에 따라 각각 지도학습과 비지도학습으로 구분한다. 레이블이라는 것은 학습 데이터의 속성을 우리가 분석하고자 하는 관점에서 정의하는 것이다. 예를 들어, 우리 주변에 있는 사물들을 찍은 사진 속에서, 어떤 사물들이 있는지를 구별하는 태스크가 있다고 하면 가지고 있는 사진들을 학습 데이터라고 하고 사진 속에 있는 사물을 '컵', '책상', '자전거', '고양이'라고 미리 정의해 놓는 것을 레이블이라고 한다.

레이블은 사람이 사진을 보고 정의한 것이기 때문에 그러한 레이블된 사진을 읽어서 학습을 하는 컴퓨터 입장에서는 사람으로부터 지도supervised를 받은 것이 된다. 반면 입력 데이터에 레이블이 없다면 컴퓨터가 사람으로부터 지도를 받은 것이 없기 때문에 비지도학습이라고 한다. 지도학습에는 분류classification와 예측prediction 모델이 있고, 비지도학습은 군집clustering 모델이 있다.

분류 모델에는 알고리즘에 따라 여러 가지 모델로 나뉘는데, 그중에서 kNNk nearest neighbor, 서포트 벡터 머신Support Vector Machine, 의사결정 트리Decision Tree 모델이 대표적이다.

예측 모델에서는 대표적인 것이 회귀^{regression} 모델이다. 머신러닝에서 예측 모델은 일반적으로 회귀 모델을 사용하기 때문에 회귀 모델을 흔히 예측 모델로 인지하기도 한다.

분류와 회귀는 둘 다 지도학습 모델이기 때문에 레이블이 있는 입력 데이터로 학습한다는 공통점이 있다. 한편으로 분류와 회귀의 차이점은 분류는 그 결괏값이 고정돼 있고, 회귀는 그 결괏값이 데이터세트의 범위 내 어떠한 값도 가능하다는 것이다. 즉, 분류의 결괏값은 학습 데이터세트에 포함된 레이블 중 하나이고 회귀의 결괏값은 학습 데이터세트로 결정된 함수식^{회귀식}으로 계산한 임의의 값이다.

조금 더 구체적으로 설명하면 분류 모델은 그 목적이 그룹명^{레이블}이 적힌 학습 데이터로 학습한 후 새로 입력된 데이터가 속한 그룹을 찾아내는 것이어서 분류 모델의 결괏값은 학습 데이터의 레이블 중 하나여야 한다. 예를 들면, A, B, C 레이블로 구성된 데이터세트가 있다고 하면 분류 모델의 결괏값은 A, B, C 3개 중 하나다. 참고로 분류되는 그룹의 수가 2개인 경우 이진 분류 또는 이항분류라고 하고 3개 그룹 이상인 경우에는 다항 분류라고 한다.

회귀 모델의 경우에는 레이블된 학습 데이터를 가지고 특성^{feature}과 레이블의 관계를 함수식으로 표현하는 것이 목적이다. 함수식을 사용하는 회귀 모델에서는 A, B, C와 같이 유한 개의 결괏값이 나오지 않고, 데이터세트 범위 내 어떠한 값도 나올 수 있다. 이러한 의미로 회귀를 결괏값이 A, B, C 중 하나로 예상 가능한 분류가 아니라 어떤 값이 나올지 예상하지 못하기 때문에 예측 모델이라고 한다.

만약 분석하고자 하는 문제의 결과가 사전에 몇 가지 경우로 고정되지 않고, 어떠한 결괏값도 가능한 경우에는 일반적으로 선형 회귀 모델을 이용한다. 예를 들면, 주가 분석과 같이 연속적인 범위 내에 결괏값을 예측하는 문제에 적용할 수 있다.

한편 회귀 모델도 분류와 같이 몇 가지 범주형categorical 결괏값을 예측하는 경우에 적용할 수 있다. 이 경우의 회귀 모델을 로지스틱logistic 회귀라고 한다. 로지스틱 회귀는 'S' 모양을 보이는 로지스틱 함수 또는 시그모이드sigmoid 함수를 이용하기 때문에 입력 데이터를 [0,1]의 경계를 가지고 이진 분류하는 데 탁월한 성능을 보인다.

군집 모델은 학습 데이터가 레이블을 가지고 있지 않는 경우이므로 입력된 데이터들이 어떤 형태로 그룹을 형성하는지가 관심사다. 즉, 레이블 없이 확보된 데이터의 특성을 분석해서 서로 유사한 특성을 가진 데이터끼리 그룹화하는 것이 군집 모델의 학습 목표다. 레이블이 없다는 것을 빼고는 군집 모델은 지도학습의 분류 모델과 그 목적이 동일하다. 즉, 군집 모델은 레이블이 없는 데이터를 분류하는 것이다.

군집 모델이 적용되는 분야는 매우 다양하다. 예를 들면, 전화기에서 통화 음질을 개선하기 위해 사람 목소리와 노이즈를 구별하는 것은 레이블이 없는 데이터를 구별하는 군집 모델이 잘 들어맞는 사용 예다. 의학 분야에서 임상실험을 할 때 질병군과 환자군을 구별할 때도 군집 모델을 사용하고, 마케팅에서도 고객을 세분화할 때도 군집 모델이 사용된다.

군집 모델은 군집화 알고리즘 관점에서 크게 2가지 모델로 나눌 수 있다. 첫 번째가 평활flat 또는 분할 기반의 군집partition-based clustering 기법이고, 두 번째가 계층적 군집hierarchical clustering 모델 방법이다. 분할 기반 군집 모델에는 k-means, k-me-

doids, DBSCAN이 대표적이다. 계층적 군집은 병합적 군집agglomerative clustering과
분할적 군집divisive clustering으로 구별된다.

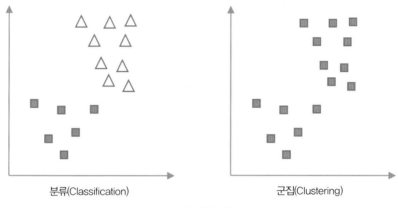

분류(Classification)   군집(Clustering)

그림 3.1 분류와 군집 비교

그림 3.1은 분류와 군집 모델의 차이점을 특징적으로 보여준다. 분류모델에서는
입력 데이터가 △, ■의 레이블을 가지고 있고, 군집 모델에서는 레이블이 없음을
표현한 것이다. 이 예제에서는 분류 및 군집 모델 모두 2개의 특성feature을 갖는다.
즉, x축이 입력 데이터의 특성 #1, y축이 특성 #2를 나타낸다.

여기서 특성이라는 것은 머신러닝에서 매우 중요한 개념 중 하나다. 특성 공학
feature engineering이라는 분야가 생길 정도로 특성의 적절한 선정은 머신러닝의 정확
성 및 효율성을 좌우한다. 특성은 입력 데이터를 구별해낼 수 있는 특징들을 정량
화한 것이다. 통계학에서는 '설명변수', '독립변수' 또는 '예측변수'로 표현하기도 한
다. 어떤 머신러닝 전문가는 특성에 대해 지금까지 너무 과소평가된 경향이 있다
고 하면서 좋은 알고리즘보다 적절한 특성의 선정이 효과적인 머신러닝을 만드는
데 더 중요하다고 말하기도 한다.

콜레라를 멈추게 한 160년 전의 머신러닝

19세기 중엽 영국 런던 및 뉴캐슬 지역에서는 극심한 콜레라로 약 만여 명이 목숨을 잃었다. 당시 산업혁명의 여파가 영국 전역으로 확산되면서 농촌지역에서 도심지로 엄청난 인구가 유입됐다. 공업화가 급속히 진행되면서 공장에 필요한 대규모의 노동력이 필요했던 것이다.

그러나 도시의 상하수도 및 위생 시설은 그러한 급격한 인구 팽창을 감당하기엔 턱없이 부족했다. 이러한 환경에서 주민들은 콜레라가 어떤 질병이며, 어떻게 발병되고 전염되는지도 모른 채 3~4년 주기로 발생하는 대규모 역병에 많은 피해를 입어야 했다.

당시 런던 주민들의 배설물과 하수는 위생처리되지 않은 채 고스란히 템스 강으로 흘려보내졌고, 런던의 상수도 시설은 주변의 얕은 우물에 고여있는 물을 아무런 정화과정 없이 그대로 모아서 런던 시민에 공급하는 매우 열악한 시스템이었다.

1853년 런던에 다시 콜레라 역병이 크게 돌았다. 특히 런던 서쪽에 위치한 소호 Soho지역에는 런던의 환경위생 시설이 미치지 못한 곳이었는데, 이곳에서의 콜레라 피해는 당시의 다른 지역보다 더욱 심했다. 가장 상황이 나빴을 때는 2주 동안 550명이 죽어 나가기도 했다. 그럼에도 런던 당국은 뚜렷한 해결 방안을 찾지 못하고 상황을 지켜볼 수밖에 없었다.

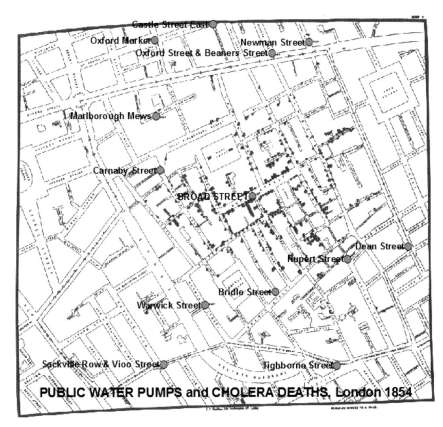

그림 3.2 1854년 콜레라가 극심했던 런던 소호 지역. 브로드 스트리트Broad Street에 있는 펌프pump 주변의 콜레라 환자가 많이 발생했다.

런던 시내가 콜레라의 피해로 극심한 열병을 앓고 있을 때, 영국의 외과 의사인 존 스노John Snow 박사는 런던 인근에서 가장 사망자가 많이 발생한 소호 지역에 거주하고 있었다. 그는 당시 많은 사람들이 믿고 있었던 '콜레라는 공기를 통해 전염된다'는 사실에 의구심이 있었다. 1854년 8월 결국 그는 직접 콜레라 원인을 밝혀내리라 결심한다.

그의 연구는 직접 소호 지역을 돌면서 눈으로 확인하고 주민들과의 인터뷰를 통해 정보를 수집하는 것으로 시작됐다. 스노 박사가 기록한 것은 날짜별 발병자 수, 날짜별 사망자 수, 사망자 발생 장소, 지하수용 펌프의 위치 등이었다. 그림 3.2는 1854년 당시 스노 박사가 역학 조사를 실시하던 소호 지역의 지도다. 스노 박사는 직접 수집한 데이터를 기반으로 표 3.1과 같은 결과를 도출했다.

그는 콜레라의 전염은 오염된 공기가 아닌 물이라고 결론 내리고 특히 브로드 스트리트에 있는 펌프 A에 문제가 있음을 주목했다. 1854년 9월 그는 런던 시 의회에 당장 펌프 A의 사용을 금지할 것을 요청한다. 시 의회는 그의 요청을 받아들여 펌프 A의 사용을 금지했고 이후 콜레라는 더 이상 확산되지 않았다.

표 3.1 스노 박사의 조사 결과: 펌프 시설별 콜레라 발생 현황

	가구 수	사망자 수	1만 가구당 사망자 수
A 펌프 시설 사용 지역	40,046	1,263	315
B 펌프 시설 사용 지역	26,107	98	37

존 스노 박사는 당시 종이와 펜을 가지고 다니면서 '현황을 기록'하는 것으로 사람의 생명을 무자비하게 앗아갔던 콜레라 전파를 막았다. 스노의 작업은 최초의 역학 조사였던 것이다. 역학은 질병의 분포와 확산 경로, 질병의 인자를 알아내는 것으로 현대 의학에서 매우 중요한 역할을 하는 학문이다.

콜레라 지도를 토대로 스노 박사가 작성한 표 3.1은 머신러닝 기법 중에서 군집에 해당한다. 이처럼 통계적 방식의 머신러닝은 기록된 데이터를 합산하고 평균을 내고 공통점과 차이점을 찾는 것으로 시작됐다.

진보된 머신러닝

영국의 유명한 통계학자인 로널드 피셔Ronald A. Fisher는 1936년 논문을 통해 붓꽃의 4가지 특성으로 붓꽃을 구별하는 방법을 제시했다. 그는 세토사Setosa, 버시컬러 Versicolor, 버지니카Virginica의 3가지 붓꽃 종種을 각각 50개씩 표본으로 추출한 후, 그림 3.3과 같이 꽃받침sepal의 길이와 너비, 그리고 꽃잎petal의 길이와 너비를 기록했다.

(1)   (2)   (3)

그림 3.3 (1) 세토사 붓꽃 (2) 버시컬러 붓꽃 (3) 버지니카 붓꽃

피셔는 붓꽃의 꽃받침의 길이와 너비, 그리고 꽃잎의 길이와 너비를 기록한 데이터세트를 가지고 붓꽃의 '선형적 판별식 모델'을 제시했는데, 여기서 꽃잎 길이와 너비, 꽃받침 길이와 너비가 바로 붓꽃의 특성이 된다.

머신러닝의 개념을 입력 데이터를 판별하는 기준을 만드는 것이라고 한다면 피셔의 붓꽃 분류 모델은 최초의 머신러닝 모델이라 할 수 있다. 이후 피셔의 붓꽃 데이터세트는 오늘날 서포트 벡터 머신이나 의사결정 트리 등 다른 여러 머신러닝 모델의 레퍼런스 데이터로 사용되고 있다.

180 MULTIPLE MEASUREMENTS IN TAXONOMIC PROBLEMS

Table I

| Iris setosa | | | | Iris versicolor | | | | Iris virginica | | | |
Sepal length	Sepal width	Petal length	Petal width	Sepal length	Sepal width	Petal length	Petal width	Sepal length	Sepal width	Petal length	Petal width
5·1	3·5	1·4	0·2	7·0	3·2	4·7	1·4	6·3	3·3	6·0	2·5
4·9	3·0	1·4	0·2	6·4	3·2	4·5	1·5	5·8	2·7	5·1	1·9
4·7	3·2	1·3	0·2	6·9	3·1	4·9	1·5	7·1	3·0	5·9	2·1
4·6	3·1	1·5	0·2	5·5	2·3	4·0	1·3	6·3	2·9	5·6	1·8
5·0	3·6	1·4	0·2	6·5	2·8	4·6	1·5	6·5	3·0	5·8	2·2
5·4	3·9	1·7	0·4	5·7	2·8	4·5	1·3	7·6	3·0	6·6	2·1

그림 3.4 피셔의 붓꽃 특성 데이터 세트[2]

현미경이 발명된 이후 우리는 생명체를 더욱 근접해서 관찰할 수 있게 됐다. 1990 년대 말에 개발된 형광현미경 및 전자현미경과 특히 최근에 개발된 자동화된 현미 경은 하루에 10만 개 이상의 고화질 디지털 세포 이미지를 만들어 낸다. 여기에 이 미지 분석 기술과 머신러닝의 기술이 더해져 세포 표현형Cellular Phenotype 연구에 획 기적인 변화를 가져왔다.

세포 표현형 연구 분야에서 이미지를 기반으로 하는 생물정보학Bioinformatics은 세포 안에 있는 특정한 부위를 추적한다거나 그 크기를 측정하는 데 강력한 도구로 등 장한다. 이러한 기술로 인해 세포 형태학을 연구하는 생물학자들은 더는 실험실에 서 세포와 씨름할 필요가 없게 됐다. 또한 이 기술들은 대규모 데이터세트를 해석 하는 데 기존 방법보다 더욱 객관적이고 일관된 결과를 보여줬다. 그러나 이러한 방법들은 그때그때 경우에 따라 개발되어 수학이나 컴퓨터과학에 문외한인 생물 학자들이 자신들의 연구 목적에 맞는 형태로 사용하기에는 항상 어려움이 있었다.

---

2 출처: "The use of multiple measurements in taxonomic problems", Annals of Eugenics, 1936

생물정보학에서의 머신러닝은 이러한 문제를 해결하는 것을 목표로 삼고 있다. 즉, 사전에 정의된 절차나 사용자가 그때그때 매개변수를 변경해서 데이터를 분석하는 방식 대신 학습 프로세스 규칙을 만들어 사용자가 컴퓨터를 직접 학습시켜 분석하는 범용적인 분석 모델이다.

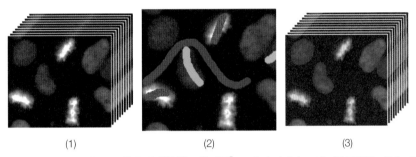

(1)   (2)   (3)

그림 3.5 지도학습을 통한 힐라 세포HeLa Cell 표현 예측[3] (1) 초기 이미지 (2) 세포를 구별하는 학습 과정
(3) 새로운 데이터의 예측

그림 3.5는 세포 형태학에 머신러닝이 사용된 예를 보여준다. 자동화된 현미경이 세포를 촬영하고 저장하면 사용자는 학습 데이터세트에 레이블링을 한다. 그림 3.5의 (2)에서 이미지 중간의 긴 파란색 줄은 배경을 의미하고 좌변과 상변에 있는 빨간색 선은 세포분열의 중기metaphase를 나타내고 중앙과 우변에 있는 초록색 선은 간기interphase를 의미 한다. 이렇게 학습시키고 난 후 그림 3.5의 (3)과 같이 새로운 데이터에 대해 컴퓨터가 세포 분열 단계를 예측한다.

알파고의 학습 모델: 강화학습

얼마전에 막을 내린 '컴퓨터와 인간의 세기의 대결'에서 인공지능이 우리 사회에 남긴 충격은 지금도 여진으로 남아있다. 구글 딥마인드가 개발한 알파고는 바둑을 배운 지 1년만에 30년 이상 바둑 수련을 해온 인간 세계 챔피언을 물리쳤다. 바둑은 인간이 컴퓨터를 상대로 우위를 점할 수 있다고 믿었던 마지막 게임이었기에 그 충격은 더욱 컸다. 도대체 알파고는 어떤 알고리즘을 사용했길래 바둑을 배운 지 1년만에 세계 정상에 설 수 있었을까?

알파고의 두뇌에 프로그래밍된 학습 모델은 머신러닝의 학습 모델 중 하나인 강화학습이다. 머신러닝의 분류 기준으로 볼 때 강화학습은 경우에 따라 지도학습 중 하나로 분류하기도 하고, 또는 독립적으로 세 번째 머신러닝 모델로 분류하기도 한다. 강화학습을 지도학습으로 분류하는 이유는 에이전트가 취한 모든 행동에 대해 환경으로부터 보상과 벌칙을 지도받아 학습하기 때문이다. 그러나 강화학습은 다른 전형적인 지도학습처럼 사전에 사람으로부터 가이드를 받고 학습하지 않을 뿐더러 사람이 아닌 환경으로부터 보상과 벌칙을 피드백받기 때문에 세 번째 머신러닝으로 분류하는 것이 일반적이다.

강화학습을 발전시킨 학문 분야는 여러 가지가 있는데, 그중에서 특히 행동심리학과 제어 이론control theory이 가장 큰 영향을 끼쳤다. 행동심리학에서 말하는 '시행착오', 즉 사람과 동물이 학습하는 원리를 머신러닝에 적용한 경우다. 에이전트는 모든 행동에 대한 보상과 벌칙을 기억해서 최선의 결정을 내리도록 학습한다.

강화학습에 중요한 영향을 준 또 하나의 연구 분야는 최적 제어optimal control다. 최적 제어는 1950년대 말에 등장한 이론으로 동적시스템dynamic system의 효율성을 최적화하는 조작장치 설계를 위해 시작됐다. 동적시스템 최적화 문제는 시간의 흐름에 따라 각 과정별 최적의 의사결정을 하는 것인데 미국의 수학자인 리처드 벨만Richard Bellman은 불연속적인 시간 문제에 대해 마코프 디시즌 프로세스MDP; Markov Decision Process 모델을 도입해 이 문제를 해결했다. 강화학습은 이처럼 사건이 전개되면서 받는 피드백을 통해 학습하기 때문에 순차적 사건sequential event에 대한 의사결정을 내릴 때 주로 사용된다.

시행착오를 기반으로 학습하는 과정이 사람의 학습 방식과 매우 닮아 인공지능을 가장 잘 대표하는 모델이라고 주장하는 사람도 있다. 강화학습 모델은 게임이나 로보틱스에 가장 효과적으로 활용되고 있다.

머신러닝에 필요한 사전학습

머신러닝은 이진수로 표현된 디지털 데이터를 빠르게 계산하도록 설계된 컴퓨터에게 사람처럼 보고, 듣고, 이해하고, 예측하도록 학습시키는 것이 목표다.

컴퓨터가 보고 듣기 위해서는 먼저 사람이 인지하는 데이터를 컴퓨터도 인지할 수 있도록 데이터의 사전 처리가 필요하다. 예를 들면, 텍스트로 입력된 테이블, 자연어로 구성된 문장, 음성 신호, 디지털 이미지 및 동영상 등의 입력 데이터는 계산 가능한 정량적인 단위로 변환하고 다시 벡터나 행렬 형태로 저장한다.

입력 데이터를 벡터 형태로 표현하는 이유는 입력 데이터가 n개의 특성으로 정량화됐다면 n차원 벡터 공간에 표현할 수 있어 데이터를 직관적으로 이해하고 수학적인 분류 모델을 만들기 쉽기 때문이다. 만약 m개의 변수가 있는 문제를 풀기 위해서는 m개의 관계식이 필요한데, 이때 m개의 관계식을 묶어주는 데 $m \times m$ 행렬이 이용된다.

행렬은 2차원 배열 형태로 된 데이터 표현 방식인데, 만약 이 2차원 배열의 각 요소에 입력된 값들이 어떤 물리적 속성을 가지고 있는 경우에는 텐서^{tensor}라고도 한다. 예를 들면, 행렬 A가 i 방향에 수직인 평면에 j 방향의 벡터 성분을 가지는 요소인 A_{ij}로 구성돼 있다면 A를 텐서라고 한다.

이렇게 입력된 데이터를 가지고 컴퓨터는 학습하게 된다. 학습한다는 말은 간단히 말해 어떤 판단 규칙을 만든다는 얘기다. 특정 데이터를 가지고 학습해서 어떤 판단을 할 수 있는 규칙이 생기면 새롭게 입력되는 데이터에 대해 이 규칙에 따라 일 처리$^{태스크; task}$를 수행할 수 있게 된다. 예를 들면, 어떤 사진 안에 고양이가 있는지 확인하는 태스크가 있다고 하면 컴퓨터는 여러 장의 고양이 사진과 다른 동물 사진을 가지고 구별하는 판단 규칙을 만든다. 이때 미리 사용된 여러 장의 동물 사진들이 학습 데이터세트다. 고양이와 다른 동물의 특성, 즉 귀의 크기나 털의 색깔, 꼬리의 길이 등을 정량화한 후 두 그룹을 분리하는 규칙, 즉 판별식을 만든다. 판별식을 만드는 과정이 바로 컴퓨터가 학습하는 머신러닝이다.

각 학습 방법은 다양한 태스크에 따라 알맞은 방법이 있으며, 많은 논문들은 여러 가지 사례에 따라 어떤 학습 방법이 좋은지 밝히는 연구 결과를 내놓고 있다.

통계와
확률

오늘날의 통계학은 경험과학empirical science에서 생길 수 있는 불확실성uncertainty을 계량적으로 설명하기 위한 논리와 방법론을 연구한다. 즉, 실험이나 관찰을 통해 기록된 데이터가 의미하는 바를 수학적 기법을 통해 논리적으로 유추하는 학문이다. 이를 위해 통계학에서는 자료를 수집, 분류, 분석, 표현해 어떤 현상의 인과관계를 설명하고, 나아가서는 미래에 벌어질 상황을 예측한다.

통계학은 크게 기술 통계학descriptive statistics과 추리 통계학inferential statistics으로 구분된다[1]. 기술 통계학은 관찰된 자료를 수집하고 정리 및 요약해 현재의 상황을 이해하는 것이 목적이다. 추리통계학은 모집단에서 추출된 표본 자료를 분석해 확률이론을 바탕으로 모집단의 특성을 추리하는 데 중점을 둔다.

머신러닝 및 딥러닝에도 통계와 확률의 개념이 적용된다. 예를 들면, 데이터를 수집하고 분류하고 분석해 컴퓨터에게 학습시키는 과정에서는 주로 기술적 통계학 이론이 적용되며, 이를 통해 새로운 입력값에 대해 결과를 예측하는 과정은 주로 확률 이론이 활용된다.

---

1 『현대 통계학』, 박정식, 윤영선, 다산출판사

상관분석과 회귀분석

상관분석은 독립변수와 종속변수 간의 관계의 강도, 즉 얼마만큼 밀접하게 관련돼
있는지를 분석하는 것이다. 이때 상관분석에서는 변수들 간에 상관성 유무만 확인
할 뿐, 서로 인과관계는 분석하지 않는다.

상관분석의 핵심은 상관계수를 구하는 것이다. 상관계수는 영국의 생물학자이자
통계학자인 프랜시스 골턴[Francis Galton]이 정의하고 영국의 통계학자인 칼 피어슨[Karl
Pearson]이 이론적으로 정립한 것이다.

이 계수는 독립변수와 종속변수의 관계 정도를 −1과 1 사이로 정량화한 것으로 독
립변수와 종속변수가 함께 변하는 정도를 독립변수와 종속변수가 따로 변하는 정
도로 나눈 값이다. 즉, 얼마만큼 선형적 상관성을 가지고 있는지를 표현한다. '상관
계수 r = 0이면 독립변수와 종속변수 사이에 아무런 관계가 없다'라고 말할 수 있
다. 상관계수가 −1 또는 1에 가깝다면 상관관계가 매우 강하다고 말하며, 추가적
인 회귀분석을 통해 새로운 입력값에 대한 예측값을 알아낼 수 있다.

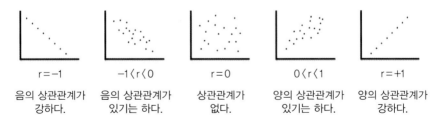

r = −1	−1 < r < 0	r = 0	0 < r < 1	r = +1
음의 상관관계가 강하다.	음의 상관관계가 있기는 하다.	상관관계가 없다.	양의 상관관계가 있기는 하다.	양의 상관관계가 강하다.

그림 4.1 상관 계수

회귀분석은 관측된 사건들을 정량화해서 여러 독립변수와 종속변수의 관계를 함수식으로 설명하는 방법이다. 여기서 독립변수와 종속변수를 잠깐 언급하고 넘어가는 것이 좋을 듯하다.

종속변수는 사실 우리가 알고 싶어하는 결괏값이라고 설명할 수 있는데, 기댓값 또는 예상값이라고도 한다. 독립변수는 이러한 결괏값에 영향을 주는 입력값이다. 예를 들면, 어떤 고등학교 음악 동아리에 있는 학생들의 키와 몸무게의 상관관계를 기반으로 어떤 학생의 키를 가지고 그 학생의 몸무게를 예측하고자 한다면 키는 독립변수이고 몸무게는 종속변수다. 관심도에 따라 몸무게를 독립변수로 키를 종속변수로 바꿀 수도 있다. 이때 그 상관 관계를 함수식으로 규명하는 것이 회귀분석이다.

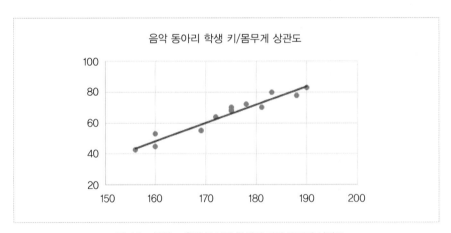

그림 4.2 고등학교 음악 동아리 학생의 키와 몸무게 상관도

만약 키를 독립변수 x로 보고, 몸무게를 종속변수 y로 보면 회귀분석은 다음과 같이 표현할 수 있다.

$$y = -141.24 + 1.185x, \qquad \text{결정계수 } (r^2) = 0.9331$$

상관계수(r)와 함께 회귀분석에서 많이 사용되는 것 중 하나가 결정계수(r^2)인데 이는 독립변수를 가지고 얼마만큼 의미 있게 종속변수를 예측할 수 있는지를 판별할 때 사용한다. 일반적으로 $r^2 \geq 0.65$이면 의미 있는 회귀식이라고 말한다.

회귀regression라는 것은 말 그대로 '원위치로 돌아간다'라는 뜻으로, 상관correlation과 밀접하게 연관돼 있다. 회귀와 상관의 어원은 1880년대 영국 빅토리아 시대로 거슬러 올라간다. 영국의 프랜시스 골턴은 세대별 키의 상관관계를 연구하다가 다윈의 진화론에 문제가 있음을 지적한다. 참고로 다윈과 골턴은 사촌지간이다.

골턴은 부모와 자식 간 키와 몸무게의 상관 관계를 분석했는데, 키가 큰 아버지의 아들은 아버지보다 작은 경향이 있고 반대로 키가 작은 아버지의 아들은 키가 큰 경향이 있다는 사실을 발견한다. 골턴은 논문[2]을 통해 사람의 키는 "평균으로 회귀한다"라는 표현을 사용했고, 이후 사람들은 이러한 형태의 분석을 회귀분석이라 부르게 됐다. 그리고 이때 독립변수와 종속변수 간 관계의 정도를 나타내는 데 상관[3]이라는 용어를 사용했다.

사실 이 연구를 통해 '회귀분석'이라는 용어가 탄생했지만 '회귀'라는 용어 때문에 사람들에게 다소 혼란스러움을 주는 건 사실이다. 왜냐하면 대부분의 회귀분석은 부모 자식 간 키가 "평균으로 회귀"되는 것처럼 유전학에서 사용되는 경우와는 전혀 다른 상관관계를 분석하는 데 사용되기 때문이다. 예를 들면, 회귀분석식을 구할 때 사용되는 최소제곱법의 적용 배경을 보면 알 수 있다.

---

2   Galton, F., Regression towards mediocrity in hereditary stature, Journal of the Anthropological Institute, Vol. 15, 246–263, 1886

3   Galton, F., Co-relations and their measurement, chiefly from anthropometric data, Proceedings of the Royal Society, Vol. 45, 135–45, 1888

최소제곱법은 1800년대 초에 프랑스 수학자 르장드르Legendre가 처음 제안했고 독일의 수학자 가우스Gauss가 정립한 이론이다. 골턴시대보다 훨씬 전에 최소제곱법 이론은 소개됐고 골턴도 최소제곱법의 존재를 알고 있었다. 하지만 골턴은 당시 회귀식을 구할 때 최소제곱법 개념을 사용하지 않았다. 그가 회귀식을 정의할 때는 데이터가 표시된 좌표 평면 위에 가장 적당해 보이는 직선식을 직관적으로 골랐다. 그가 최소제곱법을 사용하지 않은 이유는 아마도 르장드르나 가우스의 최소제곱법에는 독립변수나 종속변수라는 개념이 없어서 회귀식에 적용하는 것이 확신이 들지 않았을 것으로 추측된다.

가우스는 1822년 자신의 논문[4]을 통해 회귀식 형태의 최적화 문제에 최소제곱법의 사용을 보였다. 즉, 회귀식의 용어가 탄생하기 전에도 회귀식 형태의 수학적, 통계학적 문제는 있었고(특히 천문학 및 측지학 분야에서), 그러한 회귀식을 구하기 위해 최소제곱법과 같은 방법이 사용됐다.

오늘날 회귀분석은 경제학, 의학, 공학 등 다방면의 영역에서 활용성이 입증되면서 현재 가장 많이 사용되는 통계 모델로 자리잡고 있다. 또한 머신러닝에서도 지도학습 중 하나인 예측 모델로도 이용되고 있다.

---

4 C.F. Gauss, Theoria combinationis observationum erroribus minimis obnoxiae, 1822

선형 회귀

선형이라는 것은 독립변수가 1차항으로 돼 있다는 의미로, 기하학 관점에서 설명하면 입력값^{독립변수}과 예상값^{종속변수}의 관계가 2차원에서는 직선 형태로, 3차원 공간에서는 평면으로 나타난다. 임의의 변수 x, y 그리고 상수 α에 대해 표현된 함수에서 다음을 만족하면 선형이 된다.

$$f(x+y) = f(x) + f(y)$$
$$f(\alpha x) = \alpha f(x)$$

예를 들어, 독립변수에 x^n과 같은 지수항이 있으면 $(x+y)^n \neq x^n + y^n$이므로 비선형이 된다.

선형회귀식을 구할 때는 일반적으로 최소제곱법을 이용한다. 최소제곱법은 최적화 개념을 기반으로 한 것으로 최소제곱법을 통해 회귀식을 구하는 기본적인 의미는 다음과 같이 설명할 수 있다.

주어진 독립변수에 대해 임의의 계수를 가지는 어떤 함수식으로 예측한 결괏값과 실제값의 차이^{오차(error) 또는 잔차(residual)}를 제곱해서 모두 더한 값이 최소가 되는 함수식이 가장 타당한 회귀식이라는 이론이다. 그림 4.3은 선형회귀식에서 오차를 구하는 방법을 보여준다.

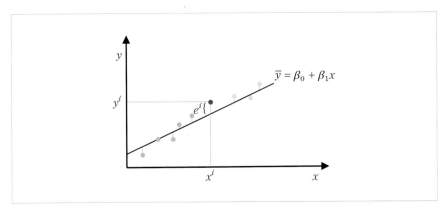

그림 4.3 회귀식에서 오차

즉, 그림 4.3에서 임의의 계수 β_0, β_1에 대해 회귀식을 $\overline{y} = \beta_0 + \beta_1 x$라고 가정하면 관찰된 데이터 (x^i, y^i)와의 오차 e^i는 다음과 같이 표현할 수 있다.

$$e^i = y^i - \overline{y}^i = y^i - \beta_0 - \beta_1 x^i \tag{4.1}$$

모든 데이터세트에 대해 오차를 구하고, 다시 그 오차를 제곱해 모두 더한 값을 최소로 만드는 β_0, β_1를 구하면 회귀식을 얻게 된다.

이것을 수식으로 정리하면 다음과 같다. 먼저 오차의 제곱을 모두 더한 것을 목적 함수 $\mathrm{E}(\beta_0, \beta_1)$라고 하면 다음과 같이 표현할 수 있다.

$$\mathrm{E}\left(\beta_0, \beta_1\right) = \frac{1}{2}\sum_{i=1}^{n}\left(e^i\right)^2 = \frac{1}{2}\sum_{i=1}^{n}\left(y^i - \overline{y}^i\right)^2 = \frac{1}{2}\sum_{i=1}^{n}\left(y^i - \beta_0 - \beta_1 x^i\right)^2 \tag{4.2}$$

여기서 $\frac{1}{2}$은 계산의 편의성을 위한 상수이고, n은 학습 데이터세트 크기다. $\mathrm{E}(\beta_0, \beta_1)$의 최솟값을 구하기 위해 식 $\mathrm{E}(\beta_0, \beta_1)$을 각각 β_0, β_1에 대한 편미분을 취하고 이를 0으로 하는 β_0, β_1값을 구하면 된다. 여기서 β_0, β_1에 대해 미분을 한다는 것은

β_0, β_1에 대한 증가율, 즉 기울기를 의미하는데 기울기가 0이 되는 지점이 곧 최소 또는 최대가 된다. 그런데 여기서는 아래로 볼록한 형태의 2차 곡선이므로 최솟값을 만드는 β_0, β_1을 구할 수 있다.

이것을 수치해석을 통해 근사해를 구하는 방법은 다음과 같다.

$$\beta_0 := \beta_0 - \alpha \frac{\partial \mathrm{E}(\beta_0, \beta_1)}{\partial \beta_0} \tag{4.3}$$

$$\beta_1 := \beta_1 - \alpha \frac{\partial \mathrm{E}(\beta_0, \beta_1)}{\partial \beta_1} \tag{4.4}$$

여기서 α는 학습률$^{\text{learning rate}}$이라고 하며, 이와 같은 방법을 델타 룰$^{\text{Delta Rule}}$이라 한다. 구체적인 방법은 10장 인공신경망에서 설명하고 있는 위드로-호프 알고리즘 또는 경사감소법을 참조하면 된다.

선형회귀분석에서 독립변수의 수에 따라 단순선형회귀$^{\text{simple linear regression}}$와 다중선형회귀$^{\text{multiple linear regression}}$로 구분한다. 예를 들면, $y = \beta_0 + \beta_1 x$는 독립변수인 x가 한 개이므로 단순선형회귀이고, $y = \beta_0 + \beta_1 x_1 + \beta_2 x_2$는 독립변수 x가 두 개 이상이므로 다중선형회귀다. 그림 4.4와 같이 단순선형회귀는 2차원 공간에서 직선식으로 표현할 수 있으며, 독립변수가 2개인 다중선형회귀는 3차원 공간에서 2차평면으로 표현된다.

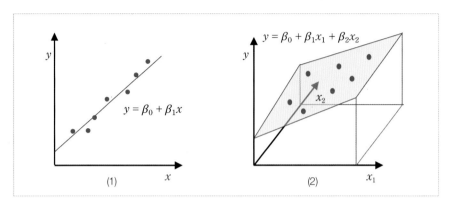

그림 4.4 (1) 단순선형회귀 (2) 다중선형회귀

즉, 회귀식을 통해 예측하고자 하는 결괏값에 영향을 주는 인자가 하나인 경우에는 단순선형회귀분석을 사용하고, 2개 이상일 경우 다중회귀분석을 사용한다. 앞에서 설명한 고등학교 음악 동아리 학생들의 키와 몸무게에 상관관계에서 '키'라는 인자 이외에 몸무게에 영향을 미치는 다른 인자를 고려한다면 다중선형회귀분석을 해야 한다. 예를 들면, 몸무게에 영향을 주는 인자를 수면시간, 월평균 라면을 먹는 횟수, 매주 평균 운동 시간 등을 추가한다면 다중선형회귀분석이 되고 더욱 의미 있는 분석을 할 수 있다. 물론 새로운 인자를 독립변수로 고려할 때는 상관분석을 통해 상관계수의 절댓값이 일정한 크기 이상(예: 0.65)이 돼야 한다.

통계학이나 데이터 마이닝에서 사용되는 선형회귀분석은 머신러닝 진영에서는 데이터세트 (x^i, y^i)를 가지고 학습을 하는 지도학습 모델로 분류하고 있다. 특히 선형회귀분석은 지도학습 중에서도 예측^{prediction} 모델이라고 한다. 통계학에서는 데이터 x^i를 독립변수, 데이터 y^i를 종속변수라고 부르는 반면, 머신러닝에서는 데이터 x^i를 특성, 그리고 데이터 y^i를 레이블이라고 한다. 이러한 데이터세트로 β_0, β_1를 구하는 과정을 통계학에서는 회귀식의 추정이라고 하고, 머신러닝에서는 학습이라고 한다. 학습을 하고 나면 선형예측모델 $y = \beta_0 + \beta_1 x$를 통해 새로운 입력 데이터에 대한 결괏값을 예측한다.

로지스틱 회귀

선형회귀의 종속변수는 일반적으로 연속적인 정규분포를 가진다. 만약 종속변수
가 예/아니오, 1/0, 합격/불합격, 구매/비구매 같은 범주형categorical으로 표현될 때
는 선형회귀분석 대신 로지스틱 회귀logistic regression 분석 방법을 사용한다. 특히 예/
아니오와 같이 종속변수가 2가지 범주에 속할 때는 이진형 로지스틱 회귀 모델이
라고 한다.

로지스틱 회귀 분석라고 부르는 이유는 출력값이 $[0,1]$을 경계로 결정되는 로지스
틱시그모이드 함수를 회귀식으로 사용하기 때문이다. 즉, 로지스틱 함수를 사용하게
되면 종속변수를 0과 1의 범주형으로 표현할 수 있게 된다. 이러한 이유로 로지스
틱 회귀는 그 명칭에 '회귀'라는 용어가 사용되고 있지만 실제로는 예측을 의미하
는 회귀분석보다는 분류 모델에 가깝다.

독립변수 x, 임의의 계수 β_0, β_1에 대해 로지스틱 함수를 표현하면 다음과 같다.

$$p(x)_{\beta_0, \beta_1} = \frac{e^{\beta_0 + \beta_1 x}}{1 + e^{\beta_0 + \beta_1 x}} \tag{4.5}$$

위 식을 간단히 표현하면 로지스틱시그모이드 함수임을 알 수 있다.

$$g(z) = \frac{z}{1 + z} \tag{4.6}$$

여기서 $z = e^{\beta_0 + \beta_1 x}$이다.

그림 4.5는 선형회귀와 로지스틱 회귀의 결괏값 범위를 보여준다. 이때 두 회귀식은 β_0에 따라 좌우로 이동하며, β_1에 따라 기울기가 변한다. 만약 $\beta_1 > 0$이면 증가함수가 되고, $\beta_1 < 0$이면 감소함수가 된다. 로지스틱 회귀식에서는 $\beta_0 + \beta_1 x = 0$, 즉 $x = -\dfrac{\beta_0}{\beta_1}$이면 p = 0.5가 되므로 $x = -\dfrac{\beta_0}{\beta_1}$는 이진 분류의 기준점이 된다.

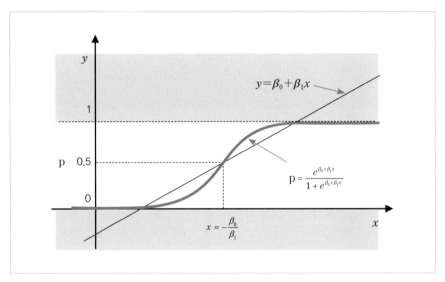

그림 4.5 선형회귀식과 로지스틱 회귀식의 예측값 범위

로지스틱 회귀분석 과정에서 1차 목표는 선형회귀분석과 마찬가지로 회귀식을 결정하는 β_0, β_1값을 알아내는 것이다. 로지스틱 회귀식은 β_0, β_1를 구하는 방법으로 최소제곱법 대신에 최대가능도법maximum likelihood method을 사용한다. 최대가능도법은 최대가능도추정MLE: maximum likelihood estimation이라고도 한다.

최대가능도법은 관찰된 데이터세트가 가장 들어 맞는 회귀식을 찾는 방법이다. 예를 들면 동전의 앞면과 뒷면이 나올 확률을 모르는 상태에서 10번을 던져 6번이 앞면이 나왔다면 동전의 앞면이 나올 최적 확률을 정하는 경우에 사용된다. 즉, 다음과 같은 식에서 P값을 최대로 하는 p값을 찾는 것이다.

$$P\left(6 = \text{앞면} \mid 10\text{번}\right) = \binom{10}{6} p^6 \left(1 - p\right)^4 = \frac{10!}{6!4!} p^6 \left(1 - p\right)^4$$

여기서 만약 앞면이 나올 확률을 $p = 0.3$, $p = 0.5$로 가정하고 식에 대입하면 P값은 각 p에 대해 0.0368, 0.2051 값을 갖는다. 그러므로 P값을 가장 크게 하는 $p = 0.5$를 앞면이 나올 확률로 추정하는 것이 타당하다고 보는 것이다. 여기서 $P(\cdot)$를 가능도함수likelihood function라고 한다. 가능도함수를 최대로 하는 확률을 찾는 방법이 최대가능도법이다.

이 최대가능도법을 로지스틱 회귀식에 적용하려면 먼저 가능도함수를 구해야 한다. 그전에 두 개의 범주 $y = 1$, $y = 0$에 대한 확률을 다음과 같이 정의한다.

$$P\left(y = 1 \mid x; \beta_0, \beta_1\right) = p(x)_{\beta_0, \beta_1} \tag{4.7}$$

$$P\left(y = 0 \mid x; \beta_0, \beta_1\right) = 1 - p(x)_{\beta_0, \beta_1} \tag{4.8}$$

수학적 편의상 식 (4.7), (4.8)을 하나로 합하면 다음과 같다.

$$\bar{P}\left(y \mid x; \beta_0, \beta_1\right) = \left(p(x)_{\beta_0, \beta_1}\right)^y \left(1 - p(x)_{\beta_0, \beta_1}\right)^{1-y} \tag{4.9}$$

식 (4.9)에 n개의 학습 데이터세트 (x^i, y^i)를 적용하면 다음과 같은 가능도likelihood를 구할 수 있다. 이때 가능도는 β_0, β_1의 함수가 된다.

$$\begin{aligned} \mathcal{L}\left(\beta_0, \beta_1\right) &= \prod_{i=1}^{n} \bar{P}\left(y^i \mid x^i; \beta_0, \beta_1\right) \\ &= \prod_{i=1}^{n} \left(p(x^i)_{\beta_0, \beta_1}\right)^{y^i} \left(1 - p(x^i)_{\beta_0, \beta_1}\right)^{1-y^i} \end{aligned} \tag{4.10}$$

계산의 편의성을 위해 식 (4.10)을 자연로그를 취하면 다음과 같이 로그 가능도^{log} likelihood를 얻는다.

$$
\begin{aligned}
\ell\left(\beta_0,\beta_1\right) &= \ln \mathcal{L}\left(\beta_0,\beta_1\right) \\
&= \sum_{i=1}^{n}\left(y^i \ln p(x^i)_{\beta_0,\beta_1} + \left(1-y^i\right)\ln\left(1-p(x^i)_{\beta_0,\beta_1}\right)\right)
\end{aligned}
\tag{4.11}
$$

식 (4.11)의 로그 가능도를 최대로 하는 β_0, β_1를 찾기 위해 마찬가지로 델타 룰을 적용한다.

$$
\begin{aligned}
\frac{\partial\ell\left(\beta_0,\beta_1\right)}{\partial\beta_0} &= \left(y^i\frac{1}{p(x^i)_{\beta_0,\beta_1}} - \left(1-y^i\right)\frac{1}{\left(1-p(x^i)_{\beta_0,\beta_1}\right)}\right)\frac{\partial p(x^i)_{\beta_0,\beta_1}}{\partial\beta_0} \\
&= \left(y^i\frac{1}{p(x^i)_{\beta_0,\beta_1}} - \left(1-y^i\right)\frac{1}{\left(1-p(x^i)_{\beta_0,\beta_1}\right)}\right)p(x^i)_{\beta_0,\beta_1}\left(1-p(x^i)_{\beta_0,\beta_1}\right)\frac{\partial\left(\beta_0+\beta_1 x\right)}{\partial\beta_0} \\
&= y^i\left(1-p(x^i)_{\beta_0,\beta_1}\right) - \left(1-y^i\right)p\left(x^i\right)_{\beta_0,\beta_1} \\
&= y^i - p\left(x^i\right)_{\beta_0,\beta_1}
\end{aligned}
\tag{4.12}
$$

$$
\begin{aligned}
\frac{\partial\ell\left(\beta_0,\beta_1\right)}{\partial\beta_1} &= \left(y^i\frac{1}{p(x^i)_{\beta_0,\beta_1}} - \left(1-y^i\right)\frac{1}{\left(1-p(x^i)_{\beta_0,\beta_1}\right)}\right)\frac{\partial p(x^i)_{\beta_0,\beta_1}}{\partial\beta_1} \\
&= \left(y^i\frac{1}{p(x^i)_{\beta_0,\beta_1}} - \left(1-y^i\right)\frac{1}{\left(1-p(x^i)_{\beta_0,\beta_1}\right)}\right)p(x^i)_{\beta_0,\beta_1}\left(1-p(x^i)_{\beta_0,\beta_1}\right)\frac{\partial\left(\beta_0+\beta_1 x^i\right)}{\partial\beta_1} \\
&= \left(y^i\left(1-p(x^i)_{\beta_0,\beta_1}\right) - \left(1-y^i\right)p(x^i)_{\beta_0,\beta_1}\right)x^i \\
&= \left(y^i - p(x^i)_{\beta_0,\beta_1}\right)x^i
\end{aligned}
\tag{4.13}
$$

여기서도 학습률 α를 적용하면 다음과 같이 로지스틱 회귀식의 계수인 β_0, β_1를 구할 수 있다.

$$
\begin{aligned}
\beta_0 &:= \beta_0 + \alpha \frac{\partial \ell(\beta_0, \beta_1)}{\partial \beta_0} \\
&= \beta_0 + \alpha \left(y^i - p(x^i)_{\beta_0, \beta_1} \right)
\end{aligned}
\tag{4.14}
$$

$$
\begin{aligned}
\beta_1 &:= \beta_1 + \alpha \frac{\partial \ell(\beta_0, \beta_1)}{\partial \beta_1} \\
&= \beta_1 + \alpha \left(y^i - p(x^i)_{\beta_0, \beta_1} \right) x^i
\end{aligned}
\tag{4.15}
$$

이때 로그 가능도의 최댓값을 구하기 때문에 기울기의 부호가 (+)다.

빈도론 vs. 베이지안

확률은 어떤 사건이 일어날 수 있는 경우를 신뢰할 수 있는 정도를 규정하는 방법이다. 이 방법에는 두 가지의 큰 축이 있는데, 하나가 빈도론Frequentism이고 다른 하나가 베이지안Bayesianism이다.

어떤 방법이 옳은 방법이라고 말할 수는 없고, 적용 분야에 따라 타당한 방법이 존재할 수 있다. 두 가지 방법 모두 장단점이 있기 때문에 최근까지도 좀 더 타당한 방법을 가리기 위해 확률 및 통계 분야의 컨퍼런스에서는 빈도론과 베이지안 추종자 사이에서 열띤 토론이 벌어지기도 한다.

만약 모집단의 모든 경우의 수를 알고 있다면 빈도론이나 베이지안의 논란은 의미가 없다. 안타깝게도 우리는 신이 아니기 때문에 우리가 관찰한 사건 데이터세트를 가지고 확률적인 방법을 통해 전체를 추리할 수밖에 없다. 표 4.1은 이러한 확률적 추리 모델인 빈도론과 베이지안을 비교한 것이다.

표 4.1 빈도론과 베이지안 비교

	빈도론	베이지안
p값 정의	귀무가설이 참이라고 할 때 동일하거나 초과되는 데이터를 관측할 확률	귀무가설의 확률
대규모 샘플 필요성	일반적으로 정규이론 기반의 방법이 사용될 때 필요	필요 없음
사전 지식의 첨가 가능 여부	불가능	가능
매개변수의 속성	미지, 고정	미지, 임의
모집단 매개변수	한 개의 참 값	불확실성을 나타내는 값들의 분포
불확실성 정의	무한대의 반복적인 표본추출을 전제로 실시된 표본의 불확실성	모집단 매개변수에 대한 확률분포
구간 정의(예: 95%)	신뢰구간: 모집단에서 무한대의 표본을 추출했을 때 그중 95%가 모집단 값을 가지고 있음	신용구간: 모집단 값이 구간 내에 있을 확률이 95%임

빈도론

빈도론 또는 빈도론적 확률론은 1872년 영국의 철학자 존 벤John Venn의 정의로부터 출발한다. 벤은 대수의 법칙을 사용해 다음과 같이 확률을 정의했다.

"확률은 그 사건이 일어난 횟수의 장기적인 비율이다".

이러한 확률이론을 바탕으로 하는 빈도론은 얼만큼 빈번하게 특정한 사건이 반복되어 발생하는가를 관찰하고 이를 기반으로 가설을 검증하기 때문에 경험적 사실만을 가지고 판단한다. 그림 4.6은 빈도론 관점에서 추론inference 과정을 개념적으로 보여준다.

그림 4.6 빈도론 접근 방법에 의한 추론 모델링 개념

빈도론의 대표적인 통계학자인 영국의 로날드 에일머 피셔Ronald Aylmer Fisher는 1935년 『실험설계법』이라는 책을 출판하면서 확률적 기법을 이용한 좋은 실험설계방법의 예를 제시했다.

그는 이 책에서 "밀크티의 맛을 알아맞히는 여인"이라는 예를 들면서 실험을 통한 빈도론 기반의 가설검증의 방법을 설명한다. 피셔는 1920년 여름 케임브리지 대학교수들과 여러 다른 부인들과의 사교 모임에서 '밀크가 있는 잔에 홍차를 따르는 것과 홍차를 먼저 따른 후 밀크를 넣는 것의 맛의 차이를 가릴 수 있다'라고 주장하는 여인의 말을 우연히 듣는다. 피셔는 여인의 주장이 정말 맞는지 여부를 실험을 통해 가려보고 싶다고 얘기한다. 여인이 50대 50의 확률로 우연히 맞추는 것인지 아니면 정말 맛의 차이를 느낄 수 있는 것인지를 빈도론적 관점에서 확인해 보고자 했던 것이다.

『실험설계법』에는 밀크티 실험 결과에 대한 구체적인 언급은 없었는데, 이후 전해지는 말에 의하면 몇 번을 테스트했는지는 구체적인 설명이 돼 있지 않지만 그 부인은 모두 정확히 맞혔다고 한다.

만약 그녀가 다섯 번의 테스트를 했고 우연히 모두 맞혔다면 그 확률은 $(0.5)^5$ =0.031이다. 여기서 3.1%는 바로 유의 확률(p^{value}값)이다. 그러므로 우리는 '5% 유의 수준으로 그녀는 밀크티의 맛을 가려낼 수 있다'라고 말할 수 있다.

위에서 설명한 것처럼 빈도론 확률에서는 유의수준이라는 것과 유의확률 또는 p값을 사용해 가설을 검증한다. 유의수준이라는 것은 최초가설(H_0, 귀무가설)[5]이 틀릴 가능성의 범위를 말하는데 보통 1%, 5%, 10%의 값을 사용한다. 예를 들면, 5% 유의수준이라는 말은 귀무가설이 95%(100% − 5%) 범위의 신뢰도로 검증하겠다라는 말이다. 유의 확률, 즉 p값은 귀무가설이 틀렸다는 것을 보이기 위해 귀무가설이 옳다는 가정하에 계산한 확률이다. 즉, p값은 참일 것 같지 않은 조건에서 계산한 확률이다. 만약 p값이 유의수준보다 작으면 귀무가설은 기각된다. 유의수준과 유의확률 기반의 가설검증 이론은 폴란드 수학자인 예르지 네이만Jerzy Neyman이 정립했다.

베이지안론

베이지안론은 베이즈 룰Bayes' Rule 또는 베이즈 정리Bayes' Theorem를 기반으로 확률을 해석해서 추론하는 이론이다. 베이지안론의 핵심인 베이즈 룰 또는 베이즈 정리는 영국의 목사이자 아마추어 수학자인 토마스 베이즈Thomas Bayes에 의해 제안됐고 이

---

5 검정의 대상이 되는 가설(null hypothesis)을 말한다. 귀무가설이 기각되면 대립가설(*Ha, alternative hypothesis*)이 채택된다.

후 프랑스 과학자 피에르 사이먼 라플라스^{Fierre Simon Laplace}에 의해 정립된 확률 이론이다.

인공지능의 아버지라 일컫는 영국의 수학자 앨런 튜링은 제2차 세계 대전 당시 독일군의 잠수함 암호를 해독할 때 베이지안 이론을 사용했고, 이 밖에 의학, 경제학, 심리학 등 다양한 분야에서 이 이론이 사용되고 있다.[6] 특히 대부분의 현대적 인공지능 개념은 베이지안 이론에 따라 만들어졌다.

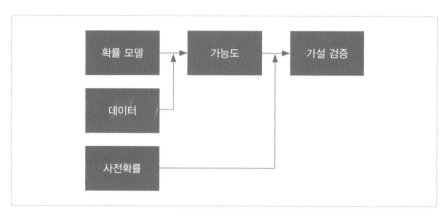

그림 4.7 베이지안 접근법에 의한 추론 모델링 개념

그림 4.7은 베이지안 확률론에 의한 추론 모델링 방법을 개념적으로 보여준다. 베이지안론의 확률적 추론 방법은 어떤 가설의 확률을 평가하기 위해 주관적으로 또는 임의적으로 사전 확률을 먼저 정하고 관찰된 데이터를 기반으로 하는 가능도를 계산해서 처음에 설정된 주관적 확률을 보정하는 방법이다. 이때 베이즈 룰은 이러한 확률을 해석하는데 있어 핵심적인 개념을 제공한다.

---

6   출처: 샤론 버치 맥그레인, 불멸의 이론

베이즈 룰은 조건부 확률 이론에서 출발한다. 즉, 조건부 확률에서 사건 A와 사건 B가 동시에 일어날 확률은 식 (4.16)과 같이 표현된다.

$$P(A \cap B) = P(A) \cdot P(B \mid A) = P(B) \cdot P(A \mid B) \tag{4.16}$$

식 (4.16)을 사건 B가 일어날 때 사건 A가 일어날 확률로 정리하면 다음과 같다.

$$P(A \mid B) = \frac{P(A) \cdot P(B \mid A)}{P(B)} \tag{4.17}$$

식 (4.17)이 바로 베이지안 확률론에서 핵심이 되는 그 유명한 베이즈 룰이다. 이 식을 다시 통계학 전문용어로 바꾸면 다음과 같다.

$$P(H \mid E) = \frac{P(H) \cdot P(E \mid H)}{P(E)} \tag{4.18}$$

여기서, H는 가설Hypothesis, E는 증거Evidence를 뜻하고 각 확률이 의미하는 바는 다음과 같다.

- $P(H \mid E)$ ≡ **사후확률**posteriori
- $P(H)$ ≡ **사전확률**priori
- $P(E \mid H)$ ≡ **가능도**likelihood
- $P(E)$ ≡ **에비던스 모델 또는 정규화 상수**evidence model or normalized constant

식 (4.18)이 의미하는 것은 다음과 같이 정리할 수 있겠다. 즉, 추론된 가설에 대한 확률사후확률을 구하기 위해서는 사전에 주관적 지식으로 예상한 가설에 대한 확률사전확률에 관찰된 데이터로 계산한 가능성 정도가능도 확률를 곱하고 모든 가설에 대해 증거가 발생될 확률정규화 상수로 나누면 된다.

밀크티 예로 베이지안 접근법을 설명해 보자. 먼저 가설 1(H_1)은 '부인이 우연히 50:50 확률로 밀크티의 맛 차이를 맞혔을 경우'라고 하고, 가설 2(H_2)는 '부인이 밀크티의 맛을 맞힐 능력을 90% 확률로 가지고 있다'로 설정한다. 그리고 각 가설이 사실일 확률이 50%라고 사전에 정의한다. 사건에 각 가설의 확률을 정하는 것을 사전확률priori이라고 하는데 주관적으로 정의되기 때문에 주관적 확률이라고 한다.

- 가설 1의 사전 확률 $P(H_1) = 0.5$
- 가설 2의 사전 확률 $P(H_2) = 0.5$

다섯 번의 시도에서 모두 맞혔기 때문에 각 가설의 조건부 확률가능도, likelihood은 다음과 같다.

- 가설 1의 조건부 확률 $P(E \mid H_1) = 0.5^5 = 0.03125$
- 가설 2의 조건부 확률 $P(E \mid H_2) = 0.9^5 = 0.59049$

그리고 모든 가설에 대해 밀크티의 맛을 모두 맞힌 사건의 확률은 다음과 같다.

$$P(E) = P(E \cap H_1) + P(E \cap H_2) = 0.5 \times 0.03125 + 0.5 \times 0.59049 = 0.31087$$

따라서 각 가설에 대한 사후확률posteriori은 다음과 같다.

- 가설1 사후확률, $P(H_1 \mid E) = \dfrac{P(H_1) \cdot P(E \mid H_1)}{P(E)} = \dfrac{0.5 \times 0.03125}{0.31087} = 0.05$

- 가설2 사후확률, $P(H_2 \mid E) = \dfrac{P(H_2) \cdot P(E \mid H_2)}{P(E)} = \dfrac{0.5 \times 0.59049}{0.31087} = 0.95$

즉, 베이지안 확률 모델을 통해 '부인은 밀크티의 맛을 알아맞힐 수 있는 능력이 90%이다라는 가설이 95% 확률로 인정된다'라고 말할 수 있다.

현대 임상 실험 방법을 바꾼 베이지안

2012년 10월 미국에서는 제롬 콘필드Jerome Cornfield의 탄생 100주년을 기념하는 각종 행사가 열렸다. 제롬 콘필드는 미국의 통계학 분야, 특히 생물학 및 의학을 포함한 생의학 통계학 분야에서 큰 업적을 남긴 인물이다.

제롬 콘필드는 러시아 유대계 가정에서 태어나 줄곧 뉴욕에서 성장했다. 그는 뉴욕시립대학City College of New York을 졸업하고 잠시 컬럼비아대학Columbia University에서 대학원과정을 이수했지만 학위는 받지 못했다. 한 가지 재미있는 사실은 미국 현대 통계학의 선구자인 그가 대학교 때 전공한 분야는 통계학이 아닌 역사학이었다는 점이다. 그와 비슷한 또 다른 예를 들자면, SAS[7]의 공동 창업자인 존 솔John Sall도 역사학을 전공했다.

그가 통계학을 처음 공부하게 된 계기는 대학 졸업 후 노동 통계국BLS: Bureau of Labor Statistics에서 일하면서부터다. 그때가 1935년이었다. 당시 그는 농무성Department of Agriculture에서 지원하는 대학원 코스에서 통계학을 배우기 시작했다. 하지만 그의 체계적이고 심오한 통계학 지식은 사실 그가 혼자서 독학으로 터득한 것이다. 많은 사람들이 그의 해박한 통계학 지식 때문에 그가 박사학위를 가지고 있는 줄 알고 있을 정도였다.

---

7   SAS(Statistical Analysis System)는 세계적으로 유명한 통계 패키지 회사다.

그는 통계학 분야에서 탁월한 업적과 깊이 있는 학문적 지식으로 박사학위도 없이 존스 홉킨스Johns Hopkins 대학 생물통계학과 교수에 임용됐으며, 향후 국립보건원 부원장 및 미국통계학회 회장을 역임하기도 했다.

미국 정부는 1930년대 전 세계를 뒤덮었던 극심한 경제공황을 극복하기 위해 〈뉴딜정책〉을 추진한다. 그 첫 번째로 금융시스템의 재건이라는 목표하에 추진한 제1차 뉴딜정책1933 ~ 1934을 성공적으로 마무리했고, 그다음 단계로 실업률 문제를 포함한 고용환경을 개선하는 데 초점을 둔 제2차 뉴딜정책1935 ~ 1938을 계획한다.

정부는 〈제2차 뉴딜정책〉을 시작하기 전에 어떤 문제가 고용환경을 악화시키고 있는지를 이해하기 위해 미국 내 전국적인 실업률 조사부터 시작한다. 이를 위해 국내 정부기관을 비롯한 학교 · 연구소 등 모든 관련 부처의 젊은 인재들을 끌어모았는데, 제롬 콘필드도 거기에 포함돼 있었다.

정확한 실업률 계산을 위해 기존의 통계전문가들은 전수조사 방법을 당연한 것처럼 제안했는데, 제롬 콘필드를 비롯한 젊은 조사단은 여러 가지 문제점을 지적하면서 그 대안으로 표본조사 방법을 제안한다. 수학적 기법이 적용된 표본조사는 그 당시에는 매우 생소한 통계학적 방법이었다.

콘필드를 비롯한 젊은 조사단이 지적한 전수조사의 문제점은 시간과 비용 관점에서 비효율적일 뿐만 아니라 상당한 허수도 내포될 가능성이 높다는 것이었다. 그들은 결국 표본조사라는 새로운 통계학적 방법을 이용해 전수조사만큼 정확한 실업률을 도출하는 데 성공한다. 전수조사 대비 동일한 효과를 약 2%의 표본자료를 통해 얻은 것이다.

제롬 콘필드는 대표적인 베이지안 통계학자다. 그는 베이지안 이론을 통계학을 기반으로 하는 그의 모든 연구에 적용했다.

앞서 설명한 것처럼 통계학에서는 빈도론과 베이지안 확률론을 기반으로 하는 두 개의 방법론이 있다. 빈도론은 말 그대로 여러 번의 실험을 통해 관찰된 사건의 확률을 가지고 가설을 검증하는 것으로, 사건이 독립적이고 반복적이며 그 확률의 분포가 정규분포를 보이는 문제에 잘 맞는다. 예를 들면, 도박에서의 승률 계산이나 환경 변화에 따른 농작물 수확량 계산, 보험금 계산 등에 잘 적용되는 모델이다. 특히 빈도론은 계산 과정이 간단해서 컴퓨터 작업이 크게 필요하지 않기 때문에 근대 통계학에서 많이 사용됐다. 그러나 사전에 관찰된 지식이 없는 불확실한 상황에서의 미래 예측과 같은 문제에서는 적용하기 힘들다.

한편 베이지안 방법은 수학적으로 증명된 조건부 확률 정리conditional probability theorem를 기반으로 가설을 검증한다. 즉, 관찰된 데이터를 가지고 조건부로 가설을 검정하기 때문에 확률 모델이 명확히 설정돼 있는 한, 베이지안으로 검증된 가설은 항상 타당하다고 본다.

그동안 베이지안 방법은 까다로운 수학 이론과 과다한 계산량으로 인해 통계학자들로부터 환영받지 못하다가 최근 사용하기 편리하게 구현된 알고리즘과 컴퓨터 성능의 발전으로 현대 통계 모델로 빠르게 확산되고 있다. 그러나 지금도 여전히 통계학계에서 주류는 빈도론이다.

콘필드가 활약하던 1950, 60년대에는 지금보다 훨씬 빈도론이 우세했다. 아니 독보적이라는 표현이 더 정확할 것 같다. 그 당시에는 빈도론의 창시자인 피셔Fisher와 빈도론의 계승자이며 근대 통계학의 거물인 네이먼Neyman과 피어슨Pearson이 왕성하게 활동하면서 전 세계 통계학을 주름잡던 시대였다. 그러한 시대에 콘필드는 여러 가지 문제에서 드러났던 빈도론의 한계를 공개적으로 지적하면서 그 대안으로 베이지안의 효용성을 여러 논문을 통해 증명했다.

이러한 콘필드의 빈도론에 대한 비판은 피셔를 비롯한 당시의 빈도론 학파에는 도전이었고, 따라서 빈도론 학파로부터의 역공도 만만치 않았다. 그럼에도 콘필드의 베이지안 연구는 계속됐고, 그의 여러 연구결과는 의료임상실험 및 경제학 등 다양한 분야에 영향을 미쳤다. 현재의 베이지안 이론으로 발전시킨 그의 업적들이 세계 통계학계에서 높이 평가되고 있는 이유가 바로 여기에 있다.

1950년에 흡연과 폐암의 인과관계에 대한 논문이 두 편 연속 발표되면서 세계 보건 학회에서는 흡연과 폐암에 대한 학술 논쟁이 시작됐다. 이 두 편의 논문으로 시작된 흡연과 폐암의 논쟁은 미국 국립보건원NIH, National Institute of Health 산하 국립 암 연구원National Cancer Institute에서 연구원으로 근무하던 제롬 콘필드의 관심을 끌기에 충분했다.

그는 앞서 발표된 논문과 학자들의 논쟁들을 검토한 결과, 좀 더 명백한 결론이 도출돼야 한다고 생각했다. 즉, 그는 '흡연은 폐암을 유발할 수 있다'라는 확률적인 증명을 원했다. 그는 1956년 베이지안 이론을 바탕으로 흡연과 폐암의 인과관계를 설명하는 논문[8]을 발표한다.

8　Cornfield J., A statistical problem arising from retrospective studies, Proceedings of the 3rd Berkeley Symposium on Mathematical Statistics, 1956

이후 그는 그의 동료들과 함께 미국 국립보건원NIH; National Institute of Health에 있는 데이터를 적용해 흡연과 폐암의 인과관계를 더욱 정교화한 논문[9]을 후속으로 발표한다. 이 논문에서는 약 6,000명 이상의 흡연자, 비흡연자, 폐암환자, 비폐암환자 데이터를 가지고 분석했으며, 이 데이터는 천공 카드punch card로 입력한 후 스토리지 시스템에 저장된 것들이었다.

 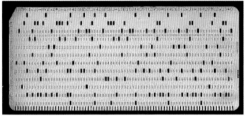

그림 4.8 (1) McBee 천공카드(1896년에 발명. 1950 ~ 1960년 역학조사 필요한 데이터 입력 저장에 사용)
(2) 컴퓨터 데이터 천공카드(1725년에 발명. 초기 데이터 기록, 저장에 사용되다가 자기테이프 저장 장치가 1960년대에 나오면서 1980년대까지 데이터 입력장치로 사용됨)

애연가인 피셔는 콘필드의 베이지안 기반의 흡연과 폐암의 인과관계 논리를 반박했다. 공교롭게도 그는 당시 담배회사로부터 컨설팅 명목으로 금전적인 지원을 받고 있었다. 그러나 콘필드는 피셔의 지적을 조목조목 반박하며 그의 연구 결과 타당성을 증명하는 데 성공한다. 1964년 마침내 미국 외과협회는 "흡연은 폐암을 일으키는 데 관련이 있다that cigarette smoking is *causally* related to lung cancer"라는 경고를 발표하게 된다.

콘필드가 통계학뿐만 아니라 수학적 재능이 있다는 사실을 알려주는 에피소드가 있다. 1973년 경제학 분야에서 노벨상을 받은 바실리 레온티예프Wassily Leontief는 미

---

9 Cornfield J, Haenszel W, Hammond EC, Lilienfeld AM, Shimkin MB, Wynder EL, Smoking and lung cancer: Recent evidence and a discussion of some questions, Journal of the National Cancer Institute, 1959

국의 계량적 경제모델을 만들기 위해 소위 'input-output 분석 모델'[10]을 내놓았다. 최종 결정된 선형방정식 형태의 input-output 모델에 레온티예프는 최초로 행렬연산을 적용한다. 이때 사용된 행렬의 크기는 24 × 24였는데 그는 문제를 풀기 위해서 이 24 × 24 크기의 역행렬을 구해야 했다. 레온티예프는 자신의 경제모델에 필요한 자료를 수집하기 위해 노동통계국에 도움을 요청했는데, 이때 그를 도와준 사람이 바로 콘필드였다.

콘필드는 레온티예프에게 경제모델에 필요한 자료를 제공해줬을 뿐만 아니라 24 × 24 역행렬을 구하는 데 새로운 방안을 제안한다. 그는 24 × 24 역행렬을 손으로 풀 경우 소요되는 시간을 계산해봤더니, 하루 약 12시간을 일한다고 가정했을 때 100년이 소요될 거라 예상했다.

그는 곧바로 역행렬을 구하는 지루한 과정을 프로그래밍하고 전 과정을 컴퓨터에서 실행하기로 결정한다. 그가 사용하기로 결정한 컴퓨터는 하버드 대학에 설치된 전자-기계식 범용 컴퓨터인 IBM Mark I[11]이었다.

그 당시 노동통계국에는(물론 다른 대부분의 조직도 마찬가지였겠지만) '서비스 사용'에 대한 회계처리를 할 수 없었다. 그래서 고민 끝에 콘필드가 경비처리를 한 것은 "한 개의 역행렬 계산"이라는 명목으로 '물품 주문 요청'을 한 것이었다. 그는 Mark I을 이용해 24 × 24 역행렬 문제를 3~4일 걸려서 풀 수 있었다.

---

10 미국의 산업을 세분하고 각 산업에서 나오는 상품들(output)이 다른 산업에는 어떻게 input으로 작용하는지의 관계를 보여주는 계량경제모델이다.

11 원래는 Aiken-IBM Automatic Sequence Controlled Calculator ASCC로 명명되다가 1944년 8월 하버드대학이 IBM으로부터 인수할 때 Mark I으로 개명함

Mark I은 하버드 대학 물리학과 교수인 하워드 에이큰Howard Aiken과 그의 대학원생이 IBM 연구원과 공동으로 개발한 컴퓨터다. Mark I은 지금까지 세계에서 가장 큰 전자-기계식 컴퓨터로 기록돼 있으며, 그 규모는 약 15미터의 폭에 1미터 깊이, 높이가 2.4미터에 달한다. 이 컴퓨터에 연결된 케이블 길이만 약 850킬로미터였다.

지금은 누구나 가지고 있는 노트북 컴퓨터를 이용해 24 x 24 역행렬을 구하는 데는 1초도 걸리지 않는다.

분류

머신러닝에는 데이터세트의 특징과 목적에 따라 몇 가지 접근법이 있는데, 지도학습은 그중 하나다. 지도학습은 레이블이 있는 데이터세트를 가지고 갖가지 알고리즘을 통해 데이터를 구별해내는 판별식을 만든 후 새로운 데이터가 어떤 결괏값을 갖는지를 알아내는 학습 모델이다.

지도학습은 크게 예측과 분류로 나뉘는데 예측은 앞장에서 설명했던 회귀분석이 대표적이다. 분류라는 것은 말 그대로 어떤 입력된 데이터가 어떤 그룹에 속하는지 알아내는 것이다. 이때 입력 데이터가 속할 그룹은 각 학습 데이터가 가지는 레이블의 세트를 말한다. 예를 들면, 붓꽃을 구분하는 경우 세토사, 버시컬러, 버지니카 레이블이 분류 그룹이 된다.

머신러닝의 분류 모델은 우편물의 자동 분류를 위해 필기체를 인식한다거나 도난된 신용카드가 사용되는 것을 추적한다거나 악성 이메일이나 해킹을 감지하는 분야 등에 사용된다.

kNN 모델

분류에 사용되는 kNN^{k-Nearest Neighbor} 모델은 머신러닝 모델 가운데 가장 직관적이고 간단한 지도학습 모델 중 하나다. kNN은 인스턴스 기반의 러닝^{instance-based learning} 또는 메모리 기반의 러닝^{memory-based learning}이라고도 한다. 그 이유는 학습을 사전에 하지 않고 미뤄두고 있다가 새로운 데이터의 태스크 요청이 오면 그때 일반화^{분류}를 수행하기 때문이다. 즉, 학습에 필요한 데이터를 메모리에 기억만 하고 있다가 인스턴스가 발생될 때 비로소 일반화하는 일을 시작한다. 이러한 이유로 레이지 러닝lazy learning[1] 이라고도 한다.

kNN의 기본적인 개념은 새로운 데이터가 어느 그룹에 속하는지 분류하기 위해 그 데이터에 가장 가까이에 있는 학습 데이터가 속한 그룹을 알아보는 것이다. 이를 위해 먼저 레이블된 학습 데이터들의 특성을 정량화한 후 좌표공간에 표현하는 작업이 필요하다. 만약 특성이 2개이면 2차원 평면에 각 학습 데이터가 표현된다. 알고자 하는 새로운 데이터를 중심으로 가상의 원(2차원인 경우)을 확장해 가다가 첫 번째 데이터가 발견되면 그 데이터가 속해있는 그룹(레이블)이 바로 새로운 데이터의 그룹이 되는 것이다(k = 1인 경우). 같은 방법으로 3개의 데이터가 발견될 때까지 가상의 원을 확장하고, 이때 발견된 3개의 데이터 가운데 가장 많은 그룹을 새로운 데이터의 그룹으로 결정한다(k = 3인 경우). 이를 일반화하면 가상의 원을 n개의 데이터가 발견될 때까지 확장하고 n개의 데이터 중 가장 많은 그룹을 새로운 데이터의 그룹으로 정하는 방법이다(k = n인 경우). 즉, kNN에서의 k는 새로운 데이터가 속한 그룹을 알아내기 위해 인접 데이터를 k개만큼 찾겠다는 뜻이다.

예를 들어, 그림 5.1과 같이 ★가 속한 그룹을 알고자 할 때, k = 1인 경우에는 가장 가까이에 있는 그룹 한 개를 찾는다. 이 경우에는 ■가 ★의 소속 그룹이 된다. k=3일 때 ★가 가장 가까이 있는 그룹 3개는 ■ 한 개, △ 두 개이므로 ★가 속할 수 있는 그룹은 △가 된다. 여기서 이해가 빠른 독자들은 이미 짐작한 것처럼 k는 의사결정을 해야 하기 때문에 항상 홀수를 선택한다.

---

1 반대되는 개념으로 이거 러닝(eager learning)이 있다.

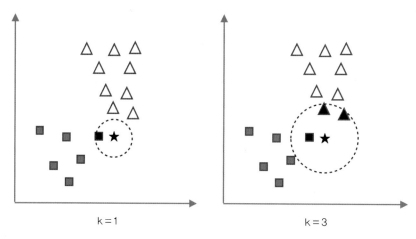

$k = 1$　　　　　　　　　　　　$k = 3$

그림 5.1 k = 1, 3일 때 kNN 모델

kNN 모델을 다음과 같이 과일가게 문제에 적용해보자. 과일가게에 사과 50개, 바나나 60개, 배 70개가 있을 때 5가지 과일의 특성을 가지고 어떤 과일인지 맞추는 문제다. 과일의 5가지 특성은 색깔, 무게, 길이, 당도, 산도다.

표 5.1 사과, 바나나, 배 등 3가지 과일에 대한 데이터세트

과일	색깔	무게	길이	당도	산도
사과	빨강	500	15	12	4.5
바나나	오렌지	350	25	15	8.5
바나나	파랑	400	20	17	9.0
배	노랑	700	17	10	2.7
사과	파랑	650	12	13	4.2
:	:	:	:	:	:

우선 5가지 특성 중 사과, 바나나, 배의 특성을 잘 나타내는 당도sweetness 및 산도acidity라는 학습 데이터를 선택하고 kNN 학습을 시행했다. 이때 각 특성별 정량적 스케일이 다르므로 정규화normalization가 필요하다. 그룹 수 k를 1, 9, 99로 바꿔가

며 학습시킨 결과가 그림 5.2와 같이 나타났다. k = 1인 경우에는 노이즈[2]까지 너무 민감하게 반응하고 있고 k = 99인 경우에는 의사결정을 할 수 있는 경계가 너무 둔감해서 변별력을 주지 못한다. 여기서는 k = 9인 경우가 가장 적절한 모델이라 하겠다. 여기서 k = 1인 경우를 오버피팅overfitting이라고 하고 k = 99인 경우를 언더피팅underfitting이라고 한다.

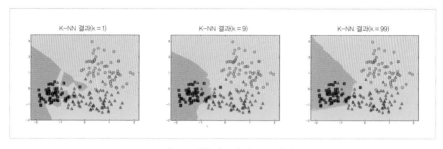

그림 5.2 과일 데이터의 kNN 결과

그림 5.3[3]은 언더피팅, 노멀피팅, 오버피팅의 또 다른 예를 보여준다. 언더피팅은 학습할 때나 테스트 및 검증을 할 때 모두 에러률이 높은 경우다. 아직 데이터를 판별할 수 있는 데이터의 특성을 찾아내지 못했다는 얘기다. 언더피팅 문제를 해결하기 위해 데이터 수를 증가시키는 경우가 있는데 이는 본질적인 문제를 해결하지 못한다. 언더피팅 문제를 해결하기 위해서는 kNN인 경우에는 k값을 변경한다거나 다른 특성을 추가하는 등 데이터를 판별할 수 있는 새로운 방법을 적용해야한다. 노멀피팅의 경우에는 학습 시 에러와 검증 시 에러가 거의 동일하고 가장 작은 값을 갖는다. 즉, 데이터의 특성을 잘 대표하도록 학습됐다고 할 수 있다.

---

2 잘못 입력됐거나 평균값과 큰 차이(outlier)가 있는 데이터
3 사전에 정의한 실제 함수 주위에 임의로 데이터를 생성한 후 최적의 학습 모델을 찾는 예제(출처: scikit-learn.org)

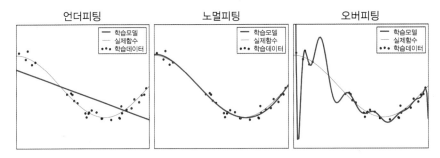

그림 5.3 언더피팅, 노멀피팅, 오버피팅 예

오버피팅 문제는 머신러닝에서 매우 빈번히 등장하는 이슈이며 실무자가 해결해야 할 가장 큰 문제이기도 하다. 이 문제는 무시해야 할 노이즈나 아웃라이어 데이터까지 모두 정상적인 것으로 인식하고 학습하면서 생긴다. 이 때문에 학습에러$_{training error}$는 낮지만 왜곡된 학습 모델이 결정되면서 검증 시 에러율이 높아지는 것이다.

일반적으로 오버피팅 여부를 확인하기 위해 확보한 데이터를 보통 7:3이나 9:1 정도로 나눠서 학습과 검증을 통해 에러율$_{error rate}$을 비교한다. 오버피팅 문제는 규제화$_{regularization}$[4]라는 방법으로 해결한다. 규제화는 노이즈나 아웃라이어의 영향도를 최소화하는 것인데 전체 에러를 최소화하는 최적화 문제를 통해 구현할 수 있다. 즉, 노이즈의 영향도를 줄이는 구속조건을 추가해서 전체 로스 함수$_{loss function}$ 또는 목적 함수$_{objective function}$을 최소화한다. 규제화는 매우 중요한 문제여서 11장에서 구체적으로 소개하겠다.

---

4 종종 정규화로도 해석하는 경우가 있는데 정규화로 해석되는 normalization과의 혼동을 피하기 위해 regularization의 의미를 반영해 해석했음

과일가게 문제로 다시 돌아가면, 그림 5.4와 같이 kNN 모델에서 k값에 따라 학습
에러율과 검증에러율의 차이를 볼 수 있다. 여기서 우리는 실험적인 방법을 통해 k
값이 7과 57 사이에서 최적합을 보여준다는 것을 알 수 있다.

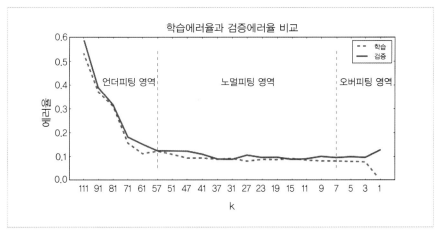

그림 5.4 과일가게 kNN 모델(노멀피팅 영역 7 ≤ k ≤ 57)

서포트 벡터 머신

SVM^{support vector machine}은 최근까지 가장 보편적으로 사용됐던 분류를 위한 머신러
닝 모델이다. 지도학습 모델로서 주로 다루고자 하는 데이터가 2개의 그룹으로 분
류될 때 사용한다. 예를 들면, 어느 마을에 신문 A를 구독하는 가구와 그렇지 않은
가구가 있을 때 새로 이사온 사람이 신문 A를 구독할 경우를 예측하는 모델이다.

SVM은 이름에서 말하는 바와 같이 학습 데이터가 벡터 공간에 위치한다고 생각한
다. 즉, 벡터 공간은 직각 좌표계에 학습 데이터가 위치한 공간이다[5].

5   원점이 벡터의 시작점이고 끝점은 학습 데이터가 위치한 점이다

SVM은 그러한 벡터 공간에서 학습 데이터가 속한 2개의 그룹을 분류하는 선형 분리자[6]를 찾는 기하학적 모델이다. 여기서 차원을 결정하는 요인은 데이터가 가지고 있는 특성feature의 수다.

위 예에서 신문을 구독하는 가구의 특성을 가족 수와 연소득의 2개로 본다면 SVM은 2차원 모델이 된다. 만약 신문 구독에 영향을 주는 가구의 특성을 늘리면 그만큼 차원이 늘어난다. 직관적인 설명을 위해 그림 5.5와 같이 특성값이 2개인 2차원 벡터 평면을 예로 들어보자.

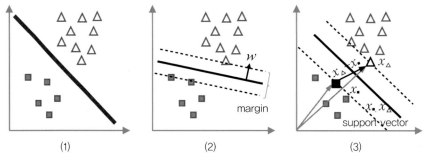

그림 5.5 2차원 SVM (1) 임의의 SVM 판별식, (2) 두 그룹이 근접하게 분리된 경우, (3) 두 그룹이 가장 멀리 분리된 경우

SVM의 목표는 두 개의 그룹(△, ■)을 분리하는 직선 $y = \omega^T x + b$를 찾는 것이다. 여기서 ω는 직선에 수직인 법선 벡터normal vector이고 크기는 $\|\omega\|$다. ω는 직선을 회전시키는 성질을 갖는다. 그리고 b는 스칼라 상수이고 b값에 따라 직선이 상하좌우로 평행이동한다. x는 임의의 데이터 벡터다. $\omega^T x$는 스칼라 곱dot product인 $\omega \cdot x$로도 표현할 수 있으며 그 값은 스칼라인 $\|\omega\| \cdot \|x\| \cos\theta$로 계산된다. 이때 θ는 두 벡터 사이의 각도다.

---

6 linear classifier, 2차원 공간에서는 직선이며, n차원 공간에서는 n차원 초평면

만약 예측하고자 하는 입력 벡터 u가 이 직선상에 있으면 $\omega^T u + b = 0$이 된다. 같은 방법으로 벡터 u가 △ 영역에 있으면 $\omega^T u + b > 0$이고, ■영역에 있으면 $\omega^T u + b < 0$이 된다. 여기서 문제가 발생하는데, 입력 벡터 u가 경계선에 매우 가까이 있으면 u의 위치를 자신 있게 말하기가 애매해진다. 이를 해결하는 것이 바로 SVM의 핵심 개념이다.

즉, SVM은 두 그룹을 구별하는 직선식을 찾되, 직선식을 사이에 두고 가능하면 두 그룹이 멀리 떨어져 있도록 하는 직선식을 구하는 것이다. 왜냐하면 두 그룹이 멀리 떨어질수록 나중에 입력된 데이터를 판별하는 데 더 높은 신뢰도로 예측할 수 있기 때문이다.

그러면 두 직선 사이의 거리, 즉 마진 M을 구하는 방법부터 알아보기로 하자. 그림 5. 5의 (3)에서 보여주는 것처럼, 두 그룹을 분리하는 직선 $y = \omega^T x + b$가 그룹 △ 영역으로 이동하면서 처음 △ 데이터와 만나는 선을 $\omega^T x_\triangle + b = 1$이라 하고, 같은 방법으로 직선 $y = \omega^T x + b$가 ■ 영역으로 이동하면서 처음으로 ■ 데이터와 만나는 선을 $\omega^T x_\blacksquare + b = -1$이라고 했을 때, $x_\triangle$와 $x_\blacksquare$를 서포트 벡터support vector[7] 라고 한다. 이때 마진 M은 바로 벡터 $x_\triangle - x_\blacksquare$의 ω방향 성분이다. 즉, 벡터 $x_\triangle - x_\blacksquare$와 ω의 단위 벡터와의 스칼라 곱이다. 즉, 마진 M은 다음과 같이 표현된다.

$$M = \frac{\omega}{\|\omega\|} \cdot \left(x_\triangle - x_\blacksquare\right) = \frac{\omega^T \left(x_\triangle - x_\blacksquare\right)}{\|\omega\|} \tag{5.1}$$

---

7 서포트 벡터(support vector)라는 의미는 SVM의 판별식을 결정하는 데 중요한(support) 역할을 하는 학습 데이터 벡터 (vector)라는 뜻이 있다.

서포트 벡터 $x_\triangle$, $x_\blacksquare$가 위치한 두 직선의 차이인 $\omega^T(x_\triangle - x_\blacksquare) = 2$를 식 (5.1)에 대입하면 다음과 같은 식이 된다.

$$M = \frac{\omega}{\|\omega\|} \cdot \left(x_\triangle - x_\blacksquare\right) = \frac{\omega^T\left(x_\triangle - x_\blacksquare\right)}{\|\omega\|} = \frac{2}{\|\omega\|} \tag{5.2}$$

마진 M을 최대로 하기 위해서는 $\|\omega\|$가 최소가 돼야 한다. 이것을 최적화 문제로 만들기 위해 $\|\omega\|$제곱을 취하고 $\min_{\omega,b}\frac{1}{2}\|\omega\|^2$를 구한다. 여기서 $\frac{1}{2}$은 단지 수학적 편의성을 위한 상수이고 다른 의미는 없다. 이때 한 가지 구속 조건이 필요하다. 즉, 두 그룹($\triangle$, $\blacksquare$)에 속한 모든 데이터는 다음을 만족해야 한다.

$$\omega^T x_{i_\triangle} + b \geq 1 \tag{5.3}$$

$$\omega^T x_{i_\blacksquare} + b \leq -1 \tag{5.4}$$

여기서 두 개의 부등식을 수학적인 편의성을 위해 다음과 같이 하나로 표현할 수 있다.

$$y_i\left(\omega^T x_i + b\right) \geq 1 \tag{5.5}$$

임의의 x_i가 $\triangle$ 영역에 있으면 $y_i \geq 1$이고, x_i가 $\blacksquare$ 영역에 있으면 $y_i \leq -1$이므로 식 (5.5)는 참이 된다.

조건식이 분리된 최적화 문제는 다음과 같이 라그랑지안Lagrangian을 이용해 조건식이 포함된 최적화 문제로 변환할 수 있다.

$$\mathcal{L} = \min_{\omega,b} \frac{1}{2} \| \omega \|^2 - \sum_i \alpha_i [y_i (\omega^T \cdot x_i + b) - 1] \tag{5.6}$$

여기서 α_i는 라그랑지 승수Lagrange multiplier라고 하고 최솟값을 구하는 최적화 문제에서는 $\alpha_i \geq 0$이다. 이 라그랑지안을 프라이멀primal이라고 하며 프라이멀을 최소화하기 위해 먼저 ω, b에 대해 미분을 취한다.

$$\frac{\partial \mathcal{L}}{\partial \omega} = \omega - \sum_i \alpha_i y_i x_i = 0 \rightarrow \omega = \sum_i \alpha_i y_i x_i \tag{5.7}$$

$$\frac{\partial \mathcal{L}}{\partial b} = \sum_i \alpha_i y_i = 0 \rightarrow \sum_i \alpha_i y_i = 0 \tag{5.8}$$

$\omega = \Sigma_i \, \alpha_i \, y_i \, x_i$를 프라이멀 라그랑지안에 대입하면 다음과 같다.

$$\mathcal{L} = \frac{1}{2} \left(\sum_i \alpha_i y_i x_i \right) \left(\sum_j \alpha_j y_j x_j \right) - \sum_i \alpha_i y_i x_i \cdot \sum_j \alpha_j y_j x_j - \sum_i \alpha_i y_i b + \sum_i \alpha_i$$
$$= \sum_i \alpha_i - \frac{1}{2} \sum_i \sum_j \alpha_i \alpha_j y_i y_j x_i^T x_j \tag{5.9}$$

이것을 듀얼dual 라그랑지안이라고 한다. α_i에 대해 최솟값, 최댓값을 구하는 문제로 생각할 수 있다.

$$\max_\alpha \mathcal{L} = \sum_i \alpha_i - \frac{1}{2} \sum_i \sum_j \alpha_i \alpha_j y_i y_j x_i^T x_j \tag{5.10}$$

또는

$$\min_\alpha \mathcal{L} = \frac{1}{2} \sum_i \sum_j \alpha_i \alpha_j y_i y_j x_i^T x_j - \sum_i \alpha_i \tag{5.11}$$

위 식을 N개의 학습 데이터가 있는 문제로 전환하면 다음과 같다.

$$\min_{\alpha} \mathcal{L} = \frac{1}{2}\alpha^T \begin{bmatrix} y_1 y_1 x_1^T x_1 & \cdots & y_1 y_N x_1^T x_N \\ \vdots & \ddots & \vdots \\ y_N y_1 x_N^T x_1 & \cdots & y_N y_N x_N^T x_N \end{bmatrix} \alpha - 1^T \alpha \qquad (5.12)$$

여기서 주목해야 할 것은 듀얼 라그랑지안은 학습 데이터 x_i와 x_j의 스칼라 곱^{dot} ^{product} $(x_i^T x_j)$로 쉽게 계산된다는 것이다. 이것은 나중에 설명하겠지만 비선형 SVM에서 사용되는 커널 트릭$^{\text{kernel trick}}$에 매우 중요하게 이용된다. 듀얼 라그랑지 안에서 사용되는 행렬을 H라고 정의하면 다음과 같이 표현할 수 있다.

$$H = \begin{bmatrix} y_1 y_1 x_1^T x_1 & \cdots & y_1 y_N x_1^T x_N \\ \vdots & \ddots & \vdots \\ y_N y_1 x_N^T x_1 & \cdots & y_N y_N x_N^T x_N \end{bmatrix} \qquad (5.13)$$

그리고 식 (5.13)을 이용해 식 (5.12)를 다음과 같이 표현할 수 있다.

$$\min_{\alpha} \mathcal{L} = \frac{1}{2}\alpha^T H \alpha - 1^T \alpha \ \ s.t. \ \alpha_i \geq 0, \sum_{i=1}^{N} \alpha_i y_i = 0 \qquad (5.14)$$

식 (5.14)는 전형적인 아래로 볼록한^{convex} 2차 최적화 문제다. 경사감소법 등과 같은 QP solver[8]를 이용해 α를 구하면 된다. 여기서 α를 구했으면 식 (5.7)을 이용해 ω를 구할 수 있다. 이제 b를 구하는 것이 남았다.

서포트 벡터는 식 (5.5)에서 등식을 만족하므로 다음과 같이 쓸 수 있다.

$$y_s \left(\omega^T x_s + b \right) = 1 \qquad (5.15)$$

---

8 Quadratic Programming, 즉 2차원 최적화 문제의 해를 구해주는 프로그램

$y_s^2 = 1$이라는 것을 이용하기 위해 식 (5.15) 양변에 y_s를 곱하고 식 (5.7)을 대입하면 b가 계산된다. 즉,

$$b = y_s - \sum_{m \in S} \alpha_m y_m x_m^T x_s \qquad (5.16)$$

모든 서포트 벡터에 대한 b는 다음과 같다.

$$b = \frac{1}{N_s} \sum_{s \in S} \left(y_s - \sum_{m \in S} \alpha_m y_m x_m^T x_s \right) \qquad (5.17)$$

위 과정을 실제 프로그래밍에 적용할 수 있게 정리하면 다음과 같다.

SVM 알고리즘

❶ H 계산: $H_{i,j} = y_i y_j x_i^T x_j$

❷ 듀얼 라그랑지안에서 α값 찾기: $\min_\alpha \mathcal{L} = \frac{1}{2} \alpha^T H \alpha - 1^T \alpha$

❸ 기울기 ω계산: $\omega = \sum_i \alpha_i y_i x_i$

❹ 서포트 벡터 집합 계산: $\alpha_i > 0$인 x_i

❺ b 계산: $b = \frac{1}{N_s} \sum_{s \in S} \left(y_s - \sum_{m \in S} \alpha_m y_m x_m^T x_s \right)$

❻ 새로운 데이터 $\bar{x}$에 대한 예측: $\bar{y} = \text{sgn}\left(\omega^T \bar{x} + b \right)$

지금까지 설명한 내용은 SVM 방식은 중 하드마진[hard margin] 방법이라고 한다. 이 방식은 매우 엄격하게 두 개의 그룹을 분리하는 경계식을 구하는 방법으로, 모든 입력값은 이 경계식을 사이에 두고 한 그룹에 속해야 한다. 만약 몇 개의 노이즈로

인해 두 그룹을 구별하는 경계식을 잘 못 구할 수도 있고 경우에 따라서는 경계식을 찾지 못할 수도 있다. 빅데이터를 다루는 경우에는 노이즈 발생의 가능성이 높아 하드마진 방식을 적용하기 힘들다. 이를 개선하기 위해 소프트마진[soft margin] 방식이 개발됐다.

소프트 마진 방법은[9] SVM을 창안했던 러시아 수학자 배프니크[Vapnik]가 이러한 하드마진 방식의 단점을 극복하고자 그의 동료 코테스[Cortes]와 함께 제안한 방법이다. 소프트 마진 방법은 기본적으로 하드마진 방법을 기반으로 하는데 차이점은 서포트 벡터가 위치한 경계선에 약간의 여유[슬랙: slack]를 두는 것이다. 이를 수식으로 표현하면 식 (5.3)과 (5.4)에서 슬랙 상수를 도입하는 것으로 표현할 수 있다.

$$\omega^T x_{i_\triangle} + b \geq 1 - \xi_i \ \text{for} \ y_i = 1 \tag{5.18}$$

$$\omega^T x_{i_\bullet} + b \leq -1 + \xi_i \ \text{for} \ y_i = -1 \tag{5.19}$$

$$\xi_i \geq 0 \ \text{for} \forall_i \tag{5.20}$$

마찬가지로 식 (5.5)에도 슬랙 상수를 적용하면 다음과 같다.

$$y_i\left(\omega^T x_i + b\right) - 1 + \xi_i \geq 0, \ \xi_i \geq 0 \ \text{for} \forall_i \tag{5.21}$$

이것의 의미는 서포트 벡터가 위치한 경계선을 두고 ξ_i 만큼의 오류를 인정한다는 얘기다. 이때 마진 M을 최대화하는 목적 함수는 다음과 같다.

$$\min_{\omega,b,\xi} \frac{1}{2} \| \omega \|^2 + C \sum_i \xi_i \ s.t. \ y_i\left(\omega^T x_i + b\right) - 1 + \xi_i \geq 0 \ \text{for} \forall_i, \ \xi_i \geq 0 \ \text{for} \forall_i \tag{5.22}$$

---

9   C. Cortes, V. Vapnik, "Support-Vectors Network", Machine Learning, 1995

여기서 C값은 얼마만큼 여유를 가지고 오류를 인정할 것인지 판단해서 결정된다. 식 (5.22)를 하드마진 방법과 마찬가지로 프라이멀 라그랑지안을 구하면 다음과 같다.

$$\mathcal{L} = \min_{\omega, b, \xi} \frac{1}{2} \| \omega \|^2 + C \sum_i \xi_i - \sum_i \alpha_i \left[y_i \left(\omega^T x_i + b \right) - 1 + \xi_i \right] - \sum_i \mu_i \xi_i \qquad (5.23)$$

프라이멀 라그랑지안 (5.23)을 α, b, ξ에 대해 미분을 취하면 다음과 같이 표현할 수 있다.

$$\frac{\partial \mathcal{L}}{\partial \omega} = \omega - \sum_i \alpha_i y_i x_i = 0 \rightarrow \omega = \sum_i \alpha_i y_i x_i \qquad (5.24)$$

$$\frac{\partial \mathcal{L}}{\partial b} = \sum_i \alpha_i y_i = 0 \rightarrow \sum_i \alpha_i y_i = 0 \qquad (5.25)$$

$$\frac{\partial \mathcal{L}}{\partial \xi_i} = C - \alpha_i - \mu_i = 0 \rightarrow C = \alpha_i + \mu_i \qquad (5.26)$$

식 (5.24)를 프라이멀 라그랑지안 (5.23)에 대입하면 하드마진 방법과 동일한 듀얼 라그랑지안을 얻는다. 이때 구속조건인 $\mu_i \geq 0$과 $C = \alpha_i + \mu_i$를 동시에 만족하려면 $\alpha_i \leq C$를 만족해야 한다. 이를 정리하면 다음과 같다.

$$\min_{\alpha} \mathcal{L} = \frac{1}{2} \alpha^T H \alpha - 1^T \alpha \ \ s.t. \ \alpha_i \leq C, \sum_{i=1}^{N} \alpha_i y_i = 0 \qquad (5.27)$$

구속조건 $\alpha_i \leq C, \sum_{i=1}^{N} \alpha_i y_i = 0$을 만족하고 하드마진과 같이 2차 최적화 문제 $\min_{\alpha} L = \frac{1}{2} \alpha^T H \alpha - 1^T \alpha$를 풀면 α를 구할 수 있고 같은 방법으로 ω와 b를 구할 수 있다.

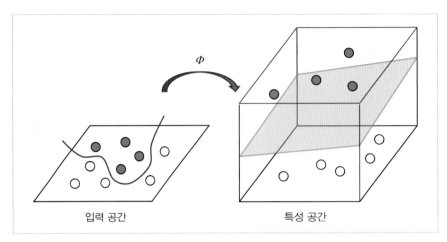

그림 5.6 비선형 분포를 선형 분포로 변환

SVM은 기본적으로 선형 경계식으로 분류하는 방법이다. 앞에서 설명한 것처럼 몇 개의 노이즈가 있을 때는 소프트마진 방법으로 해결한다. 그러나 그림 5.6과 같이 몇 개의 노이즈가 아닌 데이터의 분포 형태가 선형으로 분리하기 어려울 때가 있다. 이런 경우에도 SVM 방법으로 분류할 수 있을까?

이 문제에 접근하기 전에 먼저 명심해야 할 것은 SVM은 오로지 선형으로만 분류할 수 있다는 사실이다. 그리고 또 하나 기억해야 할 것은 SVM에서 가장 중요한 계산인 듀얼 라그랑지안의 행렬 $H_{i,j} = y_i y_j x_i^T x_j$에서 $x_i^T x_j$로 돼 있다는 것이다. 자, 그럼 위 그림처럼 선형으로 분리하기 어려운 문제를 어떻게 SVM으로 풀 수 있는지 먼저 다음과 같이 요약을 해봤다.

❶ 선형 분리가 가능하도록 한 차원 높은 공간으로 변환

$$x \rightarrow \Phi(x)$$

❷ 스칼라 곱이 용이한 변환함수 선정

예, $\Phi(x)^T \Phi(x) = \tanh(ax^T x + b)$

❸ H 계산

$$H_{i,j} = y_i y_j k(x_i, x_j) = y_i y_j \Phi(x_i)^T \Phi(x_j) = y_i y_j \tanh(ax_i^T x_j + b)$$

여기서 변환 함수끼리 스칼라 곱, $\Phi(x_i)^T \Phi(x_j) := k(x_i, x_j)$들을 모아놓은 집합을 커널 kernel이라고 한다. 커널은 선형 분류가 어려운 분포를 선형 분류가 가능한 한 차원이 증가된 공간으로 변환시킬뿐더러 변환함수 사이에 스칼라 곱의 계산이 쉬운 형태로 돼 있다. 앞에서 설명한 것처럼 커널 트릭이라고 하는 이유는 변환함수를 모르더라도 변환함수의 스칼라 곱인 커널은 계산이 매우 쉬워서 이 특성을 이용해 쉽게 H를 계산할 수 있기 때문이다. 대표적인 커널의 예가 $k(x_i, x_j) = (x_i^T x_j + \alpha)^b$ 형태의 다항식 커널, $k(x_i, x_j) = \tanh(\alpha x_i^T x_j + b)$ 형태의 쌍곡 탄젠트 커널 등이 있다.

비선형 SVM의 방법을 요약해 보면 선형 분류가 불가능한 현재 공간의 분포를 변환함수를 통해 선형 분류가 가능하게 분포되는 공간으로 변환하고 소프트마진 방법을 이용해 마지막 분류를 하면 된다.

의사결정 트리

귀납적 추론을 기반으로 하는 의사결정 트리는 실무적으로 가장 많이 사용되고 있는 머신러닝 모델 중 하나로 지도학습 모델이다. 의사결정 트리는 주로 불연속 데이터를 다루며 노이즈가 발생해도 중단되거나 엉뚱한 결과를 보여주지 않는 매우 강건한robust 모델이다.

의사결정 트리의 대표적인 적용 사례는 환자의 진료기록을 토대로 증상을 유추하는 경우, 대출을 받고자 하는 사람의 신용을 평가하는 경우, 그리고 대출자의 상환

불이행 가능성을 예측하는 경우 등이 있다. 그림 5.7은 의사결정 트리 모델이 아라비아 숫자의 필기체 인식에 사용된 예를 보여준다. 아라비아 숫자의 특성을 왼쪽으로 트인 것(ㄱ), 오른쪽으로 트인 것(ㄷ), 그리고 폐곡선(ㅇ)의 조합으로 정하고 필기체를 인식하는 과정을 보여준다. 물론 필기체 숫자 이미지에 3가지 특성을 부여하기 위해서는 디지털 이미지 인식을 위한 전처리 과정이 필요하다.

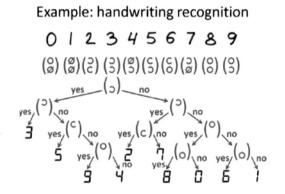

그림 5.7 의사결정 트리 모델을 이용한 필기체 숫자 인식(출처: Linkedin)

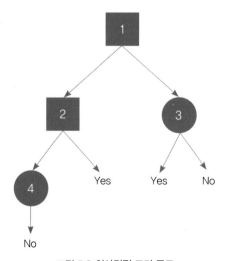

그림 5.8 의사결정 트리 구조

의사결정 트리의 알고리즘은 나무를 거꾸로 세운 것과 같이 맨 위쪽에 위치한 루트^{root}부터 시작해 줄기^{branch}, 이파리^{leaf} 순서로 하향식 의사결정 구조를 띤다(그림 5.8). 상황^{instance}을 분류하는 부분을 의사결정 노드$^{decision\ node}$라고 하고 또 다른 줄기를 만드는 분기점이 된다. 맨 상위에 있는 의사결정 노드를 루트 노드$^{root\ node}$라고 한다. 만약 의사결정 노드 다음에도 상황을 판단하는 또 다른 의사결정 노드가 있으면 ㅁ으로 표시하고 맨 마지막인 이파리 노드가 나오면 ㅇ로 표시한다. 각 노드를 속성^{attribute}이라고 하고 각 속성들은 분기를 결정하는 속성값$^{attribute\ value}$을 가진다. 이파리 노드의 속성값이 바로 그룹을 대표하는 레이블이다. 상황^{instance}은 이러한 일련의 속성값에 따라 결정된다. 예를 들면, 1 → 2 → 4 → No가 하나의 상황이다.

의사결정 트리는 전형적인 분류 모델로, 다른 지도학습 머신러닝 모델과 마찬가지로 알고자 하는 데이터가 소속된 그룹을 알아내는 것을 목적으로 한다. 기본 개념은 마치 스무고개 게임처럼 질문의 답을 반복적으로 이등분하는[10] 방식으로 찾아내는 것이다. 스무고개 게임의 법칙은 상대방이 생각하고 있는 것을 가장 적은 질문으로 알아맞히는 것이다. 그러기 위해서는 질문의 전략이 필요하다. 예를 들면, 첫 번째 질문이 물건이냐? 사람이냐? 만약 사람이라고 하면 여자냐? 남자냐? 하는 식이다. 처음부터 '홍길동이냐?'라고 이파리 노드에 있는 것을 물으면 맞출 때까지 거의 무한대의 질문을 해야 한다. 즉, 스무고개의 효과적인 전략은 반복적인 이등분을 할 때 이등분의 효과가 큰 속성을 먼저 묻는 순으로 진행하는 것이다. 이러한 기준은 정확히 의사결정 트리에도 적용된다.

---

10 분할 정복(divide and conquer) 알고리즘

의사결정 트리는 여러 가지 알고리즘이 있는데, 1986년 로스 퀸란Ross Quinlan이 제 안한 ID3Iterative Dichotomiser 3가 가장 표준적이다. 퀸란은 이후 1993년 ID3를 기반으로 의사결정 노드에 있는 줄기를 효율적으로 제거하고 합치는 프루닝pruning 기법을 도입해 C4.5 알고리즘을 발표한다. 대부분의 의사결정 트리 모델은 다음과 같은 핵심적인 개념을 공통적으로 가지고 있다.

- 하향식 의사결정 흐름
- 그리디 탐색greedy search11 기반의 트리 구조

의사결정 트리가 커가는 과정은 위 개념을 따르며, 이번 장에서는 가장 표준적인 의사결정 트리 모델인 ID3 알고리즘을 중심으로 의사결정 트리의 개념을 살펴보기로 하자.

그럼 최적의 의사결정 트리는 어떤 것이며 어떻게 만들 수 있을까? 스무고개 게임에서와 같이 의사결정 트리의 구조를 가장 잘 만들려면 의사결정 노드 수를 가능한 한 최소화해야 한다. 즉, 의사결정 트리에서는 키가 작고 가지가 별로 없는 빈약한 나무가 좋은 나무인 셈이다. 왜냐하면 뿌리에서 이파리로 가는 경로가 그만큼 짧아서 신속히 의사결정을 할 수 있기 때문이다. 이를 위해 ID3에서는 엔트로피entropy와 정보 획득information gain이라는 개념을 이해해야 한다.

엔트로피를 설명하기 전에 정보 함수information function를 이해할 필요가 있다. 정보 함수란 어떤 사건이 나한테 얼마만큼의 정보의 가치를 주는지를 확률적으로 결정하는 것이다. 즉, 발생할 확률이 작은 사건일수록 정보값이 크고 반대로 발생할 확률이 높은 사건은 일반적인 내용일 가능성이 높으므로 그 정보값은 작다. 예를 들

---

11 후보자 중에서 최선의 것을 선택하는 방식. 로컬 옵티마(local optima) 가능성 있음

면 '지구는 돈다'라는 정보값은 0이다. 그 이유는 지구는 당연히 돌기 때문에 그 확률은 1이고 따라서 이것은 전혀 새로울 게 없는 정보라는 뜻이다. 반대로 '지구에 혜성이 충돌한다'라는 사건의 정보값은 매우 클 것이다. 왜냐하면 그러한 사건이 일어날 가능성이 매우 낮기 때문에 그러한 '정보의 가치는 매우 높다'라고 말할 수 있다. 이를 정보 함수로 다음과 같이 표현한다.

$$I(\mathrm{x}) := \log_2 \frac{1}{p(x)} \tag{5.28}$$

즉, 사건 x가 일어날 확률 P(x)가 1에 가까우면 정보의 가치는 0에 수렴하고 x가 일어날 확률이 0에 가까우면 정보의 가치가 무한대로 커진다. 이러한 정보 함수를 이용해 다음과 같이 엔트로피를 설명할 수 있다.

$$E(\mathrm{S}) := \sum_{i=1}^{c} p_i I(X_i) = \sum_{i=1}^{c} p_i \log_2 \frac{1}{p(X_i)} = \sum_{i=1}^{c} p_i \log_2 \frac{1}{p_i} \tag{5.29}$$

여기서 S는 이미 발생한 사건의 모음이다. 머신러닝에서는 학습 데이터의 집합에 해당된다. ID3에서 사용하고 있는 엔트로피 개념은 정보이론information theory의 개념을 기반으로 하며, 그 의미는 여러 가지 임의의 사건이 모여있는 집합의 순수성purity 또는 단일성homogeneity 관점의 특성을 정량화해서 표현한 것이다. 정보이론에서는 엔트로피의 결괏값 단위를 비트bit로 표현하는데, 비트를 스무고개의 예로 해석하면 그 상황을 이해하는 데 얼마만큼의 질문이 필요한가로 이해하면 될 듯하다.

이제 엔트로피를 가지고 정보 획득 개념에 대해 알아보자. 우선 정보 획득은 다음과 같이 수식으로 표현된다.

$$G(S,A) := E(S) - \sum_{a \in value(A)} \frac{|S_a|}{|S|} E(S_a)$$

(5.30)

여기서 S는 모든 사건의 집합이고, E(S)는 모든 사건들의 엔트로피다. A는 속성이고 a는 속성값이다. |S|와 |S_a|는 각각 모든 사건의 경우의 수와 속성값 a를 갖는 경우의 수를 의미한다. E(S_a)는 속성값 a를 갖는 사건 집합의 엔트로피다. 정보획득값 G가 크면 분류해야 할 경우가 많다는 의미로 상위 의사결정 노드에 위치시켜야 한다.

표 5.2 테니스 경기 vs. 기상조건[12]

날짜	날씨	온도	습도	바람	경기
D1	맑음	더움	높음	약함	불참
D2	맑음	더움	높음	강함	불참
D3	흐림	더움	높음	약함	참가
D4	비	포근함	높음	약함	참가
D5	비	서늘함	정상	약함	참가
D6	비	서늘함	정상	강함	불참
D7	흐림	서늘함	정상	강함	참가
D8	맑음	포근함	높음	약함	불참
D9	맑음	서늘함	정상	약함	참가
D10	비	포근함	정상	약함	참가
D11	맑음	포근함	정상	강함	참가

---

12 Tom M. Mitchell, "Machine Learning", McGraw–Hill Science, 1997

날짜	날씨	온도	습도	바람	경기
D12	흐림	포근함	높음	강함	참가
D13	흐림	더움	정상	약함	참가
D14	비	포근함	높음	강함	불참

표 5.2에서와 같이 테니스 경기 문제를 가지고 의사결정 트리의 예를 들어보자. 홍길동은 매주 일요일 아침에 테니스를 하는데 지난 14일 동안 날씨, 온도, 습도, 바람 등의 기상 조건에 따라 테니스를 한 경우도 있고 그렇지 않은 경우도 있다. 만약 이번 주 일요일의 일기예보에 따라 홍길동은 테니스 경기를 할 것인가를 예상하는 문제다. 경기를 하는 경우를 **목표 속성**target attribute이라고 정하고 다른 속성을 **후보 속성**candidate attribute으로 정한다.

가장 먼저 루트 노드에 위치할 속성을 정해야 한다. 정보획득의 값이 가장 큰 것이 와야 하므로 각 속성마다 정보획득의 값을 계산한다. 먼저 목표 속성인 경기 참가에 대한 엔트로피를 계산한다.

- 목표 속성: 경기 참가 [참가, 불참]

    $S :=$ [참가횟수, 불참횟수] $= [9, 5]$

    $|S| := 14$

$$E(S) = \frac{9}{14}\log_2 \frac{1}{\left(\frac{9}{14}\right)} + \frac{5}{14}\log_2 \frac{1}{\left(\frac{5}{14}\right)} = 0.940$$

다음으로 각 후보 속성별 엔트로피를 계산한다.

- 후보 속성: 날씨 [맑음, 흐림, 비]

  - $S_{맑음} = [2, 3],\ S_{흐림} = [4, 0],\ S_{비} = [3, 2]$

  - $\dfrac{|S_{맑음}|}{|S|} = \dfrac{5}{14},\ \dfrac{|S_{흐림}|}{|S|} = \dfrac{4}{14},\ \dfrac{|S_{비}|}{|S|} = \dfrac{5}{14}$

  - $E\left(S_{맑음}\right) = \dfrac{2}{5}\log_2 \dfrac{1}{\left(\dfrac{2}{5}\right)} + \dfrac{3}{5}\log_2 \dfrac{1}{\left(\dfrac{3}{5}\right)} = 0.971$

  - $E\left(S_{흐림}\right) = \dfrac{4}{4}\log_2 \dfrac{1}{\left(\dfrac{4}{4}\right)} + \dfrac{0}{4}\log_2 \dfrac{1}{\left(\dfrac{0}{4}\right)} = 0.0$

  - $E\left(S_{비}\right) = \dfrac{3}{5}\log_2 \dfrac{1}{\left(\dfrac{3}{5}\right)} + \dfrac{2}{5}\log_2 \dfrac{1}{\left(\dfrac{2}{5}\right)} = 0.971$

  - 정보획득 $G = E(S) - \dfrac{|S_{맑음}|}{|S|}E\left(S_{맑음}\right) - \dfrac{|S_{흐림}|}{|S|}E\left(S_{흐림}\right) - \dfrac{|S_{비}|}{|S|}E\left(S_{비}\right)$

    $= 0.940 - \left(\dfrac{5}{14}\right)(0.971) - \left(\dfrac{4}{14}\right)(0.0) - \left(\dfrac{5}{14}\right)(0.971)$

    $= 0.246$

- 후보 속성: 온도 [더움, 포근함, 서늘함]

  - $S_{더움} = [2, 2],\ S_{포근} = [4, 2],\ S_{서늘} = [3, 1]$

  - $\dfrac{|S_{더움}|}{|S|} = \dfrac{4}{14},\ \dfrac{|S_{포근}|}{|S|} = \dfrac{6}{14},\ \dfrac{|S_{서늘}|}{|S|} = \dfrac{4}{14}$

  - $E\left(S_{더움}\right) = \dfrac{2}{4}\log_2 \dfrac{1}{\left(\dfrac{2}{4}\right)} + \dfrac{2}{4}\log_2 \dfrac{1}{\left(\dfrac{2}{4}\right)} = 1.0$

  - $E\left(S_{포근}\right) = \dfrac{4}{6}\log_2 \dfrac{1}{\left(\dfrac{4}{6}\right)} + \dfrac{2}{6}\log_2 \dfrac{1}{\left(\dfrac{2}{6}\right)} = 0.918$

$$\mathrm{E}\left(S_{\text{서늘}}\right) = \frac{3}{4}\log_2 \frac{1}{\left(\dfrac{3}{4}\right)} + \frac{1}{4}\log_2 \frac{1}{\left(\dfrac{1}{4}\right)} = 0.811$$

정보획득 $\mathrm{G} = E(S) - \dfrac{\left|S_{\text{더움}}\right|}{|S|}\mathrm{E}\left(S_{\text{더움}}\right) - \dfrac{\left|S_{\text{포근}}\right|}{|S|}\mathrm{E}\left(S_{\text{포근}}\right) - \dfrac{\left|S_{\text{서늘}}\right|}{|S|}\mathrm{E}\left(S_{\text{서늘}}\right)$

$$= 0.940 - \left(\frac{4}{14}\right)(1.0) - \left(\frac{6}{14}\right)(0.918) - \left(\frac{4}{14}\right)(0.811)$$

$$= 0.029$$

- 후보 속성: 습도 [높음, 정상]

  - $S_{\text{높음}} = [3,\ 4],\ S_{\text{정상}} = [6,\ 1]$

  - $\dfrac{\left|S_{\text{높음}}\right|}{|S|} = \dfrac{7}{14},\ \dfrac{\left|S_{\text{정상}}\right|}{|S|} = \dfrac{7}{14}$

  - $\mathrm{E}\left(S_{\text{높음}}\right) = \dfrac{3}{7}\log_2 \dfrac{1}{\left(\dfrac{3}{7}\right)} + \dfrac{4}{7}\log_2 \dfrac{1}{\left(\dfrac{4}{7}\right)} = 0.985$

  - $\mathrm{E}\left(S_{\text{정상}}\right) = \dfrac{6}{7}\log_2 \dfrac{1}{\left(\dfrac{6}{7}\right)} + \dfrac{1}{7}\log_2 \dfrac{1}{\left(\dfrac{1}{7}\right)} = 0.592$

  - 정보획득 $\mathrm{G} = E(S) - \dfrac{\left|S_{\text{높음}}\right|}{|S|}\mathrm{E}\left(S_{\text{높음}}\right) - \dfrac{\left|S_{\text{정상}}\right|}{|S|}\mathrm{E}\left(S_{\text{정상}}\right)$

    $$= 0.940 - \left(\frac{7}{14}\right)(0.985) - \left(\frac{7}{14}\right)(0.592)$$

    $$= 0.151$$

- 후보 속성: 바람 [강함, 약함]

  - $S_{강함}$ = [3, 3], $S_{약함}$ = [6, 2]

  - $\dfrac{|S_{강함}|}{|S|} = \dfrac{6}{14}, \dfrac{|S_{약함}|}{|S|} = \dfrac{8}{14}$

  - $E(S_{강함}) = \dfrac{3}{6}\log_2\dfrac{1}{\left(\dfrac{3}{6}\right)} + \dfrac{3}{6}\log_2\dfrac{1}{\left(\dfrac{3}{6}\right)} = 1.0$

  - $E(S_{약함}) = \dfrac{6}{8}\log_2\dfrac{1}{\left(\dfrac{6}{8}\right)} + \dfrac{2}{8}\log_2\dfrac{1}{\left(\dfrac{2}{8}\right)} = 0.811$

  - 정보획득 $G = E(S) - \dfrac{|S_{강함}|}{|S|}E(S_{강함}) - \dfrac{|S_{약함}|}{|S|}E(S_{약함})$

    $= 0.940 - \left(\dfrac{6}{14}\right)(1.0) - \left(\dfrac{8}{14}\right)(0.811)$

    $= 0.048$

따라서 날씨의 정보획득값이 가장 크므로 날씨 속성을 루트 노드로 정한다. 루트 노드가 정해지고 나면 다음 단계의 의사결정 노드를 만들어야 하는데, 다음 순서를 따른다.

- 속성값마다 가지를 생성(각 가지에 속성값 하나씩 할당)
- 속성값별 엔트로피 $E(S_a) = 0$ 이면 이파리 노드 생성
- 속성값별 엔트로피 $E(S_a) \neq 0$ 이면 현재 속성을 목표 속성target attribute으로 정하고 위의 과정을 반복

위 과정에 대해서는 프로그래밍 기법 중 하나인 재귀 함수를 사용하면 된다.

의사결정 트리는 정보이론에 근거한 통계학적인 접근법으로 개념이 직관적이고 노이즈에 대한 처리가 매우 우수하다. 하지만 실무적인 관점에서 연속적인 속성의 처리, 트리 크기의 결정, 효율적인 컴퓨팅 방법, 오버피팅 문제 등에서 개선의 여지는 계속 남아 있다. 특히 오버피팅 문제는 모든 머신러닝에서 필수적으로 해결해야 하는 것으로 좀더 주의깊게 들여다 볼 필요가 있다.

그림 5.9와 같이 과도한 학습 데이터를 고려하다 보면 실제 문제에서 정확도가 떨어진다. 의사결정 트리에서는 오버피팅 문제를 해결하기 위해 다음과 같이 두 가지 방법으로 접근한다. 첫 번째는 의사결정 트리가 충분히 학습 데이터를 분류했다고 판단할 때 더는 노드를 생성하지 않는 방법이고, 두 번째는 의사결정 트리가 오버피팅을 감수하고 트리를 완성한 후 나중에 정확도를 떨어뜨리는 의사결정 노드를 없애는 가지치기pruning 방법을 이용해 트리를 조정하는 방법이다.

첫 번째 방법은 매우 효율적으로 보이나 실제로 언제 정확히 노드 생성을 멈추는가를 계산하는 데 어려움이 있다. 하지만 두 번째 방법은 여러 실험을 통해 성공적으로 구현된다는 것을 보여준다. 두 번째 방법을 포스트 프루닝post-pruning이라고 한다.

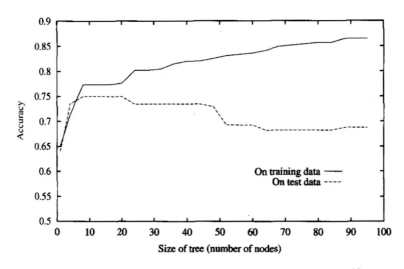

그림 5.9 의사결정 트리에서 발생하는 오버피팅(당뇨병 환자 판별 시스템)[13]

여기서 중요한 문제는 트리의 알맞은 크기를 결정하기 위해서는 어떤 기준이 필요한가다. 포스트 프루닝 방법에서는 트리의 크기를 결정하는 방법으로 에러감소 프루닝reduced error pruning과 룰 포스트 프루닝rule post pruning이 대표적이다. 다음은 두 가지 프루닝 방법에 대한 간단한 개념을 설명한 것이다.

에러감소 프루닝 방법은 퀸란이 제안한 방법[1987]으로 기본 개념은 모든 노드를 프루닝 대상으로 고려한다. 모든 노드에 대해 노드 아래 부분sub-tree을 ① 제거하거나, ② 이파리로 만들거나, ③ 노드가 속해있는 상위의 유사한 의사결정 노드에 결합시킨다. 노드를 제거한 후에는 항상 검증을 통해 제거 전·후 정확도 비교를 수행하고 이 과정을 제거 전보다 정확도가 낮아지기 전까지 반복한다. 그림 5.10은 에러감소 프루닝을 적용한 후의 오버피팅 결과를 보여준다.

---

13 Tom M. Michell, "Machine Learning", McGraw–Hill Science, 1997

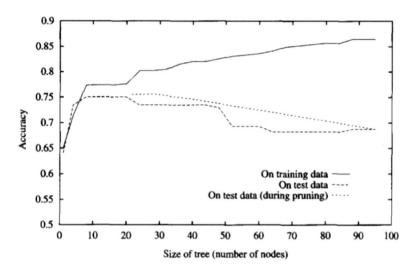

그림 5.10 에러감소법 프루닝을 적용한 후 오버피팅 결과 비교

룰 포스트 프루닝 방법은 1993년 퀸란이 C4.5 의사결정 트리 알고리즘을 발표하면서 제안한 방법이다. C4.5는 ID3 알고리즘을 룰 포스트 프루닝 방법으로 개선한 것으로 다음과 같은 방법으로 오버피팅 문제를 해결했다.

- 모든 학습 데이터를 가지고 ID3 알고리즘을 기반으로 의사결정 트리를 완성한다(이때 오버피팅 발생 가능)
- 학습된 의사결정 트리를 룰 세트rule set로 변환한다(룰은 루트부터 이파리까지 경로를 의미한다)
- 각 룰은 일련의 속성으로 구성돼 있는데, 정확도를 떨어뜨리는 속성을 제거한다
- 프루닝이 완료되면 정확도 순으로 정렬하고 이 순서대로 판별식에 활용한다

프루닝을 하기 전에 룰 세트로 변환하는 이유는 사람이 이해하기에 직관적일 뿐만 아니라 각 룰에서 사용되는 속성이 의사결정 경로에 따라 달리 해석될 수 있기 때문이다. 또한 트리 구조에서는 모든 속성값들이 연관돼 있기 때문에 프루닝 전후를 기억하는 작업이 매우 힘들다. 의사결정 트리 분야에 대해 좀 더 심도 있는 내용을 원하는 독자는 퀸랜의 저서 "C4.5: 머신러닝을 위한 프로그램"[14]을 적극 추천한다.

---

14 로스 퀸랜(Quinlan J.R.), "C4.5: Programs for Machine Learning". 1993, Morgan Kaufmann

군집

계층형 군집 모델

앞에서 설명한 지도학습의 분류classification는 레이블이 있는 학습 데이터를 기반으로 분류를 위한 판별식을 만든 후 이 판별식을 이용해 새로운 미지의 데이터의 레이블을 예측하는 것이다. 반면에 비지도학습은 레이블이 없는 데이터를 분류하는 것이기 때문에 현재 데이터세트를 같은 특성을 가진 그룹으로 묶는 데 그 목적을 두고 있다. 비지도 학습의 대표적인 모델이 군집Clustering이다.

군집 모델은 두 가지 주요 목적이 있다. 하나는 레이블이 없는 데이터세트의 요약 정보를 추출하는 것이고, 두 번째는 그러한 요약 정보를 통해 전체 데이터세트가 가지고 있는 특징을 발견하는 것이다.

군집 모델에는 평활flat 또는 분할 기반의 군집partition-based clustering 기법과 계층적 군집hierarchical clustering 모델이 있다. 분할 기반 군집 모델에는 k-means, k-medoids, DBSCAN이 대표적이다. 계층적 군집은 병합적 군집agglomerative clustering과 분할적 군집divisive clustering으로 구별된다.

군집 모델의 활용 분야는 매우 다양하다. 예를 들면, 앞에서 설명한 1850년대 영국 런던에 퍼진 치명적인 콜레라로부터 사람의 생명을 구한 존 스노 박사의 콜레라 오염 지도 역시 군집 모델 중 하나다. 최근에는 마케팅 분야에서 시장 및 고객 분류 등에 활용되고 있으며, 페이스북과 같은 소셜 네트워크 서비스에서는 관심사가 같은 사용자를 위한 커뮤니티를 만들 때도 사용된다. 구글은 뉴스 서비스에서 같은 주제의 뉴스들을 같은 카테고리로 묶어주는 데 군집 모델을 사용하고 있다. 링크드인Linkedin은 최근 1억 개 이상의 잡 타이틀job title을 26개의 영역으로 분류하는 데 성공하면서 좀 더 정교한 광고를 통해 약 60억 원 이상의 광고 수익을 올렸다고 한다.

k-means 클러스터링

k-means는 레이블이 없는 데이터들을 군집화하는 가장 간단한 비지도학습 중 하나다. k-means에서 다루는 레이블이 없는 데이터에서는 몇 개의 클러스터가 존재하는지 모르기 때문에 분류할 클러스터의 수를 미리 정한다. k-means에서의 k가 바로 클러스터의 개수를 의미한다.

분류할 클러스터의 수가 정해지면 각 클러스터마다 초기 중심$^{initial\ centroid}$을 정한다. k-means에서 사용되는 중심^{centroid}의 의미는 클러스터를 대표하는 가상의 레이블이며^{그룹}, 각 학습 데이터가 자신이 속한 클러스터를 결정하는 데 기준점이 된다. 초기 중심은 임의로 정해지며, 학습이 진행되면서 각 클러스터마다 최적의 중심으로 이동한다.

최적의 중심을 구하는 것이 k-means 알고리즘의 핵심이다. 최적의 중심을 구하는 개념은 매우 직관적이고 간단하다. 즉, 모든 데이터는 임의로 정한 k개의 초기 중심까지 거리를 계산하고 가장 가까이에 있는 중심을 자기 클러스터의 중심이라고 생각한다. k개의 클러스터가 정해지면 각 클러스터에 속한 학습 데이터의 좌표값 평균을 구해 이를 새로운 중심으로 정한다. 다시 모든 학습 데이터는 새롭게 정의된 k개의 중심까지 거리를 계산하고 가장 가까운 중심을 자기가 속한 클러스터로 정의한다. 이를 반복하면서 데이터가 클러스터의 소속을 바꾸는경우가 생기지 않으면 종료한다. 이를 알고리즘으로 표현하면 다음과 같다.

k-means 알고리즘

❶ 클러스터 개수 결정(k = n) 후 임의의 중심 n개 설정

❷ 모든 데이터는 n개의 중심까지 각각 거리를 계산한 후 가장 가까운 중심을 자신의 클러스터 중심이라고 정함

❸ 각 클러스터마다 학습 데이터의 좌표값 평균을 계산한 후 이를 새로운 중심으로 설정

❹ 새로 보정 후 이동된 중심을 기준으로 2, 3단계를 반복

❺ 만약 모든 학습 데이터중에서 자신이 속하는 클러스터를 변경하는 경우가 발생되지 않으면 학습 완료

앞에서 설명한 과일가게 문제를 예로 들어보자. 과일가게 안에 사과, 바나나, 배와 같은 특정한 레이블이 없이 그냥 180개의 과일이 있고, 우리가 알고 있는 정보는 당도와 산도만을 알고 있을 때 과일을 분류하는 문제다. 이 경우 클러스터의 개수를 3개라고가정하고 위에서 설명한 바와 같이 k-means 군집 모델을 적용했다

그림 6.1은 k-means 결과를 보여준다. 여기서 '+'는 각 클러스터별 중심을 나타낸다. 그림 6.1의 1단계에서는 처음에 주어진 학습 데이터는 레이블이 없기 때문에 모두 같은 클러스터로 인식됨을 보여주고 있고, 2단계에서 임의의 중심이 설정되면서 가장 가까운 중심으로 각 학습 데이터가 자신의 클러스터를 결정하는 모습을 보여준다. 3 단계에서는 각 클러스터에 속한 학습 데이터의 좌표값 평균을 계산하고 이를 새로운 중심으로 정한다. 그리고 4단계에서는 각 학습 데이터가 클러스터를 변경하지 않을 때까지 위 과정을 반복한다.

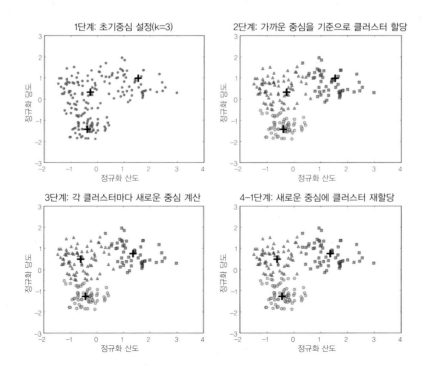

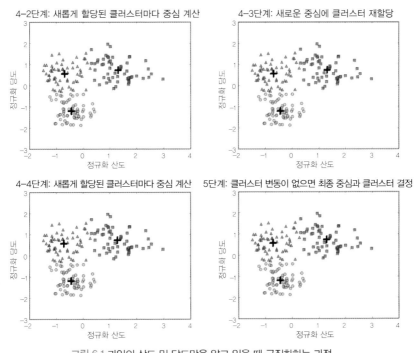

그림 6.1 과일의 산도 및 당도만을 알고 있을 때 군집화하는 과정

이처럼 k-means 모델은 개념이 매우 명확하고 직관적이다. 또한 학습을 위한 데이터 계산이 매우 빠르다. 예를 들면, 학습 데이터의 규모가 n일 때 대부분의 다른 군집 알고리즘이 $O(n^2)$, $O(n \cdot \log n)$의[1] 계산량을 갖는데 k-means는 $O(n)$이다.

그러나 몇 가지 단점이 있다. 중심으로부터 거리를 기반으로 군집화하기 때문에 구형으로 뭉쳐져 있는 볼록한^{convex} 데이터세트에서는 비교적 잘 적용되나, 오목한 concave 형태의 군집 모델은 특성을 구별해내는 데 문제를 보인다. 또한 동떨어져 있는 데이터나 노이즈에 매우 민감하게 반응하며, 사전에 클러스터 개수를 정하는 것도 단점 중 하나라고 할 수 있다. 초기 중심을 어떻게 선택하느냐에 따라 글로벌 최솟값에 도달하지 못하는 경우도 있다.

---

1 $O(n)$ 빅오^{big O} 라고 하며 계산의 복잡도 한계를 정의하는 기호다.

k-means 알고리즘에서 나타나는 단점 중 하나인 아웃라이어 또는 노이즈에 민감한 것과 초기 중심 선정에 따라 수렴하지 않는 경우를 개선하기 위해 소개된 것이 k-medoids 알고리즘이다.

k-medoids는 k-means와 개념이 매우 비슷하다. 차이점은 클러스터의 중심을 좌표평면상 임의의 점이 아니라 데이터세트의 값 중 하나를 선정한다는 것이다. 여기서 medoids는 평균 mean 또는 중심 centroid로 해석하면 될 듯하다.

k-medoids는 실제 데이터세트에 있는 값을 중심점으로 하기 때문에 아웃라이어와 노이즈 처리가 매우 우수하고, 매우 강건하게 수렴한다. 그러나 k-medoids는 새로운 중심을 데이터중 하나로 선정해야 하기 때문에 단순한 좌표값 평균으로 중심을 찾는 k-means에 비해 계산량이 많은 것이 단점이다. k-menas의 계산량은 $O(k \cdot n \cdot t)$ 이고 k-medoids의 계산량은 $O(k \cdot (n-k)^2 \cdot t)$다. 여기서 n은 데이터의 개수이고, k는 클러스터 개수이며, t는 반복 횟수다. 데이터세트가 오목하게 분포돼 있을 때 군집의 판별력이 떨어지는 경우와 초기에 클러스터 수를 정하는 단점은 k-means와 동일하다.

DBSCAN 클러스터링

DBSCAN[Density Based Spatial Clustering of Application with Noise][2]은 k-means 방법과 같이 비지도학습 모델이며, 이름에서 알 수 있듯이 노이즈 및 아웃라이어 데이터 식별에 강한 군집 모델이다.

---

2 Martin Ester, Hans-Peter Kriegel, Jiirg Sander, Xiaowei Xu. A density-based algorithm for discovering clusters in large spatial databases with noise. Proceedings of the Second International Conference on Knowledge Discovery and Data Mining (KDD-96)

DBSCAN이 제안하는 새로운 군집화 개념에 의하면 '밀도 있게 연결돼 있는density-connected' 데이터 집합은 동일한 클러스터라고 판단한다. 여기서 '밀도 있게 연결돼 있다'라는 것이 DBSCAN의 핵심이며 k-means와 다른 개념이다.

k-means 모델에서는 모든 데이터들이 자기가 속한 클러스터를 정할 때 k개의 중심으로부터 거리를 측정해 가장 짧은 거리에 있는 중심을 자신의 클러스터라고 정하지만 DBSCAN은 일정한 밀도를 가지는 데이터의 무리가 마치 체인처럼 연결돼 있으면 거리의 개념과는 관계없이 같은 클러스터로 판단한다.

DBSCAN은 앞서 예시한 kNN, SVM, k-means 등과 같이 학습 데이터를 좌표공간에 표시하는 것으로 시작한다. 좌표공간에 좌표점으로 표현된 각 학습 데이터는 그림 6.2와 같이 코어core, 경계border, 노이즈noise의 3가지 형태로 구분된다.

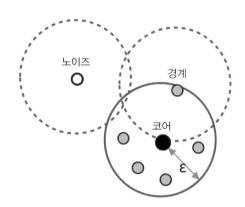

그림 6.2 DBSCAN의 3가지 데이터 형태

DBSCAN은 위 3가지 형태의 좌표점들을 다음과 같은 기준으로 정의한다. 기준을 정의하기 위해서는 DBSCAN에서 사용하는 '밀도'라는 개념을 설명할 필요가 있다.

밀도라는 것은 간단히 말해 자기를 중심으로 반지름 ε 안에 있는 다른 좌표점의 개수다. 예를 들면, 반지름 ε 안에 자신을 제외한 다른 좌표점의 개수가 3이면 이 좌표점의 밀도는 3이다. 그리고 DBSCAN에서는 어떤 좌표점이 클러스터를 형성할 수 있는 필요조건을 최소 좌표점 개수, MinPts로 정의한다. 즉, 어떤 좌표점의 밀도가 최소 좌표점수 MinPts 이상이면 이 좌표는 클러스터를 형성할 수 있다.

이제 위에서 말한 세 가지 좌표점 형태를 정하는 기준으로 돌아가 보자. 만약 좌표점 A의 밀도가 MinPts 이상이면 A는 코어라고 한다. 만약 좌표점 B가 코어 A의 영영역반지름 ε 내부 안에 있고, B의 중심으로부터 반지름 ε 내에 MinPts만큼의 점들이 존재하지 않으면 B는 A의 경계가 된다. 만약 좌표점 C는 코어 A 영역 안에 있지도 않고, C를 중심으로 반지름 ε 내에 MinPts 미만의 점들이 있다면 C는 노이즈라고 정의 한다. 이를 기호로 정리하면 다음과 같다.

DBSCAN 용어 정리

X   := 학습 데이터 전체 집합

ε   := 밀도 측정 반지름

MinPts := 반지름 ε 내에 있는 최소 데이터 개수

$N(x)$:= 데이터 x의 반지름 ε 내에 있는 이웃 데이터(neighbor) 수

$\{x\}$:= 데이터 x의 반지름 ε 내에 있는 이웃 데이터

- $x := x_{core}$: 만약 $N(x) \geq$ MinPts $\forall_{x \in X}$

- $x := x_{border}$: 만약 $x \in \{x_{core}\}$이고 $N(x) <$ MinPts $\forall_{x \in X}$

- $x := x_{noise}$: 만약 $x \notin \{x_{core}\}$이고 $N(x) <$ MinPts $\forall_{x \in X}$

DBSCAN에서 군집화 과정은 코어가 중심이 된다. 어떤 학습 데이터가 코어로 정의되면 주변의 이웃 데이터와 함께 하나의 레이블을 갖는 클러스터를 구성할 수 있다. 이후 반지름 ε 내에 있는 이웃 점들을 차례로 방문하면서 각 점들이 코어인지 아닌지 판단한다. 코어이면 앞서 진행했던 방법과 마찬가지로 재귀적으로 반복하고 경계이면 진행을 중단한다. 이때 처음 방문한 점들은 방문 여부를 표시해서 중복 계산을 피한다.

이렇게 진행되는 기준을 밀도 접근성density-reachability이라고 하는데, 이웃 점들이 코어의 기준을 만족할 때만 그 이웃 점으로 확장해서 계속 군집화를 진행해가는 방법이다. 즉, 군집화의 진행 과정은 코어 → 코어 → 코어 → ⋯ → 경계로 가는 방향성을 띠며, 경계 → 코어로는 진행하지 않는다. 만약 이웃 점들이 코어가 없으면 학습 데이터 세트에 있는 다음 점으로부터 다시 시작한다. 새롭게 시작할 때는 새로운 클러스터 레이블을 갖는다. 이러한 군집화 확장은 모든 점들이 방문이 완료되면 중단하고 확보된 클러스터를 반환한다. 다음은 이를 알고리즘으로 표현한 것이다.

DBSCAN 알고리즘

❶ 밀도 반지름(ε), 반경 내 최소 데이터 개수(MinPts) 정의

❷ for 모든 $x \in X$ do

❸   x에 처음 방문했다면 방문했다고 표시

❹   만약 $N(x) <$ MinPts 이면

❺   x := 노이즈

❻   데이터 세트에 있는 다음 점으로 다시 시작

❼   만약 $N(x) \geq$ MinPts 이면

❽   x := 코어

❾   x가 아직 소속 클러스터가 없으면 클러스터 C 할당

❿   for $x' \in \{x\}$에 대해 2단계 반복 do

DBSCAN의 계산량은 군집화 시작 전에 데이터세트를 트리 구조로 잘 인덱스^{index}
화하면 $O(n \cdot \log n)$이고, 임의로 시작하는 경우에는 일반적으로 $O(n^2)$이다.

위의 알고리즘을 토대로 앞에서 예로 든 과일가게 문제에 적용해보자. 그림 6.3은
과일가게 군집 문제에 대해 k-means와 비교한 결과를 보여준다. 이때 k-means
에서는 k를 3으로 정했고 DBSCAN에서는 $\varepsilon = 0.3$, MinPts = 5로 정의했다. 이 경
우에는 그림 6.3에서 보는 것처럼 각 과일별 특성을 중심으로 뭉쳐있는 구조를
보이기 때문에 k-means 방법이 DBSCAN보다 더 나은 결과를 보여준다. 물론
k-means에서 3이 아닌 다른 k값을 선택하면 결과는 달라질 수 있다.

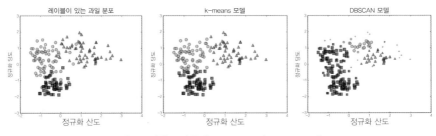

그림 6.3 과일 군집 문제: k-means와 DBSCAN 비교

그러나 앞에서 설명한 바와 같이 데이터가 모여있는 형태가 오목하거나 다른 임의
의 형태를 취하면 k-means는 분류할 때 클러스터의 군집 특성을 찾아내지 못한
다. 예를 들어, 그림 6.4와 같은 동심원 모양으로 데이터가 모여 있거나, 반달 모양
으로 클러스터를 형성하고 있으면 클러스터의 중심으로부터 거리 기준으로 분류한
k-means 모델은 클러스터의 특성을 잘 반영했다고 보기 어렵다.

반대로 코어 데이터들이 계속 밀도 있게 연결돼 나간다면 동일한 클러스터로 판단하는 DBSCAN의 경우에는 직관적 관점에서 레이블이 없는 두 개의 클러스터를 특성에 맞게 군집화했다고 말할 수 있다.

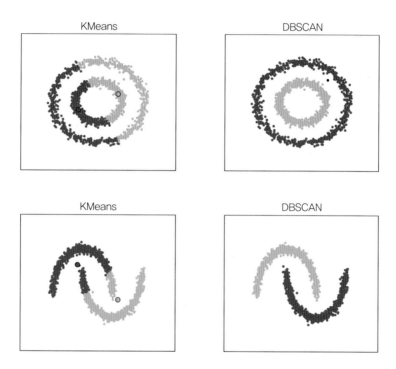

그림 6.4 동심원과 반달 형태의 클러스터링 비교(출처: scikit-learn.org)

DBSCAN은 이러한 장점으로 현재까지 다양한 분야에서 가장 많이 활용되고 있는 군집 모델 중 하나지만 밀도 반지름(ε) 및 최소 이웃 수(MinPts)가 문제의 특성에 따라 매우 민감하게 작용한다는 약점이 있다.

계층형 군집 모델

계층형 군집Hierarchical Clustering 모델은 비지도학습의 여러 분야에서 다양하게 사용되고 있는 군집 모델 중 하나다. 기본적인 개념은 유사한 특성을 지닌 데이터를 그리디greedy3하게 묶어 이진 트리 형태로 만들어 가는 방법이다. 이진 트리가 완성되면 이를 계통수dendrogram라고 한다. 계층형 군집 모델에서는 k-means나 k-medoids처럼 초기에 클러스터의 개수를 미리 정할 필요가 없다.

계층형 군집 모델에는 두 가지가 있는데, 그중 하나는 병합적 군집agglomerative clustering이고 다른 하나는 분할적 군집divisive clustering이다. 병합적 군집은 상향식 군집이라 하고, 분할적 군집은 하향식 군집이라 한다.

병합적 군집을 상향식이라고 하는 이유는, 군집 과정이 처음에 데이터세트의 모든 점을 군집의 원점으로 시작해 유사한 클러스터끼리 합쳐 나가면서 원하는 클러스터 개수가 될 때까지 진행되기 때문이다. 즉, 최초에 모든 학습 데이터는 일단 자기 자신이 하나의 클러스터가 된다. 자기 자신이 유일한 구성 요소인 클러스터다. 다음 단계로 각 클러스터는 다른 모든 학습 데이터를 검색해 자신에게 가장 근접한특성이 유사한 데이터를 찾고 두 개의 데이터또는 클러스터는 하나의 클러스터로 묶인다. 그리고 위 작업을 동일하게 반복한다. 만약 클러스터의 개수가 하나가 되면 군집 과정을 완료한다.

---

3 현재 수준에서 주어진 조건을 가장 만족하는 후보자를 선택하는 정책

병합적 군집 알고리즘

❶ 모든 데이터를 단일 클러스터로 정의한다

❷ 각 클러스터 간 유사성을 계산한다

❸ 유사성이 가장 높은 두 개의 클러스터를 합한다

❹ ❷, ❸ 단계를 (전체 클러스터 개수 = 1)이 충족될 때까지 반복한다

분할적 군집은 모든 데이터세트가 단일한 클러스터에 속한다고 정의하고 시작한다. 분할적 군집은 병합적 방법과 반대로 가장 관련성이 없는 관계를 분리하는 작업을 반복한다. 모든 클러스터의 크기가 1이 되면, 즉 클러스터가 단일 데이터 값을 갖게 되면 군집을 완료한다.

분할적 군집 알고리즘

❶ 모든 데이터를 포함하고 있는 단일 클러스터를 만든다

❷ 각 클러스터 간 유사성을 계산한다

❸ 유사성이 가장 낮은 두 개의 클러스터를 분리한다

❹ ❷, ❸ 단계를 (전체 클러스터 개수 = 데이터 개수)가 충족될 때까지 반복한다

일반적으로 병합적 방법이 분할적 방법보다 직관적이고 간단하다. 또한 분할적 방법은 상위 클러스터에서 잘못된 결정이 하위 클러스터로 파급되는 정도가 크다는 단점이 있다. 이러한 이유로 비지도학습의 계층형 군집 모델을 사용할 때는 병합적 군집 모델이 더 많이 사용되는 경향이 있으며, 이 책에서도 병합적 방법을 중심으로 계층형 군집 모델을 설명하기로 한다.

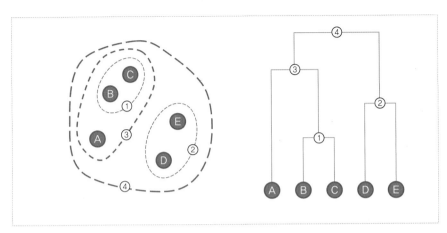

그림 6.5 계층적 군집의 개념도 (1) 데이터세트 분포 (2) 계층 수

그림 6.5는 병합적 방법 기반의 계층형 군집 모델을 보여준다. 여기서 A, B, C, D, E는 데이터세트를 구성하는 단일 데이터들이며, 이들은 병합적 계층형 군집이 시작될 때는 각각 하나의 클러스터가 된다. 표 6.1과 같이 각 데이터들 사이에 한 쌍의 조합을 만들고 각 조합에서의 유사성을 계산한다. 여기서는 일반적인 거리 계산 방법인 유클리드 거리Euclidean distance를 사용해 각 데이터 간 유사성을 나타냈다. 표 6.1에서 알 수 있듯이 1단계에서 단일 데이터를 가지고 있는 클러스터의 유사성은 비교적 간단하게 구할 수 있다.

표 6.1 각 데이터 간의 유사성 예시(거리 기준)

	A	B	C	D	E
A	0	6	7	8	9
B	6	0	2	8	7
C	7	2	0	9	7
D	8	8	9	0	3
E	9	7	7	3	0

1단계 군집이 진행되고 나면 각 클러스터는 두 개 이상의 데이터를 갖게 되므로 클러스터 간 거리를 계산하는 데 기준점을 설정해야 한다. 기준점을 설정할 때는 다음과 같이 5가지 경우를 생각할 수 있다. 첫 번째가 단일 연결single-linkage로서, 클러스터 C_A 안에 있는 데이터와 클러스터 C_B 안에 있는 데이터 간 거리 중 최솟값을 선정하는 것이다. 두 번째는 평균 연결average-linkage인데 C_A의 데이터와 C_B의 데이터 사이의 거리를 평균적으로 계산하는 것이다. 세 번째는 완전 연결complete-linkage인데, 최소 연결과 반대로 두 개의 클러스터에 속한 데이터 사이의 거리가 최대인 것을 선정하는 것이다. 네 번째로는 중심법centroid method인데 두 개의 클러스터 C_A, C_B 안에 있는 데이터들의 중심을 각각 구하고 이 중심 간의 거리를 계산하는 방법이다. 마지막으로 워드 방법Ward's method으로 각 단계마다 어떤 목적함수에서 계산된 최적값을 기준으로 클러스터의 병합 여부를 결정한다. 여기서 목적함수는 편의상 임의로 정의할 수 있는데, 예를 들면 오차변동error sum of squares 같은 함수를 고려할 수 있다. 그림 6.6은 병합적 계층형 군집에서 유사성 계산 방법을 개념적으로 보여준다.

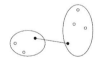 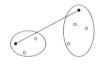  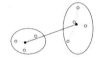

(1) Single-Linkage　　(2) Complete-Linkage　　(3) Average-Linkage　　(4) Centroid

그림 6.6 병합적 계층형 군집에서 유사성 계산 방법

그림 6.7은 병합적 방법을 기반으로 하는 계층형 군집 모델과 DBSCAN을 비교한 것이다. 앞에서 설명한 바와 같이 DBSCAN은 클러스터의 특성을 양호하게 반영하는 군집 모델이기는 하나, 밀도 반지름의 크기에 매우 민감하다는 단점이 있다. 예를 들면, 그림 6.7과 같은 문제에서 밀도 반지름 ε의 미소한 차이로 인해 군집 결과가 매우 민감하게 변하는 것을 관찰할 수 있다.

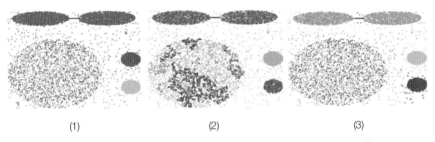

그림 6.7 (1) DBSCAN ε=0.5, (2) DBSCAN ε=0.4, (3) 병합적 계층형 군집[4]

그림 6.7의 (1)에서 DBSCAN은 맨 위에 있는 두 개의 타원형 그룹을 같은 클러스터로 인식한다. 두 개의 타원 중간에 위치한 직선 모양의 밀도 있는 데이터 군으로 인해 두 개의 타원형 그룹이 서로 묶인 것이다. 이러한 문제를 해결하기 위해 밀도 반지름을 조금 줄인 후 분류를 시도한 결과가 그림 6.7의 (2)다.

밀도 반지름을 줄인 후 군집을 시도했을 때는 중앙의 큰 원형 데이터군에서 여러 개의 작은 클러스터가 파편화되면서 군집이 오히려 악화된 상황을 보여준다. 즉, 밀도 반지름에 매우 민감하게 작용한 결과다. 결국 맨 위에 있는 두 개의 타원형 그룹을 분리하는 데도 실패했고 중앙에 있는 큰 원형 그룹에 너무 많은 하위 그룹을 생성했다.

---

4 George Karypis, Eui-Hong Han, Vipin Kumar, CHAMELEON: A Hierarchical Clustering Algorithm Using Dynamic Modeling, IEEE Computer 32(8): 68-75, 1999

직관적으로 상단에 있는 두 개의 타원형 그룹은 각 클러스터로 구분돼야 하고 중앙의 큰 원형 데이터 그룹은 단일한 클러스터로 분류되는 것이 타당해 보이므로 DBSCAN은 이 경우에 의미 있는 군집 결과를 보여주지 못한다고 판단된다.

반면 미네소타 대학에서 개발한 카멜레온Chameleon이라는 병합적 계층형 군집 알고리즘은 그림 6.7의 (3)과 같이 상위에 있는 두 개의 타원형 그룹을 적절히 분리했고, 전체적인 군집화는 직관적인 관점에서 타당해 보인다. 그림 6.7의 (3)은 5개의 실제로 의미 있는 군집과 하나의 노이즈 군집(두 개의 타원형 그룹을 연결하는 직선 부분)으로 분리했음을 보여준다.

07

강화학습

강화학습reinforcement learning은 지도학습에 속한 모델로 분류하기도 하고 강화학습 자체의 독립적인 영역으로 분류하기도 한다. 지도학습으로 분류되는 이유는 학습 중에 사람을 포함한 환경으로부터 피드백, 즉 지도를 받기 때문이다. 한편 독립적으로 분류되는 이유는 강화학습이 가지고 있는 최적의 의사결정 프로세스가 지도학습의 대표적인 방식인 레이블 기반을 통한 판별식을 구하는 방식과는 구별되는 학습 모델이기 때문이다.

강화학습은 시행착오 과정을 거쳐 학습하기 때문에 사람의 학습방식과 매우 유사하다. 이러한 이유로 혹자는 강화학습이 인공지능의 핵심이라고 말하기도 한다. 강화학습과 같이 시행착오를 통해 스스로 배우는 알고리즘이 고성능 컴퓨터에 이식돼서 무궁무진한 디지털 데이터로 학습한다면 강인공지능Super Artificial Intelligence의 출현도 결국 시간 문제일 듯하다.

구글 딥마인드가 설계한 알파고의 핵심 알고리즘도 강화학습을 기반으로 한다. 알파고는 인터넷에 공개된 기보를 토대로 기본적인 바둑의 정석을 익힌 후 무수히 많은 시행착오를 통해 스스로 바둑을 학습했다. 그 결과 지금은 인간의 수준을 넘어서는 기력을 보유하고 있다.

이번 장에서는 강화학습의 기본적인 개념과 강화학습에서 사용되는 대표적인 알고리즘인 마코프 디시즌 프로세스MDP; Markov Decision Process를 가지고 몇 가지 적용 사례를 중심으로 설명하고자 한다. 이번 장에서 사용한 일부 강화학습 예제는 알파고 개발을 주도했던 구글 딥마인드 수석 엔지니어인 데이비드 실버David Silver 박사의 강의 노트를 참조했음을 밝힌다.

강화학습[1] 개요

앞에서 설명한 것처럼 인공지능의 정의를 '인간처럼 행동하는 시스템'이라고 한다면 강화학습은 그러한 인공지능 분야에 가장 가까운 모델이라 할 수 있다.

그 이유는 지도학습 또는 비지도학습과 같은 머신러닝에서는 사전에 사람이 정해준 데이터 분석[문제 해결] 시나리오 대로 계산을 수행하는 반면, 강화학습은 주어진 문제만을 지도받을 뿐 그 해결방법은 시행착오를 통해 스스로 찾아내는 것이 사람의 행동 양식과 매우 유사하기 때문이다. 사실 초창기 인공지능의 목표도 강화학습 모델을 지향했다. 하지만 '인간처럼 행동하는 시스템'을 만드는 것에 관해서는 많은 아이디어가 있었지만 당시의 기술 수준은 그러한 아이디어를 현실화하기에는 여러모로 부족한 점이 많았다.

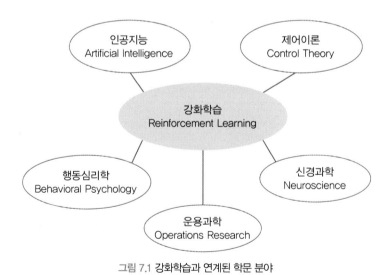

그림 7.1 강화학습과 연계된 학문 분야

---

1 M.D. Waltz and K.S. Fu의 논문(A heuristic approach to reinforcement learning control)에서 처음 사용

지금의 강화학습 수준까지 오기까지 반세기 이상 오랜 시간이 소요됐는데, 그림 7.1과 같이 여러 분야의 학문이 강화학습에 영향을 끼쳤다. 다양한 분야의 연구가 마치 퍼즐을 맞추듯이 연결되면서 강화학습에 필요한 알고리즘들이 완성돼 나갔고, 컴퓨터 성능의 비약적인 발전도 강화학습 발전에 큰 역할을 했다.

강화학습에서는 다른 인공지능 분야와는 구별되는 특이한 연구 분야가 있다. 어떤 의미에서는 이 분야가 강화학습의 가장 근간이 되는 학문이라고도 할 수 있다. 그 분야란 바로 행동심리학이다.

"Of several responses made to the same situation, those which are accompanied or closely followed by satisfaction to the animal will, other things being equal, be more firmly connected with the situation, so that, when it recurs, they will be more likely to recur; those which are accompanied or closely followed by discomfort to the animal will, other things being equal, have their connections with that situation weakened, so that, when it recurs, they will be less likely to occur. The greater the satisfaction or discomfort, the greater the strengthening or weakening of the bond. (Thorndike, 1911, p. 244)

미국의 심리학자 에드워드 손다이크Edward Thorndike는 "동물이 어떤 행동을 선택할 때는 강화된 사건reinforced event에 영향을 받는다"라는 '효과의 법칙Law of Effect'을 발표했다. 이 논문이 발표될 당시에는 아직 인공지능이 탄생하기 훨씬 전이었지만 이 이론은 나중에 강화학습이 탄생하는 데 핵심적인 동인이 된다. 여기서 말하는 효과의 법칙은 쉽게 말해 시행착오trial and error다. 지금도 사람과 동물은 수많은 시행착오를 통해 학습해 나가고 있으며, 이러한 과정을 분석하는 행동심리 연구는 고스란히 인공지능에 적용되고 있다. 인공지능 분야에 시행착오라는 행동심리학 이론을 처음으로 컴퓨터 공학에 적용한 사람은 아마도 프린스턴 대학의 마빈 민스키 박사일 것이다.

그는 1954년 자신의 박사논문에서 이러한 이론을 기반으로 아날로그 컴퓨터인 SNARC^Stochastic Neural Analog Reinforcement Calculators을 설계했는데, SNARC은 쥐가 미로를 찾는 것을 시뮬레이션하는 컴퓨터였다. 이후 그는 1961년에 발표한 논문 『Steps Toward Artificial Intelligence』에서 시행착오 이론을 사용했는데, 이 논문은 향후 강화학습에 많은 영향을 미쳤다.

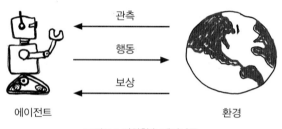

그림 7.2 강화학습 메커니즘

시행착오 개념이 적용된 강화학습은 다음과 같이 요약할 수 있다. 에이전트^agent는 환경^environment으로부터 상태^state를 관측^observation하고 이에 따른 적절한 행동^action을 하면 이 행동을 기준으로 환경으로부터 보상^reward을 받는다 (그림 7.2). 관측은 상태로 변환된다. 에이전트는 이러한 일련의 '관측 – 행동 – 보상' 상호작용을 반복하면서 환경으로부터 얻은 보상을 최대화하는 태스크를 수행해야 하는데, 그 태스크를 수행하기 위한 일련의 과정이 바로 강화학습이다. 여기서 '관측 – 행동 – 보상'의 과정을 경험^experience이라고도 한다.

에이전트가 빠른 시간 내에 주어진 환경에 존재하는 모든 상태를 파악하고 보상을 최대화할 수 있는 행동을 취하기 위해서는 소위 활용^exploitation과 탐험^exploration의 절충^trade-off 문제를 해결해야 한다. 행동은 우리가 가지고 있는 경험 중에서 가장 좋은 것이 선택된 것이고 그러한 경험을 쌓기 위해서는 다양한 새로운 시도가 필요하다. 즉, 새로운 시도를 해야만 우리의 경험이 풍부해지고 그러한 풍부한 경험은

더 나은 선택을 가능하게 한다. 여기서의 딜레마는 새로운 시도는 항상 기회 비용
이라는 위험이 동반된다는 사실이다.

제임스 마치James G. March[2]는 활용과 탐험을 다음과 같이 정의한다. 활용은 정교화
refinement, 선택choice, 생산production, 효율efficiency, 선택selection, 구현implementation, 실행
execution 등의 의미가 있고, 탐험은 탐색search, 다양화variation, 위험 감수risk taking, 실
험experimentation, 놀이play, 유연성flexibility, 새로운 발견discovery, 혁신innovation 등의 의
미가 있다. 예를 들면, 식당을 고를 때 내가 가장 선호하는 식당을 가면 활용이고
새로운 식당을 찾아가는 것은 탐험이다. 만약 새로운 식당에 가서 좋은 기억이 있
으면 다음에 선택받을 수 있는 식당 중 하나로 '활용'될 수 있다. 그렇지 않으면 한
번 더 좋은 식당을 갈 수 있는 기회를 잃게 되는 것이다.

강화학습을 구현하는 실무적인 관점에서 활용은 기억memory, 탐험은 탐색search으로
연관시킨다면 기억과 탐색의 결합은 강화학습의 핵심이라 할 수 있다[3].

강화학습에 핵심적인 공헌을 한 또 하나의 연구분야는 최적 제어optimal control 분야
다. 최적 제어는 1950년대 말에 등장한 이론으로 동적시스템dynamic system[4]의 효율
성을 최적화하는 조작장치 설계를 위해 시작됐다. 동적시스템 최적화 문제에는 시
간의 흐름에 따라 각 과정별 최적의 의사결정을 내리는 것인데, 미국의 수학자인
리처드 벨만Richard Bellman은 불연속적인 시간 문제에 대해 마코프 디시즌 프로세스
모델MDP을 도입해 이 문제를 해결했다.

2　James G. March, 'Exploration and Exploitation in Organizational Learning', Organization Science, 1991
3　Richard S. Sutton and Andrew G. Barto, 'Reinforcement Learning: An Introduction', The MIT Press, 1998
4　시간에 따라 순차적으로 변이하는 상태를 제어하는 시스템

이후 MDP는 공장 자동화에서 사용되는 동적시스템 최적화 문제를 포함해서 물류/재고 관리, 금융의 파생상품 설계, 방송통신에서 자원 할당 등 다양한 분야에서 이용되고 있으며, 특히 강화학습에서는 거의 독보적인 프레임워크framework로 자리잡고 있다. 강화학습은 결국 MDP 문제를 푸는 것인데 효율적인 알고리즘을 찾는 것이 강화학습에서 주요 이슈다.

80년대 말까지는 리차드 벨만이 제안한 최적가치함수optimal value function 기반의 동적 프로그래밍dynamic programming과 확률적인 시뮬레이션을 통해 의사결정을 내리는 몬테카를로 방법Monte Carlo method이 주류를 이뤘는데, 1988년 리차드 서튼Richard Sutton이 발표한 시간차 방법TD; temporal difference learning method이 위 두 가지를 결합하면서 지금까지 가장 많이 인용되는 알고리즘으로 자리매김하고 있다.

마코프 프로세스

지금까지 강화학습의 전반적인 내용에 대해 알아봤다. 그러면 강화학습이 어떤 원리로 동작하는지 알아보기 위해 한발짝 안으로 들어가보자. 강화학습의 구현 방법을 알기 위해서는 우선 강화학습의 프레임워크인 MDP의 개념을 이해할 필요가 있다. MDP는 마코프 특성Markov Property을 기반으로 하는 의사결정 프로세스다. 마코프 특성은 다음과 같이 정의할 수 있다.

$$\mathbb{P}[s_{t+1} \mid s_t] = \mathbb{P}[s_{t+1} \mid s_1, \cdots, s_t] \tag{7.1}$$

여기서 $\mathbb{P}$는 확률이고 s_t는 시간 t에서 상태다. 과거 상태 $[s_1, \cdots, s_t]$ 모두를 고려했을 때 상태 s_{t+1}가 나타날 확률과, 상태 s_t만을 고려했을 때 상태 s_{t+1}가 발생할 확률은 동일하다는 의미다. 바꿔 말하면 일련의 시간적 사건이 있을 때 현재 단계의 상태에서 예상되는 다음 단계의 상태는 과거의 사건과는 무관하다는 것이다. 즉, 지금 취할 행동에 영향을 주는 것은 과거의 사건이 아니라 미래의 상태와 그에 따른 보상이다. 이러한 마코프 특성을 띤 프로세스를 마코프 프로세스라고 하며 과거를 기억하지 않는다고 해서 메모리리스memoryless 프로세스라고 한다. **마코프 프로세스는 상태와 상태변이확률**state transition probability로 표현된다. 상태변이확률이란 어떤 상태에서 다음 단계의 상태로 이동할 때의 확률로서 다음과 같이 정의한다.

$$\boldsymbol{\mathcal{P}}_{ss} = \mathbb{P}[s_{t+1} = s^{'} \mid s_t = s] \tag{7.2}$$

여기서 s는 시간 t에서 상태를 나타내고, s'는 다음 단계의 상태를 말한다. 즉, $\boldsymbol{\mathcal{P}}_{ss}$는 상태 s에서 상태 s'로 변이할 때의 확률이다. 마코프 프로세스를 다음과 같이 예를 들어보자.

그림 7.3과 같이 어떤 학생의 하루 일과는 수업, 카페, SNS, 휴강, 취침의 상태로 구성돼 있다고 가정하면 우리는 학생의 일과를 각 상태와 각 상태에서 다음 단계로 이동할 때 변이확률을 가진 마코프 프로세스로 설명할 수 있다.

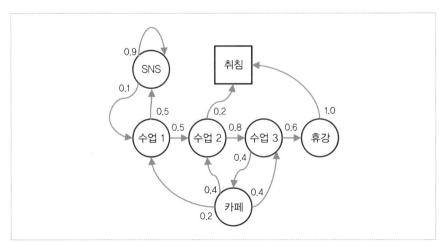

그림 7.3 어떤 학생의 하루 일과 마코프 프로세스

이 학생은 하루에 7가지 상태가 있는 마코프 프로세스를 가지고 있는 셈이다. 각 상태는 다음 단계로 가는 상태변이확률을 가지는데, 예를 들면 수업1을 듣다가 SNS를 하는 상태변이확률은 $P_{수업1, SNS} = 0.5$이고 수업2를 들으러 가는 상태변이확률은 $P_{수업1, 수업2} = 0.5$다. 이 학생은 이러한 마코프 프로세스 안에서 여러 가지 일들을 경험할 수 있는데, 예를 들면 다음과 같은 시나리오가 가능하다.

- 시나리오 1: 수업1, 수업2, 수업3, 휴강, 취침

- 시나리오 2: 수업1, SNS, SNS, 수업1, 수업2, 취침

- 시나리오 3: 수업1, 수업2, 수업3, 카페, 수업2, 수업3, 휴강, 취침

- 시나리오 4: 수업1, SNS, SNS, 수업1, 수업2, 수업3, 카페, 수업1, SNS, SNS, SNS, 수업1, 수업2, 수업3, 카페, 수업2, 취침

위의 마코프 프로세스가 가진 상태변이확률 행렬을 구하면 다음과 같다.

		수업 1	수업 2	수업 3	휴강	카페	SNS	취침
$P =$	수업 1		0.5				0.5	
	수업 2			0.8				0.2
	수업 3				0.6	0.4		
	휴강							1.0
	카페	0.2	0.4	0.4				
	SNS	0.1					0.9	
	취침							1.0

상태변이확률을 일반화하면 다음과 같은 행렬식으로 표현된다.

$$\mathcal{P}_{ss} = \begin{bmatrix} p_{11} & \cdots & p_{1n} \\ \vdots & \ddots & \vdots \\ p_{n1} & \cdots & p_{nn} \end{bmatrix} \tag{7.3}$$

여기서 n은 프로세스 내에 있는 상태의 개수다. 이 상태변이확률은 나중에 논의할 각 상태의 가치value를 산정할 때 사용된다.

마코프 보상 프로세스

현재 상태의 가치는 현재 상태의 보상과 다음 단계 상태의 확률적 평균 가치의 합으로 계산된다. 따라서 각 상태의 가치를 정량화하기 위해서는 마코프 프로세스에 추가적으로 보상reward의 개념이 필요하다. 보상이란 어떤 상태에서 다음 단계의 상태로 이동하는 행동을 취할 때 환경으로부터 피드백 받는 스칼라 실수값으로 다음과 같이 표현할 수 있다.

$$\mathcal{R}_s = \mathbb{E}[r_{t+1} \mid s_t = s] \tag{7.4}$$

마코프 프로세스에 보상을 고려한 것이 마코프 보상 프로세스MRP: Markov Reward Process다. 그림 7.4는 앞에서 설명한 7가지 상태가 있는 학생의 하루 일과에 보상을 고려한 MRP다.

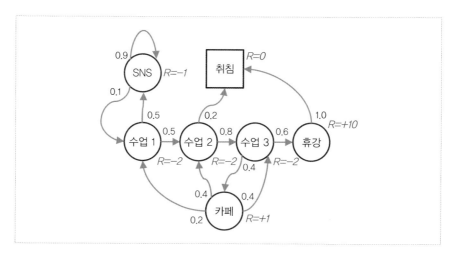

그림 7.4 어떤 학생의 하루 일과 MRP

MRP에서 한 가지 더 중요한 추가사항이 있다. 그것은 바로 미래가치의 현재가치로의 환산이다. 즉, 현재 가치는 미래가치가 축적된 것인데 이때 '미래가치를 현재 기준으로 어느 정도의 가중치로 고려할까'라는 판단이다. 이때 사용하는 가중치를 감쇄계수discount factor, γ라고 하고 0과 1 사이의 값을 갖는다. 만약 감쇄계수가 0이면 미래상태의 가치를 전혀 고려하지 않는 것이고 감쇄계수가 1이면 모든 미래상태의 가치를 현재와 같은 비중으로 고려한다는 뜻이다.

MRP와 감쇄계수가 정의됐으면 모든 상태의 가치를 결정하는 상태가치함수state-value function, $v(s)$를 구할 수 있다. 상태가치함수는 어떤 상태 s에서 미래에 발생할 수 있는 상태의 보상값을 모두 더한 값이다. 이때 앞에서 설명한 것처럼 미래에 있을 보상값을 현재가치로 환산하기 위해 다음과 같이 감쇄계수, γ를 적용한다.

$$v(\mathrm{s}) = \mathbb{E}[R_t \mid s_t = s] \tag{7.5}$$

$$R_t = r_{t+1} + \gamma r_{t+2} + \cdots = \sum_{k=0}^{\infty} \gamma^k r_{t+k+1}, \ \gamma \in [0,1] \tag{7.6}$$

이해를 돕기 위해 상태가치함수의 계산 예를 그림 7.4와 같이 학생의 일과에 적용해보자. 초기 시작 상태를 수업1이라고 하고 감쇄계수 γ를 0.5로 가정하면 앞에서 예시한 4가지 시나리오에 대한 상태가치함수 결괏값을 얻을 수 있다.

- 시나리오 1: $v_1 = -2 - 2 \cdot \frac{1}{2} - 2 \cdot \frac{1}{2^2} + 10 \cdot \frac{1}{2^3} = -2.25$

- 시나리오 2: $v_1 = -2 - 1 \cdot \frac{1}{2} - 1 \cdot \frac{1}{2^2} - 2 \cdot \frac{1}{2^3} - 2 \cdot \frac{1}{2^4} = -3.125$

- 시나리오 3: $v_1 = -2 - 2 \cdot \frac{1}{2} - 2 \cdot \frac{1}{2^2} + 1 \cdot \frac{1}{2^3} - 2 \cdot \frac{1}{2^4} - 2 \cdot \frac{1}{2^5} + 10 \cdot \frac{1}{2^6} = -3.406$

시나리오 4: $v_1 = -2 - 1 \cdot \dfrac{1}{2} - 1 \cdot \dfrac{1}{2^2} - 2 \cdot \dfrac{1}{2^3} - 2 \cdot \dfrac{1}{2^4} - 2 \cdot \dfrac{1}{2^5} + 1 \cdot \dfrac{1}{2^6} - $

$2 \cdot \dfrac{1}{2^7} - 1 \cdot \dfrac{1}{2^8} - 1 \cdot \dfrac{1}{2^9} - 1 \cdot \dfrac{1}{2^{10}} - 2 \cdot \dfrac{1}{2^{11}} - 2 \cdot \dfrac{1}{2^{12}} - $

$2 \cdot \dfrac{1}{2^{13}} + 1 \cdot \dfrac{1}{2^{14}} - 2 \cdot \dfrac{1}{2^{15}} = -3.196$

위에서 수행된 상태가치함수 계산을 일반화하면 다음과 같다.

$$
\begin{aligned}
v(s) &= \mathbb{E}\left[R_t \mid s_t = s\right] \\
&= \mathbb{E}\left[r_{t+1} + \gamma r_{t+2} + \gamma^2 r_{t+3} + \cdots \mid s_t = s\right] \\
&= \mathbb{E}\left[r_{t+1} + \gamma\left(r_{t+2} + \gamma r_{t+3} + \cdots\right) \mid s_t = s\right] \\
&= \mathbb{E}\left[r_{t+1} + \gamma v\left(s_{t+1}\right) \mid s_t = s\right]
\end{aligned}
\tag{7.7}
$$

식 (7.7)이 바로 벨만 방정식Bellman Equation이다. 벨만 방정식을 다시 정리하면 식 (7.8)이 된다.

$$
v(s) = R_s + \gamma \sum_{s' \in S} \mathcal{P}_{ss'} \, v\left(s'\right)
\tag{7.8}
$$

식 (7.8)을 다시 행렬과 벡터 형태로 표현하면 다음과 같다.

$$
\begin{aligned}
\mathrm{v} &= \boldsymbol{R} + \gamma \mathbf{P} \mathrm{v} \\
(I - \gamma \mathbf{P}) \mathrm{v} &= \boldsymbol{R} \\
\mathrm{v} &= (I - \gamma \mathbf{P})^{-1} \boldsymbol{R}
\end{aligned}
\tag{7.9}
$$

학생의 하루 일과 예제를 가지고 식 (7.9)를 적용해 보자. 상태변이확률은 앞에서 구한 것을 이용하고, 보상벡터는 다음과 같다.

$$R = \begin{bmatrix} -2.0 & -2.0 & -2.0 & 10.0 & 1.0 & -1.0 & 0.0 \end{bmatrix}^T$$

감쇄계수, γ를 0.0, 0.5, 1.0일 경우 식 (7.9)를 이용해 상태가치벡터를 계산해보자. 상태가치벡터는 다음과 같이 정의한다.

$$v := [수업1 \ 수업2 \ 수업3 \ 휴강 \ 카페 \ SNS \ 취침]^T$$

- $\gamma = 0.0, \ v = \begin{bmatrix} -2.0 & -2.0 & -2.0 & 10.0 & 1.0 & -1.0 & 0.0 \end{bmatrix}^T$

- $\gamma = 0.5, \ v = \begin{bmatrix} -2.9 & -1.6 & 1.1 & 10.0 & 0.6 & -2.1 & 0.0 \end{bmatrix}^T$

- $\gamma = 1.0, \ v = \begin{bmatrix} -12.5 & 1.5 & 4.3 & 10.0 & 0.8 & -22.5 & 0.0 \end{bmatrix}^T$

미래상태의 가치를 고려하지 않으면 ($\gamma = 0$), 바로 다음 상태의 보상값이 상태가치가 된다. 감쇄계수를 1로 하면 미래상태의 가치가 현재가치와 같은 비중으로 고려되는 것을 알 수 있다.

위 예제와 같이 상태의 수가 많지 않은 소규모 문제는 역행렬을 이용한 직접법direct method으로 간단히 풀 수 있다. 역행렬을 이용한 직접법은 일반적으로 $O(n^3)$ 정도의 컴퓨터 복잡도를 띤 계산량과 메모리 용량이 필요하다. 일반적으로 컴퓨터의 복잡도가 $O(n^2)$이상인 모델은 대규모large scale 문제에 적용하기가 거의 불가능하다. 벨만이 이를 두고 '차원의 저주curse of dimensionality'라고 말한 이유도 여기에 있다. 직접

법은 상태의 수가 많은 대규모 문제에서는 부적합하다. 따라서 이를 해결하는 것
이 강화학습의 주요 이슈가 됐다. 앞에서 설명한 것처럼 대용량 문제에서는 동적
프로그래밍, 몬테카를로 시뮬레이션, 시간차 방법 등과 같은 반복법iterative method이
주로 사용되고 있다.

마코프 디시즌 프로세스

마코프 보상 프로세스MRP에 행동이라는 의사결정 항을 추가한 것이 바로 마코프
디시즌 프로세스MDP: Markov Decision Process다. 즉, MRP에서는 상태(S), 상태변이확률
(P), 보상(R), 감쇄계수(γ)를 다뤘다면 MDP에서는 여기에 행동(A)이 추가된다.
예를 들면, 그림 7.4와 같이 상태변이확률, 상태, 보상으로 이뤄진 MRP는 그림
7.5와 같이 행동이 추가된 MDP로 표현된다. MRP에서는 환경 관점에서 상태가치
를 평가했다면 보상이 추가된 MDP에서는 행동 중심으로 가치 평가가 이뤄진다.
즉, 에이전트 중심의 의사결정 프로세스가 되는 것이다.

이런 의미로 그림 7.4에서와 같이 휴강으로 표현된 상태는 에이전트가 공부를 하
러 갔지만 에이전트의 의사와 관계없이 휴강된 것이어서 '공부'라는 행동을 '취침'
상태로 바로 연계했다. 물론 이것은 MDP의 개념을 설명하기 위해 설정한 상황이
다. 또한 각 상태는 여러 가지 행동을 포함할 수 있고 여러 가지 행동은 다시 다음
단계 상태로 이동하면서 환경으로부터 보상을 얻는다. 하루 일과 MDP 예제에서
는 카페로 가는 행동은 다시 상태변이확률(0.2, 0.4, 0.4)을 가지는 3가지 행동으
로 분기된다고 설정했다.

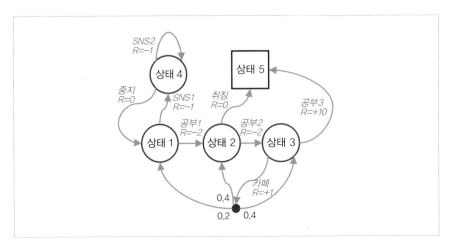

그림 7.5 어떤 학생의 하루 일과 MDP

이때 상태변이확률과 보상벡터는 다음과 같이 쓸 수 있다.

$$\mathcal{P}_{ss'}^{a} = \mathbb{P}[s_{t+1} = s' \mid s_t = s, a_t = a] \tag{7.10}$$

$$\mathcal{R}_{s}^{a} = \mathbb{E}\{r_{t+1} \mid s_t = s, a_t = a\} \tag{7.11}$$

MDP에서는 에이전트가 어떤 상태를 만나면 행동을 취하게 되는데, 각 상태에 따라 취할 수 있는 행동을 연결해주는 함수를 정책policy, π라고 한다. π는 상태 (s)와 행동 (a)의 쌍pair인 $\pi(s, a)$로 표현한다. 정책함수는 상태와 행동의 관계를 미리 정할 수도 있고 확률적으로 표현할 수도 있다. 확률적으로 표현된 정책은 모든 행동을 취할 확률을 합하면 1이 돼야 한다. 즉, 다음과 같이 표현된다.

$$\sum_{a \in A} \pi(s, a) = 1$$

MDP의 목적은 가장 좋은 정책, 즉 가치의 합이 가장 큰 정책을 찾는 것이다. 이제 정책을 고려한 벨만 방정식을 만들 수 있다. 그전에 정책을 고려한 상태변이확률과 보상벡터를 다음과 같이 표현할 수 있다.

$$\mathcal{P}_{ss}^{\pi} = \sum_{a \in A} \pi(s,a) \mathcal{P}_{ss}^{a} \tag{7.13}$$

$$\mathcal{R}_{s}^{\pi} = \sum_{a \in A} \pi(s,a) \mathcal{R}_{s}^{a} \tag{7.14}$$

정책이 고려된 벨만 방정식은 두 가지 함수가 필요하다. 하나는 상태가치함수 $v_\pi(s)$ 이고, 다른 하나는 행동가치함수 $q_\pi(s, a)$다. 정책이 고려된 상태가치함수는 상태 s 에서 정책 π를 따랐을 때 기대되는 가치를 알려준다. 마찬가지로 정책이 고려된 행동가치함수는 상태 s에서 행동 a를 취하고 정책 π를 따랐을 때 기대되는 가치를 알려준다. 두 함수를 다음과 같이 정의할 수 있다.

$$v_{\pi}(s) = \mathbb{E}_{\pi}[R_t \mid s_t = s] \tag{7.15}$$

$$q_{\pi}(s,a) = \mathbb{E}_{\pi}[R_t \mid s_t = s, a_t = a] \tag{7.16}$$

그림 7.5와 같이 상태와 행동이 구성됐다고 가정하면 상태가치함수 및 행동가치함수는 다음과 같이 표현된다.

$$v_{\pi}(s) = \sum_{a \in A} \pi(s,a) q_{\pi}(s,a) \tag{7.17}$$

$$q_{\pi}(s,a) = \mathcal{R}_{s}^{a} + \gamma \sum_{s' \in S} \mathcal{P}_{ss'}^{a} v_{\pi}(s') \tag{7.18}$$

식 (7.18)을 식 (7.17)에 대입하면 다음과 같다.

$$v_{\pi}(s) = \sum_{a \in A} \pi(s,a) \left(\mathcal{R}_{s}^{a} + \gamma \sum_{s' \in S} \mathcal{P}_{ss'}^{a} v_{\pi}(s') \right) \tag{7.19}$$

여기서 Σ는 평균적인 가치를 의미한다. 예를 들면, 상태 s에서 두 가지 행동을 각
각 p, $1-p$의 확률로 취할 때 각 행동이 가진 행동가치에 각각 해당하는 확률을 곱
한 값을 모두 더한다는 뜻으로 이것은 상태 s의 평균가치를 의미한다.

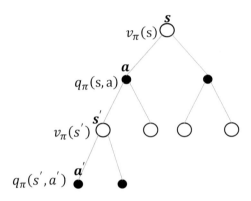

그림 7.6 MDP에서 상태가치함수 및 행동가치함수

그림 7.6에서 보는 것처럼 상태 s의 다음 단계인 상태 s'에서 상태가치함수, $v_\pi(s')$
를 구하면 다음과 같다.

$$v_\pi(s') = \sum_{a \in A} \pi(s',a') q_\pi(s',a')$$

(7.20)

식 (7.20)를 식 (7.18)에 대입하면 다음 식을 얻을 수 있다.

$$q_\pi(s,a) = \mathcal{R}_s^a + \gamma \sum_{s' \in S} \mathcal{P}_{ss'}^a \sum_{a' \in A} \pi(s',a') q_\pi(s',a')$$

(7.21)

위 상태가치 벨만 방정식을 행렬 형태로 표현하면 다음과 같다.

$$v_{\pi} = \mathcal{R}^{\pi} + \gamma \mathcal{P}^{\pi} v_{\pi}$$
$$= \left(I - \gamma \mathcal{P}^{\pi} \right)^{-1} \mathcal{R}^{\pi}$$

(7.22)

식 (7.22)의 v_{π}를 구하는 것이 벨만 방정식을 푸는 것이다. 이해를 돕기 위해 앞에서 예로 든 학생의 하루 일과 MDP에 식 (7.22)를 적용해 보자. 먼저 $\mathcal{P}^{\pi}$, $\mathcal{R}^{\pi}$를 구하기 위해서는 정책함수 $\pi(s, a)$와 상태변이확률 $\mathcal{P}_{ss'}^{a}$, 보상벡터 $\mathcal{R}_{s}^{a}$이 필요하다. 그림 7.5와 같이 상태는 5가지 경우이고 행동은 8가지(공부1, 공부2, 공부3, 카페, SNS1, SNS2, 중지, 취침)가 있다. 여기서 정책함수는 0.5의 확률을 갖는다고 가정한다. 다음은 정책함수행렬(5×8), 상태변이확률행렬(8×5), 보상벡터(8×1)다.

$$\pi(s, a) = \begin{array}{c} \\ \text{상태1} \\ \text{상태2} \\ \text{상태3} \\ \text{상태4} \\ \text{상태5} \end{array} \begin{array}{cccccccc} \text{공부1} & \text{공부2} & \text{공부3} & \text{카페} & \text{SNS1} & \text{SNS2} & \text{중지} & \text{취침} \\ \left[\begin{array}{cccccccc} 0.5 & & & & 0.5 & & & \\ & 0.5 & & & & & & 0.5 \\ & & 0.5 & 0.5 & & & & \\ & & & & & 0.5 & 0.5 & \\ & & & & & & & \end{array} \right] \end{array}$$

$$\mathcal{P}_{ss'}^{a} = \begin{array}{c} \\ \text{공부1} \\ \text{공부2} \\ \text{공부3} \\ \text{카페} \\ \text{SNS1} \\ \text{SNS2} \\ \text{중지} \\ \text{취침} \end{array} \begin{array}{ccccc} \text{상태1} & \text{상태2} & \text{상태3} & \text{상태4} & \text{상태5} \\ \left[\begin{array}{ccccc} & 1 & & & \\ & & 1 & & \\ & & & & 1 \\ 0.2 & 0.4 & 0.4 & & \\ & & & 1 & \\ & & & 1 & \\ 1 & & & & \\ & & & & \end{array} \right] \end{array}$$

$$\mathcal{R}_{s}^{a} = \begin{array}{ccccccccc} \text{공부1} & \text{공부2} & \text{공부3} & \text{카페} & \text{SNS1} & \text{SNS2} & \text{중지} & \text{취침} \\ \left[\begin{array}{cccccccc} -2.0 & -2.0 & +10.0 & +1.0 & -1.0 & -1.0 & 0.0 & 0.0 \end{array} \right]^{T} \end{array}$$

위에서 구한 $\pi(s, a)$, $\mathcal{P}_{ss'}^a$, $\mathcal{R}_s^a$를 식 (7.12), (7.13)에 대입해 $\mathcal{P}^\pi$, $\mathcal{R}^\pi$를 각각 구한 후 이를 식 (7.21)에 대입하면 다음과 같이 v_π를 구할 수 있다.

$$v_\pi = [-1.7 \ \ 0.5 \ \ 6.1 \ \ -1.2 \ \ 0.0]^T$$

여기서 각 성분은 [상태1, 상태2, 상태3, 상태4, 상태5]의 가치를 나타낸다.

이 경우는 여러 가지 정책 중 정책함수의 확률이 0.5일 때 각 상태의 가치를 구한 것이다. 아직까지는 우리가 정한 0.5 확률의 정책함수가 최적이라고 말할 수 없다. MDP의 최종 목표는 모든 정책 중에서 가장 좋은 정책을 구하는 것이므로 MDP의 마지막 단계인 최적 가치 함수optimal value function를 구하는 것이 남았다. 최적 상태가 치함수와 최적 행동가치함수는 각각 다음과 같이 정의한다.

$$v_*(s) = \max_\pi v_\pi(s) \tag{7.23}$$

$$q_*(s,a) = \max_\pi q_\pi(s,a) \tag{7.24}$$

위의 최적 가치함수를 찾는 것이 최종적인 MDP 문제를 푸는 것이다. 이때 최적의 정책optimal policy은 다음과 같이 구할 수 있다.

$$\pi_* = \begin{cases} 1 & if \ a = \underset{a \in A}{\text{argmax}} \ q_*(s,a) \\ 0 & otherwise \end{cases} \tag{7.25}$$

항상 최적의 정책함수는 존재하며, 최적의 상태가치를 알면 바로 최적의 정책을 얻을 수 있다. 최적 정책함수, π_*가 위와 같이 정의됐다면 식 (7.19), (7.21)은 다음 과 같이 나타낼 수 있다.

$$v_*(s) = \max_a \mathcal{R}_s^a + \gamma \sum_{s' \in S} \mathcal{P}_{ss'}^a v_*(s') \tag{7.26}$$

$$q_*(s,a) = \mathcal{R}_s^a + \gamma \sum_{s' \in S} \mathcal{P}_{ss'}^a \max_a q_*(s',a') \tag{7.27}$$

식 (7.26), (7.27)은 벨만의 최적 방정식으로 비선형이다. 따라서 반복적인 방법으로 해를 찾아야 한다. 벨만의 최적 방정식의 해를 구하기 위해서 다음과 같은 알고리즘이 일반적으로 사용되고 있다.

- 동적 프로그래밍
  - 가치 반복법VI; Value Iteration
  - 정책 반복법PI; Policy Iteration

- 몬테카를로 방법

- 시간차 방법
  - Q-Learning
  - SARSAState Action Reward State Action

위의 알고리즘에 대한 심도 있는 설명은 리처드 서튼Richard Sutton과 앤드류 바토 Andrew Barto의 『강화학습 개요[5]』라는 책을 참고한다.

---

5   Richard S. Sutton and Andrew G. Barto, 'Reinforcement Learning: An Introduction', The MIT Press, 1998

강화학습의 적용 사례

지금까지 강화학습의 동작 메커니즘을 이해하기 위해 강화학습의 프레임워크인 MDP를 가지고 간략히 살펴봤다. 이러한 강화학습 기술은 그림 7.7과 같이 여러 산업에서 활용되고 있다. 그림 7.7에서 보여주는 것처럼 강화학습의 모태인 프로세스 제어 분야는 여전히 가장 많은 부분을 차지하고 있다. 프로세스 제어는 주로 생화학공정 자동제어 분야에서 이용되고 있고 특히 비행기 제어 분야에서 많이 활용되고 있다. 네트워크 관리에서는 최근 인터넷의 확산으로 라우팅 최적화에 적용되고 있고 유무선 통신에서는 통화 수신 여부 처리 등에 사용된다. 최근에는 자율주행자동차와 무인비행기인 드론, 그리고 사람처럼 두발로 걷는 휴머노이드 로보틱스 분야에서 많은 활용 사례들이 나오고 있다.

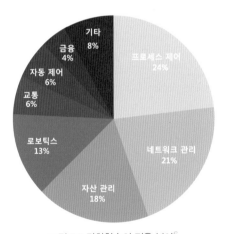

그림 7.7 강화학습의 적용 분야[6]

6　Rick Sutton, Deconstructing Reinforcement Learning, ICML 09

알파고를 개발한 구글의 딥마인드는 강화학습 방법 중에서 큐러닝$^{Q-learning}$ 이론을 딥러닝의 핵심 이론 중의 하나인 컨볼루션 신경망$^{convolution\ neural\ network}$에 접목한 딥 큐네트워크$^{DQN;\ Deep\ Q-Network}$를 최초로 개발했다. 딥마인드는 이 DQN 기술을 적용해 흔히 '전자오락'이라고 불렸던 아타리 아케이드$^{Atari\ Arcade}$ 게임들을 스스로 배우게 했는데, 몇 개의 게임에서는 DQN으로 학습된 컴퓨터가 게임 전문가인 사람보다 훨씬 좋은 점수를 냈다. 얼마전에 끝난 세기의 대결에서 인간을 물리친 알파고도 바로 강화학습 알고리즘을 사용하고 있다. 알파고는 바둑의 기본 룰과 공개된 수많은 기보를 익힌 후, 사람의 관여가 거의 배제된 상태에서 스스로 학습해서 지금은 적수가 없는 세계 최고의 프로기사가 됐다.

이처럼 시행착오를 통해 학습을 해나가는 강화학습은 사람의 지식 습득 방식과 매우 유사하다. 강화학습은 처음부터 사람의 행동 심리학을 기반으로 시작했기 때문에 당연한 얘기인지도 모른다. 이러한 이유로 강화학습이 최근 가장 활발하게 적용되는 분야가 로보틱스 분야다[7].

시장조사기관에 의하면 글로벌 로보틱스 산업은 2020년까지 약 1,500억 달러 규모로 성장할 것으로 예상하고 있다. 재미있는 것은 이미 공장 제조라인에 도입되어 그 효용성을 검증받은 공장 자동화 로봇보다 가정용, 사무용, 군사용, 무인자동차 등의 로봇이 전체 85% 이상을 차지할 것이라는 것이다. 센서기술, 컴퓨터 비전, 음성인식, 동작인식, IoT 등 다양한 분야의 기술들이 전방위적으로 융ㆍ복합되는 로보틱스 산업은 우리 생활에 커다란 지각 변동을 가져올 것임에 틀림없다.

---

7   Jen Kober, J. Andrew Bagnell, Jan Peters, Reinforcement Learning in Robotics: Survey, International Journal of Robotics Research, 2013

특히 로보틱스 분야의 핵심기술인 강화학습은 수많은 경우의 수를 경험하는 장시간의 학습기간이 필요하기 때문에 사업 경쟁력을 갖추기 위해서는 경쟁사보다 먼저 시작하는 것이 절실하다. 우리나라가 아직까지 이 부분에 취약한 상황임을 비춰보면 강인공지능이 인류를 위협하기 전에 국내 경제가 선진국에 지배를 당하는 것이 더욱 우려된다.

예를 들면, 자동차 산업의 핵심 경쟁력은 이젠 엔진이 아니라 IT 기술이 됐다. 미국 전기자동차 회사인 테슬라의 CEO 일론 머스크는 향후 자동차 운전은 불법인 시대가 올 것이라 말한다. 불법까지는 아니더라도 '사람이 운전할 수 있는 경우는 다음과 같음' 또는 '사람의 운전은 권고사항이 아님' 등과 같은 상황은 예측해 볼 수도 있겠다. 이러한 말이 나온 배경은 인공지능 기술을 포함한 다양한 분야의 IT 기술에 대한 자신감이다. IT 기술을 선도하는 기업들은 이미 인공지능 기술을 비롯한 여러 IT 기술을 자동차에 적용했고 이젠 알고리즘으로 운행되는 자동차가 사람보다 교통법규를 더 잘 준수하며 안전운행을 하는 것을 확인했다.

2009년부터 시작한 구글의 인공지능 무인 자동차는 현재 지구를 37바퀴 돈 것 만큼의 주행거리를 기록했다. 그동안 12번의 경미한 사고도 있었지만 상대 운전자의 실수로 일어난 사고였다. 알파고를 통해 이미 그 가능성을 확인한 것처럼 포뮬라 F1 드라이버 수준의 자동주행 알고리즘이 탑재된 자동차가 시장에 나왔을 때 과연 우리는 경쟁할 준비가 돼 있는지 다시 한번 생각해봐야 할 시점이다.

딥러닝

08

딥러닝
개요

딥러닝 정의

딥러닝Deep Learning은 머신러닝의 3가지 패러다임에서 신경 모형 패러다임에 속한다. 1950년대부터 계속돼온 연결주의론의 최신 버전이라고 할 수 있다. 연결주의론에서 그동안 장애물로 여겨졌던 문제들, 즉 비선형 문제, 다층 신경망에서의 효과적인 학습모델, 역전파 시 지역최솟값의 함정, 신경망의 층 수가 늘어날 때 수렴의 어려움, 문제의 규모가 커질 때 나타나는 컴퓨터 성능의 한계, 레이블된 디지털 데이터의 부족 등이 하나씩 해결되면서 최근에는 인공지능 분야에서 가장 파괴적인 기술 분야로 자리잡고 있다.

2000년대 초까지 머신러닝의 주류를 이뤘던 것은 통계학 기반의 분류, 회귀 및 군집 모델이었다. 특히 분류나 회귀와 같은 지도학습에서 기존의 머신러닝은 학습 데이터의 특성과 이러한 특성을 기반으로 새로운 데이터를 구별하는 학습 모델을 사람이 사전에 정의했다. 그러나 딥러닝은 이러한 것들을 컴퓨터가 스스로 할 수 있게 한다. 예를 들면, 앞서 설명한 붓꽃의 종을 구별하는 태스크가 있다고 했을 때 머신러닝은 사람이 붓꽃의 특성들을 정의하고 데이터세트를 만들고 나서 컴퓨터가 데이터세트를 기반으로 붓꽃을 구별하는 판별식을 결정하는 방법이라고 한다면 딥러닝은 알고리즘에 의해 컴퓨터가 붓꽃의 사진을 보고 스스로 특성을 찾아내고 판별해 내는 방법이라 할 수 있다.

딥Deep이라는 말은 신경망의 층layer이 많고 각 층마다 고려되는 변수가 많다는 뜻이다. 굳이 구별하자면 2~3개의 층으로 돼 있는 신경망을 쉘로우 러닝Shallow Learning이라 하고 그 이상인 것을 딥러닝이라고 한다. 신경망의 층 수가 10개 이상이면 아주 깊은 학습Very Deep Learning이라고 한다. 딥러닝에서 깊이, 즉 층의 개수는 은닉층

hidden layer[1] 개수에 하나를 더하면 된다. 은닉층은 입력층과 출력층 사이에 있는 층을 말한다. 이러한 이유로 딥러닝을 심층신경망DNN: Deep Neural Network이라고도 한다.

뉴런에 해당하는 신경망 계층의 각 노드들은 매우 단순한 기능을 한다. 따라서 몇 개의 신경망으로 이뤄진 쉘로우 러닝은 적용범위가 매우 제한적이다. 결국 더 복잡한 문제를 풀기 위해서는 신경망의 계층 수를 늘리고 뉴런과 연결되는 가지branch의 수도 많아야 한다. 고등동물의 뉴런이 하등동물의 그것보다 많은 것과 같은 논리다.

그러나 딥러닝의 신경망 계층 수를 늘리면 연산에 필요한 복잡도가 제곱 크기로 늘어난다. 당연히 컴퓨터의 계산량도 이에 비례해서 많아진다. 문제의 크기에 따라 현재 사용하고 있는 컴퓨터로 아예 계산을 하지 못할 수도 있다. 그럼에도 신경망의 깊이를 늘릴 수밖에 없는 이유는 무엇일까? 그 이유를 다음 3가지로 요약할 수 있다.

첫째, 머신러닝이나 쉘로우 러닝으로는 풀지 못했던 어려운 문제를 딥러닝은 풀 수 있다. 기하학에서 직선으로 표현하지 못하는 것을 곡선의 조합으로 표현할 수 있는 것과 유사하다. 간단한 예가 바로 1969년 마빈 민스키 박사가 제시한 'XOR' 문제다.

둘째, 딥러닝이 모방하고 있는 뇌의 구조 자체가 딥 아키텍처다. 뇌신경 분야 중 비교적 잘 정리된 시각 피질visual cortex 관련 연구를 보면 처음 입력된 빛의 신호가 무수히 많은 뉴런을 거쳐 형상화된다고 한다.

---

1   입력층과 출력층 사이에 있는 층. 블랙박스(black box)라고도 함

셋째, 동물이나 사람이 인지하는 처리 절차가 여러 계층으로 체계화돼 있다. 예를 들면, 먼저 학습한 간단한 개념을 가지고 다양하게 조합하면서 더 복잡한 개념을 추상화한다.

그럼 딥러닝에서는 몇 개 정도의 신경망 층 수가 적당할까? 뇌의 신경세포인 뉴런은 약 1억 개 정도가 있는데 1초에 약 100번 정도 전기 신호를 보낸다고 한다. 사람이 간단한 상황을 인지하는 데 걸리는 시간은 약 0.1초라고 하니까 이러한 경우를 딥러닝에 적용하게 되면 '대충 10단계 정도의 신경망 깊이가 필요하지 않을까'라고 가정해 볼 수도 있겠다. 딥러닝 아키텍처에서 최적의 층 수를 결정하는 것은 그 자체로도 하나의 연구과제다.

딥러닝의 역사: 2000년대 이전

맥컬록과 피츠의 신경망 이론과 헵^{Hebb}의 학습이론을 바탕으로 1958년 프랭크 로센블래트가 퍼셉트론 이론을 발표한 이후 신경망 이론은 구체적인 학습 모델을 찾지 못해 큰 진전을 보지 못했다.

1965년 이박녠코^{Ivakhnenko}와 라파^{Lapa}는 『Cybernetic Predicting Devices』라는 논문에서 'Group Method of Data Handling^{GMDH}'이라는 네트워크 훈련 방법을 제시한다. 아마도 GMDH는 최초의 다층 피드 포워드 퍼셉트론의 딥러닝 시스템일 것이다. GMDH에서는 기존에 사용하던 활성화 함수$^{activation\ function}$ 대신 'Kolmogorov-Gabor' 다항식을 이용한 활성화 함수를 사용한다. 학습 데이터세트를 가지고 회귀 분석을 통해 은닉층을 계속 확대해 나가면서 학습시키고 난 후, 검증 데이터세트를 가지고 불필요한 신경망들을 제거하는 개념이다. 신경망을 제거할 때는 소위 결정 규제화decision regularization 기준에 따른다. 이러한 딥러닝 학습 방식으로 인해 신경망 층과 각 층에서의 뉴런의 개수는 문제마다 다르게 결정된다.

1979년 쿠니히코 후쿠시마Kunihiko Fukushima가 발표한[2] 네오코그니트론Neocognitron 모델은 최초로 신경생리학Neurophysiology의 전문지식이 융합된 인공신경망이다. 그의 네오코그니트론 모델은 신경생리학분야에서 노벨상을 수상한 데이비드 허블David H. Hubel과 토르스텐 위젤Torsten Wiesel의 연구를 기반으로 한다. 허블과 위젤의 연구는 고양이의 시각 과정에서 뇌의 시각 피질의 동작 구조를 밝힌 것이다. 후쿠시마의 연구에서는 최초로 컨볼루션 신경망을 소개하면서 구체적인 구현 방법을 제시한다. 그가 제시한 방법은 오늘날 딥러닝에서 사용하고 있는 경사감소법, 지도학습 기반의 피드포워드 신경망, 그리고 컨볼루션 신경망 등의 개념과 거의 유사하다. 그러나 후쿠시마는 역전파 기법과 지도학습 모델에서 필요한 가중치를 고려하지 않았다. 그는 역전파 기법 대신에 "자율 형성self-organization" 방법을 사용한다. 또한 그의 신경망은 깊은 구조deep architecture를 갖고 있음에도 범용적인 딥러닝 문제를 심각하게 고려하지 않았다. 대신 그의 딥러닝 모델은 역전파가 없는 국부적인 비지도학습 방법을 채택했다. 후쿠시마의 연구는 나중에 이미지 인식 분야에 많은 영향을 준다.

2 Fukushima, K. (1979). Neural network model for a mechanism of pattern recognition unaffected by shift in position – Neocognitron. Trans. IECE. J62–A(10):658–665.

역전파 기법에서 경사감소법은 학습모델의 가중치를 결정하는 방법이다. 즉, 경사감소법은 가중치를 포함한 피드포워드 함수값이 예상하는 값과 레이블된 실제값과의 차이를 최소화하는 가중치를 찾는 것이다. 이때 실제값과 예상값의 차이인 에러를 제곱한 것, 즉 목적함수의 형태가 포물선 모양의 2차평면으로 표현되는데 최저점을 찾은 것이 목표다. 최저점을 찾는 과정이 마치 경사진 언덕을 내려가는 것과 같은 모양이어서 경사감소법이라고 한다. 또는 최급경사법Steepest Descent이라고 하기도 한다.

경사감소법은 1908년 프랑스의 수학자 쟈크 하다마드Jacques Hadamard에 의해 소개됐다. 그는 미분 방정식의 해를 구하는 방법으로 하강법method of descent이라고 명명했다. 가중치가 고려된 최적화 문제에서 경사감소법을 적용한 것은 아서 브라이슨Arthur E. Bryson과 유치 호Yu-Chi Ho의 최적제어 분야의 저서다. 그들은 이 책에서 체인 룰chain rule에 의해 정보가 상위층에서 하위층으로 전달되는, 즉 역전파되는 메커니즘을 보였다.

이후 경사감소법 기반의 역전파 이론을 신경망에 적용한 경우는 폴 워보스가 처음이다. 1974년 워보스는 자신의 박사논문에서 처음으로 경사감소법 기반의 역전파 알고리즘을 신경망에 적용했다. 그러나 그가 졸업할 당시가 바로 첫 번째 인공지능의 겨울 시기여서 그는 자신의 박사논문을 대중에 공개하지 않고 있다가, 1981년에서야 비로소 컨퍼런스에서 발표하게 된다.

---

3   Hadamard, J., Memoires presentes par divers savants a l'Academie des sciences de l'Institut national de France, 1908
4   Bryson, A. and Ho, Y. (1969). Applied optimal control: optimization, estimation, and control. Blaisdell Pub. Co.
5   Werbos, P. J. (1974). Beyond Regression: New Tools for Prediction and Analysis in the Behavioral Sciences. PhD thesis, Harvard University
6   Werbos, P.J. (1981). Applications of advances in nonlinear sensitivity analysis. In Proceedings of the 10th IFIP Conference, 31.8 – 4.9, NYC, pages 762–770.

워보스의 논문은 데이비드 파커David Parker[7]와 얀 르쿤Yann LeCun[8]에 의해 재발견된다. 파커와 르쿤의 연구는 거의 같은 시기에 독립적으로 이뤄졌으며 르쿤은 1985년에 완성한 역전파에 관련된 자신의 박사논문을 1986년에 저널을 통해 공개한다[9]. 그러나 파커와 르쿤의 연구는 당시 인공신경망 분야에서 크게 주목받지 못했다. 역전파 학습모델이 인공신경망 학계에 본격적으로 알려진 것은 1986년 데이비드 러멜하트David Rumelhart, 제프리 힌튼Geoffrey Hinton, 로날드 윌리엄스 Ronald Williams가 『Learning representations by back-propagating errors』라는 논문을 네이처Nature에 발표하면서부터다. 깊은 구조를 가진 다층 신경망에서 효과적인 학습모델을 찾지 못하고 정체 상태에 있던 인공신경망 연구는 그들의 논문을 기점으로 다시 활기를 띠기 시작한다.

그러나 아이러니하게도 딥러닝 문제를 해결하기 위해 만들어졌던 역전파 모델은 실제로 적용된 분야는 쉘로우 러닝 문제였다. 즉, 그때까지도 깊은 구조를 가진 신경망에서 최적해에 수렴하지 못하고 실패하는 문제를 확실하게 해결한 것은 아니었다. 1990년대에 들어서면서 비로소 역전파에서 사용되는 경사감소법의 기본적 문제점들을 충분히 이해하기 시작했다.

경사감소법을 이용해 에러를 역전파하는 과정에서 경사도가 급격히 감소하는vanishing 문제 또는 계산 영역을 벗어나는exploding 현상이 발생한다. 이를 장기간 지연 문제long time lag problem라고 하는데, 이러한 문제를 이해하고 해결하기 위해 1990년대에 많은 연구들이 발표됐다.

---

7   Parker, D. B. (1985). Learning-logic. Technical Report TR-47, Center for Comp. Research in Economics and Management Sci., MIT.

8   LeCun, Y. (1985). Une proc ′ edure d'apprentissage pour r ′ eseau ′a seuil asym ′ etrique. Proceedings of Cognitiva 85, Paris, pages 599-604.

9   Yann Le Cun, Learning Processes in a Asymetric Threshold Network, Disordered Systems and Biological Organization, 1986

1991년 독일의 컴퓨터공학자인 셉 호크라이터Sepp Hochreiter는 자신의 박사논문[10]에 서 그동안 딥러닝이 가지고 있는 근본적인 문제점을 분석하며 그 해결책을 제시한 다. 그는 출력층의 정보를 계속 메모리에 저장해서 역전파에 이용하는 장단기 기 억법LSTM; Long Short-Term Memory을 개발해서 경사감소소멸vanishing gradient descent문제를 해결했다. 장단기 기억법은 나중에 순환신경망Recurrent Neural Network의 핵심이론으로 사용된다. 그 밖에도 에러 함수의 2차 미분인 헤시안Hessian 방법을 이용해 경사감 소소멸 현상을 없애려는 연구가 시도되었다. Moller, 1993[11] : Pearlmutter, 1994[12].

경사감소소멸을 해결하기 위한 또 다른 접근법은 순환신경망RNN; Recurrent Neural Network을 비지도학습 방법으로 쌓아가는 방법이다. 순환신경망은 1992년 유어겐 슈미츠후버Jürgen Schmidhuber가 그의 지도학생인 셉 호크라이터의 장단기 기억법을 개선하여 만든 방법이다[13]. 그는 이 연구에서 과정 응축history compression이라는 방법 으로 에러의 정보 손실을 최소화했다. 즉, 결괏값을 지도학습으로 역전파하기 전 에 가능하면 초기 층에서 어느 중간 단계까지는 어떤 합리적인 비지도학습 방법으 로 예측해서 불확실한 중간 단계 층의 개수를 최소화하는 방법이다. 이 방법은 나 중에 토론토 대학의 제프리 힌튼 교수의 심층신뢰망DBN; Deep Belief Network에 영향을 준다.

---

10 Sepp Hochreiter, Untersuchungen zu dynamischen neuronalen Netzen (diploma thesis), Technical University Munich, Institute of Computer Science, 1991

11 Moller, M. F. (1993). Exact calculation of the product of the Hessian matrix of feed-forward network error functions and a vector in O(N) time. Technical Report PB-432, Computer Science Department, Aarhus University, Denmark

12 Pearlmutter, B. A. (1994). Fast exact multiplication by the Hessian. Neural Computation, 6(1):147-160

13 Schmidhuber, J. (1992). Learning complex, extended sequences using the principle of history compression. Neural Computation

딥러닝이라는 말이 몇십 년 동안 인공지능 분야에서 언급되긴 했지만 공식적으로 처음 사용된 것은 리나 데히터Rina Dechter가 1986년에 AAAIAssociation for the Advancement of Artificial Intelligence에 발표한 『Learning While Searching in Constraint-Satisfaction-Problems』이라는 논문에서였다. 그러나 그녀가 사용한 딥러닝은 지금의 신경망 분야는 아니었다. 딥러닝이라는 용어가 신경망 분야에서 처음으로 사용된 것은 2000년에 이고르 아이젠버그Igor Aizenberg, 나움 아이젠버그Naum Aizenberg, 주스 반더발Joos Vandewalle이 출간한 『Multi-Valued and Universal Binary Neurons: Theory, Learning and Applications』에서였다. 그들은 이 책에서 "많은 연구들이 '딥러닝'을 통해 민스키와 페퍼트가 지적한 퍼셉트론의 'XOR'을 극복하려고 했다"라고 표현했다. 그들은 이 책에서 'XOR'의 해결 방안으로 복소수를 가진 가중치를 이용하는 방법을 제안하기도 했다.

딥러닝의 역사: 2000년대 이후

2006년 제프리 힌튼, 사이먼 오신데로Simon Osindero, 이-화이 테Yee-Whye Teh는 심층신뢰망이라고 하는 딥러닝에 매우 효과적인 알고리즘을 발표한다[14]. 이 알고리즘은 1992년에 슈미츠후버가 발표한 RNN 기반의 학습모델과 유사하다. 인공지능 분야의 많은 전문가들은 힌튼 교수가 발표한 이 논문이 2000년대 딥러닝의 부활을 가져온 계기가 됐다는 점에 동감한다.

그들은 그림 8.1과 같이 MNISTMixed National Institute of Standards and Technology database의 필기체 디지털 이미지를 분류하는 태스크에 심층신뢰망 알고리즘을 적용해 1.25%

---

14 Geoffrey E. Hinton, Simon Osindero, Yee-Whye Teh, A fast learning algorithm for deep belief nets, Neural Computation, 2006

라는 에러율을 보여줬다. MNIST 데이터베이스에는 60,000개의 디지털 필기체 학습 데이터와 10,000개의 테스트용 데이터가 있는데, 매년 이 데이터베이스를 가지고 필기체 인식률을 높이는 다양한 연구들이 기존의 단점들을 해결하는 새로운 기법들을 선보이며 보고되고 있다. 예를 들면, 머신러닝 알고리즘 중 하나인 서포트 벡터 머신은 1.4%의 에러율을 보였고, kNN은 2.8% ~ 4.4%의 에러율을 보였다. 피드포워드 기반의 역전파를 이용한 다른 신경망 알고리즘은 1.51% ~ 2.95%의 에러율을 보였다.

그림 8.1 DBN에 적용된 필기체 숫자(출처: MNIST)

심층신뢰망은 제한된 볼츠만 머신RBM: Restricted Boltzmann Machine이라고 하는 사전 학습 방법pre-training을 이용해 깊은 신경망 구조에서 나타나는 경사감소소멸 현상을 해결했다. RBM은 볼츠만 머신에서 파생된 것인데, 두 모델의 공통점은 대칭적으로 연결된 입력노드와 은닉노드 중에서 어떤 연결이 의미 있는지를 확률적으로 판단하는 것이다. 한편 두 모델의 차이점은 RBM은 같은 층에서는 노드간 연결이 제한돼 있고 오로지 입력층에서 은닉층으로의 연결만 허용되는 반면, 볼츠만 머신은 입력층과 은닉층 간의 연결, 그리고 입력층 및 은닉층의 각각 내부 노드간 연결이 모두 가능하다. RBM은 입력층과 은닉층이라는 두 개의 층으로 이뤄져 있다.

RBM의 목적은 깊은 신경망 학습모델에서 일반적으로 나타나는 에러의 정보 손실을 최소화하는 것이다. 즉, 입력층에서 관찰된 데이터의 특성이 다음 단계인 은닉층으로 에러율을 최소화하면서 전달되는 것인데, 일종의 비지도학습 형태로 반복해서 이뤄진다. 물리학에서 나오는 에너지라는 개념을 도입해 입력층과 은닉층이 평형을 이룰 때 두 층이 이루는 에너지가 최소가 된다는 원리를 이용했다. 처음 단계에서 입력층과 은닉층의 에너지가 최소가 되면 이때 사용된 은닉층은 입력층의 역할을 하고 다음 은닉층과 다시 RBM 계산을 반복한다. 이렇게 반복적인 RBM은 출력층에 도달할 때까지 반복적으로 진행된다.

2010년대에 들어서면서 딥러닝의 발전을 가속화한 것은 ReLU^Rectified Linear Unit라는 활성화 함수와 드롭아웃^Dropout 알고리즘의 발견이다.

신경과학자들은 뉴런이 신호를 보낼 때 그림 8.2와 같이 시그모이드^Sigmoid 형보다는 ReLU 형태로 신호를 활성화한다는 연구를 발표했다. 인공신경망 학자들은 이러한 신경과학 연구 결과에 영감을 얻어 딥러닝에서 전통적으로 사용돼 왔던 시그모이드 활성화 함수 대신 ReLU 함수를 사용하기 시작한다.

ReLU는 입력값이 0보다 작으면 함수값이 0을 나타내고, 0보다 크면 $ax+b$와 같은 1차함수를 갖는 활성화 함수를 말한다. 0에서 함수값이 꺾이기 때문에 힌지^hinge 함수라고 하기도 하고, 경사를 갖는 모양이어서 램프^ramp 함수라고도 한다.

ReLU 활성화 함수를 사용했을 때 얻는 장점은 먼저 경사감소소멸을 줄일 수 있다는 것이다. 그 이유는 첫 번째 역전파에서 경사감소법을 사용할 때 고깔 모양을 하고 있는 시그모이드의 1차 미분값은 입력값이 커지면 급격히 줄어 들지만 ReLU의 1차 미분값은 일정한 상수값을 유지하면서 경사감소소멸을 최소화하기 때문이다. 두 번째는 임계치인 0보다 작은 모든 입력값에 대해 0으로 활성화하는 ReLU 성질 때문에 데이터 표현을 좀 더 희소하게sparse 만들어 데이터의 특성을 찾는 데 도움을 준다. 희소하다는 말은 구성요소 가운데 0값을 갖는 요소가 많다는 뜻이다. 즉, 0값을 갖는 요소를 특성에서 제외하게 되므로 좀 더 고유성을 띤 특성 벡터를 얻을 수 있다.

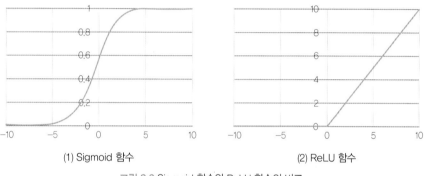

(1) Sigmoid 함수   (2) ReLU 함수

그림 8.2 Sigmoid 함수와 ReLU 함수의 비교

경사감소소멸 문제와 함께 딥러닝에서 가장 성능에 영향을 주는 것이 오버피팅이다. 오버피팅은 딥러닝을 포함한 머신러닝에서 노이즈까지 포함된 학습 데이터에 과도하게 학습된 모델이 테스트나 검증에서는 정확성이 오히려 떨어지는 것을 말한다. 2012년 힌튼과 그의 동료들은 이러한 오버피팅을 줄이는 규제화 알고리즘으로 드롭아웃 알고리즘을 발표한다[15].

---

15 G. Hinton, N. Srivastava, A. Krizhevsky, I. Sutskever, and R. R. Salakhutdinov. Improving neural networks by preventing co-adaptation of feature detectors. http://arxiv.org/abs/1207.0580, 2012

딥러닝의 학습 과정에서 어떤 뉴런은 이전 층에 있는 특정한 뉴런에서 출력된 값에 민감하게 반응하는 경우가 있는데, 만약 이 두 뉴런이 연결되면 나중에 오버피팅을 유발할 가능성이 있다. 특히 학습 데이터의 규모가 크지 않은 경우에는 더욱 가능성이 높다. 드롭아웃 알고리즘은 이러한 연결을 효과적으로 배제함으로써 오버피팅을 줄이는 규제화를 구현하였다.

드롭아웃의 개념은 다음과 같다. 먼저 각 층에 있는 노드를 어느 정도의 확률로 제거할 것인지를 정한다. 이때 확률을 p라고 하며 보통 0.5를 사용한다. 각 층에 있는 노드를 확률 p 기준으로 임의로 제거하고 축소된 규모thinner의 신경망으로 학습한다. 이때 일반적인 피드포워드 기반의 역전파 방식을 사용한다. 학습이 완료되고 테스트를 할 때에는 원래대로 모든 노드를 고려하고 노드마다 가지고 있는 가중치에 확률 p를 곱한다. 앞 단계에서 확률 p로 드롭아웃된 노드로 학습한 결과를 보상하는 의미다.

드롭아웃 알고리즘을 이용해 앞에서 설명한 MNIST 필기체 인식 태스크를 수행한 결과 0.95%의 에러율을 보였다. RBM 기반의 심층신뢰망 알고리즘보다 0.3% 포인트 개선된 결과다. 특히 심층신뢰망에 드롭아웃 알고리즘을 결합했더니 에러율이 0.79%까지 개선됐다. 오늘날 드롭아웃 알고리즘은 컴퓨터 비전이나 음성인식, 컴퓨터 신경과학 등 다양한 분야에 핵심적으로 사용되고 있다.

인공지능의 핵심기술: 딥러닝의 미래

2000년대에 들어서면서 딥러닝이 급속도로 발전한 배경에는 혁신적인 알고리즘의 개발과 더불어 컴퓨터 하드웨어의 발전도 큰 몫을 차지한다. 컴퓨터의 중앙처리장치인 CPU는 2년에 두 배씩 빨라지고 있으며 메모리 용량은 매년 두 배로 커지고 있다. 더욱 저렴한 가격으로 보급되는 컴퓨터를 네트워크로 연결해 누구나 고성능의 슈퍼컴퓨터를 만들어 사용할 수가 있게 됐다.

최근에는 딥러닝 알고리즘에 GPU[16] 기반의 프로그래밍 기법이 등장하면서 획기적인 성능 향상을 가져왔다. 2000년대 초반에 컨볼루션 신경망의 선구자인 얀 르쿤은 인공신경망에 적용된 GPU의 성능이 CPU보다 약 100배 이상 빠른 연구 결과를 확인하면서 딥러닝에서 GPU의 역할을 주목하기 시작했다.

컴퓨터 그래픽 분야에서 단순한 이미지 처리용으로 사용됐던 GPU가 숫자 연산 집약적인 범용 프로세서로 재탄생하면서 딥러닝을 가속화하는 핵심적인 역할을 하기 시작한다. 예를 들면, 2006년에 첼라필라Chellapilla와 그의 동료들은 GPU를 이용해 필기체를 분석하는 연구를 통해 CPU만을 사용했을 때보다 4배 이상의 성능 향상을 보였다[17]. 2007년에 얀 르쿤은 그의 동료들과 함께 최초로 GPU를 역전파 알고리즘을 적용하는 데 사용했다[18].

2012년 구글은 구글 브레인이라는 프로젝트에서 16,000개의 서버로 구성된 디지털 브레인을 3일 동안 1,000만 개의 이미지를 교육시킨 후 임의의 사진 속에서 고양이를 찾아내는 데 성공했다. 구글의 디지털 브레인을 만들기 위해 구글이 사용한 컴퓨터에는 일반 CPU만 장착된 것으로 17억 개의 신경망과 같은 기능을 할 수 있는 시스템이었다.

---

16 Graphic Processing Unit. 실리콘칩 안에 몇천 개의 작은 연산장치가 이미지 처리를 병렬로 수행한다. 최근에는 범용 GPU가 나오면서 일반적인 병렬 계산에도 사용되고 있다.

17 Chellapilla, K., Puri, S., and Simard, P. 2006. High performance convolutional neural networks for document processing. In International Workshop on Frontiers in Handwriting Recognition.

18 Ranzato, M. A., Huang, F., Boureau, Y., and LeCun, Y. 2007. Unsupervised learning of invariant feature hierarchies with applications to object recognition. In Proc. Computer Vision and Pattern Recognition Conference

구글 브레인 프로젝트가 성공적으로 끝나고 1년 뒤에 바이두의 인공지능 연구소 수석과학자인 앤드류 응^前 스탠포드 대학 컴퓨터과학과 교수은 구글 브레인과 동일한 성능을 단 3대의 컴퓨터로 해결했다. 바이두 시스템과 구글 브레인의 유일한 차이점은 GPU의 사용 여부였다. 바이두는 여기서 더 나아가 서버를 16대로 확장하고 112억 개의 신경망을 가진 디지털 브레인을 구축했다. 바이두는 이 디지털 브레인을 컴퓨터 비전, 음성인식, 자연어 처리 등의 분야에 사용하고 있다.

최근 우리나라에 인공지능 쓰나미를 몰고 온 세기의 대결의 승자 알파고도 GPU를 사용한다. 이 세기의 대결에서 사용된 알파고의 두뇌는 176개의 GPU와 1,202개의 일반 CPU로 구성돼 있다. 알파고의 두뇌는 물리적으로 미국 실리콘밸리에 있는 구글 데이터센터에 위치해 있다. 알파고를 설계한 팀은 영국에 있는 구글 딥마인드이지만 GPU를 이용해 대규모 연산을 지원하는 시스템을 구축하는 데는 실리콘밸리에 있는 구글 본사의 엔지니어가 협업했을 가능성이 높다. 최근 구글 본사의 인공지능 연구팀도 GPU를 적극 활용하는 쪽으로 방향 전환을 하고 있다.

GPU가 인공지능, 특히 딥러닝에서 각광받는 이유는 무엇일까? 어떤 관점에서는 GPU가 CPU보다 우리의 두뇌를 더 닮았다고 볼 수 있다. 인간의 대뇌 피질에 있는 약 100억 개의 뉴런은 매우 간단한 기능을 수행한다. 단순한 기능을 하는 무수히 많은 뉴런들이 시냅스로 연결되어 감각세포가 감지한 외부 자극을 여러 단계의 처리 과정을 거쳐 정보화하는 것이다.

최근에 사용되고 있는 GPU는 4,000개 이상의 코어로 구성돼 있다. 각 코어의 성능은 일반 CPU의 그것보다 20%~30% 정도지만 4,000개가 합쳐지면 800~1,200배의 성능 향상을 보일 수 있다. 특히 GPU는 메모리에서 데이터를 읽고 쓰는 속도가 일반 CPU보다 몇십 배 빠르다. 이러한 산술적인 성능 향상이 실제로 가능한 이유는 딥러닝에서 차지하는 대부분의 컴퓨팅 과정은 행렬과 행렬, 행렬과 벡터의 단순 반복 계산으로 이뤄져 있기 때문이다. 즉, 행렬과 벡터에 저장돼 있는 여러 데이터들이 같은 연산 명령instruction으로 동시에 계산되는 것이다. 이러한 계산을 효율적으로 하는 것이 바로 GPU다. 오늘날 GPU는 딥러닝 분야에서 하드웨어 플랫폼의 사실상 표준de facto으로 자리잡고 있다.

최근 딥러닝이 급격히 발전하게 된 배경 중 하나는 인공지능이 배울 교재가 풍부해졌다는 것이다. 즉, 인공지능인 딥러닝의 학습교재는 디지털 데이터인데, 이 디지털 데이터가 디지털 카메라로 시작된 디지털 기기의 대중화로 폭발적으로 증가하고 있다. 2015년에 조사기관에서 발표한 자료에 의하면 디지털 사진으로 대화를 주고받는 인터넷 서비스인 스냅챗Snapchat으로 매 60초마다 284,722개의 사진이 공유되고 있으며, 유튜브에서는 300시간 분량의 새로운 동영상이 매 60초마다 업로드된다고 한다. 2015년 기준으로 사진 공유 사이트인 플리커Flickr에는 약 7억 3천만 개의 사진이 저장돼 있으며 매일 200만 개의 새로운 사진이 업로드된다. 오늘날 매일 생산되는 디지털 데이터의 규모는 8ZB[19]에 달한다. 요즘 출시되는 노트북 PC의 저장 용량이 1TB 정도이니, 8ZB의 디지털 데이터를 저장하려면 이런 노트북 PC가 80억 대가 필요하다.

2012년 미국 프린스턴 대학의 컴퓨터과학과를 중심으로 시작된 이미지넷ImageNet도 딥러닝의 학습교재를 만드는 데 매우 중요한 역할을 수행하고 있다. 이미지넷은 영어에 나오는 단어를 사전식으로 분류한 워드넷WordNet 서비스 구조를 이용해 전 세계에서 업로드된 디지털 이미지를 계층적인 데이터베이스 형태로 제공한

---

19 1제타바이트=10^{21}바이트

다. synonym set 또는 synset이라고 해서 의미가 같은 것들을 묶어 계층적으로 카테고리화한다. 예를 들면, 악기라는 주제에는 두 가지 synset이 있는데 하나는 일반악기이고 다른 하나는 전자악기다. 일반악기 아래에는 현악기, 건반악기, 관악기, 타악기 등으로 구별되는 식이다. 현재 이미지넷에는 약 1,400만 개의 이미지와 21,841개의 synset을 확보하고 있다. 각 이미지는 아마존의 메커니컬 터크 Mechanical Turk[20]라는 서비스를 이용해 정확한 레이블과 주석이 붙여져 있다. 스탠포드, 프린스턴, 구글의 후원을 받는 이미지넷 프로젝트는 매년 ILSVRC ImageNet Large Scale Visual Recognition Challenge라고 하는 이미지 분석 대회를 개최해서 이미지 분석 분야에서 딥러닝의 기술 발전에 공헌하고 있다.

캐나다고등연구원 CIFAR: Canadian Institute for Advanced Research에서 운영 중인 프로그램 중에서 기계 및 두뇌 학습 Learning in Machine & Brain 분과가 있는데, 이를 현재 토론토 대학의 교수와 구글의 연구원을 겸임하고 있는 제프리 힌튼이 2004년부터 이끌고 있다. 힌튼과 그의 동료들은 이 프로그램을 통해 딥러닝에 필요한 레이블된 디지털 이미지를 계속 수집하고 있으며, 지금은 약 8,000만 개의 이미지가 저장된 데이터베이스를 확보 중이다. 여기에는 CIFAR-10, CIFAR-100이라는 두 종류의 데이터베이스가 있는데, 각각 10개, 100개의 카테고리로 이미지를 구별해 놓고 누구든지 자유롭게 내려받아 사용할 수 있게 했다.

이 밖에도 컴퓨터비전 연구를 위해 앞서 설명한 MNIST의 필기체 이미지 데이터베이스나 칼텍 Caltech의 컴퓨터 비전 그룹에서 제공하는 데이터베이스가 있다.

딥러닝의 발전을 가속화한 요인 중 하나로 오픈소스로 제공되는 개발 프레임워크를 들 수 있다. 여기서 프레임워크라고 하는 것은 딥러닝을 개발할 때 공통적으로

---

20 사람의 도움이 필요한 간단한 작업을 인터넷을 통해 크라우드 소싱 (crowd sourcing)하는 아마존의 클라우드 서비스.

사용되는 기능들을 미리 만들어 라이브러리 형태로 제공하고, 운영체제 수준 아래의 시스템 소프트웨어나 하드웨어 플랫폼을 잘 사용할 수 있게 해주는 역할을 한다. 마치 자동차 생산 공정에서 자동차에 공통으로 적용되는 각종 뼈대와 모듈의 역할과 유사하다. 다른 관점에서 예를 들면, 히말라야를 등정할 때 베이스캠프의 역할이 바로 프레임워크다. 등반대가 최종 등정 과정에만 집중하게 해주는 베이스캠프가 도입되면서 히말라야 등정이 보편화되고 완등에 성공할 확률이 급속도로 증가했다.

딥러닝 프레임워크는 주로 대학교를 중심으로 개발되고 있다. 예를 들면, 캐나다 몬트리올 대학의 테아노^{Theano}, 미국 뉴욕 대학의 토치^{Torch}, 캘리포니아 버클리 대학의 카페^{Caffe}가 대표적이다. 구글은 최근 구글 브레인에서 사용한 디스트빌리프^{DistBelief}를 보강해 텐서플로우^{TensorFlow}라는 딥러닝 프레임워크를 공개했다. 스타트업으로는 최초로 스카이마인드^{Skymind}라는 회사가 딥러닝포제이^{DeepLearning4J}라는 프레임워크를 오픈소스로 제공하고 있다. 딥러닝포제이는 유일하게 자바^{Java}에 특화된 프레임워크이며, 이미 대중화된 분산컴퓨팅 오픈소스인 하둡^{Hadoop}과 스파크^{Spark}와 함께 사용할 수 있게 최적화돼 있다. 오픈소스로 공개된 딥러닝 프레임워크 덕분에 많은 딥러닝 개발자들은 공통적으로 자주 사용되는 기능에 시간을 소비할 필요가 없이 자신의 딥러닝 아이디어를 쉽고 빠르게 구현할 수 있게 됐다.

인공지능이 이미 사람의 능력을 앞지르는 경우가 점점 늘어나고 있다. 50여 년 전 처음으로 시도됐던 퍼셉트론 수준과 비교해 보면 경이롭기까지 하다. 숫자를 빠르게 계산하는 것은 일찌감치 기계가 사람을 앞질렀고 이제 보드게임과 일반상식을 겨루는 퀴즈 대회에서도 사람을 능가한다. 인류의 마지막 보루로 여겨졌던 바둑에서도 결국 기계가 승리했다.

그러나 지금까지 보여준 인공지능은 어느 한 특정한 기능을 잘 수행하는 정도다. 예를 들면, 계산을 잘 하고, 체스와 바둑을 잘 두고, 일반상식을 척척 알아맞힌다. 어떤 경우에는 의사보다 정확히 환자의 병명을 가려낸다. 그런데 만약 세계 바둑 챔피언을 이긴 알파고에게 강아지가 있는 사진을 고르라고 하면 아마 무한 루프를 돌지도 모른다. 구글의 연구원들이 16,000대의 서버를 가지고 3일 동안 학습시킨 구글 브레인은 이제 겨우 고양이 사진을 골라낼 수 있는 수준에 도달했다. 아직까진 유치원생 수준인 것이다. 오늘날 최첨단 로봇은 계단을 오르내리는 데 매우 불안정한 모습을 보이고 자갈길을 걸으면서 중심을 잡는 데 상당히 어려워한다. 심지어 고꾸라지기도 한다.

하지만 분명한 것은 지금 인공지능의 기술 수준은 매우 중요한 변곡점에 와있다는 사실이다. 최근 우리는 알파고를 통해서 컴퓨터가 스스로 진화하는 것을 확인했다. 강화학습이라는 시행착오 학습법으로 알파고는 사람이 몇십 년이 걸려 쌓아온 바둑 기술을 1년만에 스스로 터득했다. 다음 단계로 인공지능 과학자들이 주목하고 있는 것은 알파고가 바둑에서 터득한 지식을 다른 분야에 적용할 수 있는 추론 능력 여부다. 바둑에서 나오는 포석과 패의 원리를 다른 상황에 응용할 수 있다면 강인공지능Strong Artificial Intelligence 또는 일반 인공지능AGI; Artificial General Intelligence이 완성되는 것이다.

딥러닝 전쟁의 시작

세계는 지금 소리 없는 딥러닝 전쟁이 시작됐다. 이 전쟁에서의 핵심 무기는 바로 알고리즘이다. 알고리즘이란 어떤 문제를 해결하기 위해 수학적으로 검증된 처리 절차를 말한다. 알고리즘은 여러 종류의 플랫폼에 프로그램으로 구현되어 목적한 기능을 수행한다. 이러한 알고리즘은 다양한 분야에서 숙련된 전문가의 머리에서 나온다. 결국 딥러닝 전쟁은 사람 전쟁이라 할 수 있다.

구글과 페이스북, 아마존 등과 같은 인터넷 서비스 기업들은 일찌감치 딥러닝 전쟁에 뛰어들었고, 기업향 IT 서비스 업체의 리더인 마이크로소프트와 IBM도 뒤늦게 합류했다. 혁신적인 기업으로 알려진 애플은 아직까지 딥러닝 분야에 특별한 움직임을 보이지 않다가 최근 딥러닝 기술업체 인수 및 핵심인력 채용 공고 등을 통해 본격적인 참여를 선언했다.

미국 실리콘밸리를 중심으로 풍부한 자본을 공급받은 수많은 스타트업들은 딥러닝에 필요한 혁신적인 기술을 개발하면서 딥러닝 생태계에서 대기업과 중견기업의 공백을 메워주고 있다. 선진 IT 업체들은 이러한 비옥한 딥러닝 생태계에서 필요한 영양분을 섭취하며 빠르게 성장해 가고 있다.

딥러닝 분야에서 우리에게는 좋은 소식과 나쁜 소식이 있다. 좋은 소식은 딥러닝이 이제 막 시작했다는 것이고, 나쁜 소식은 우리의 딥러닝 생태계가 너무 취약하다는 것이다. 우리도 하루속히 건강한 생태계를 만들어야 한다. 대학교와 연구소에서 연구한 딥러닝 기반 기술을 스타트업이 흡수하여 혁신적인 사업 모델과 결합하고 이러한 스타트업에 대기업이 적극적인 투자를 하는 것이 바람직하다. 딥러닝은 선택의 문제가 아닌 듯 하다. 왜냐하면 우리가 이것을 포기한다면 산업전반에 파급될 피해가 우리가 상상하는 것 이상으로 크기 때문이다. 지금이 바로 제 4차 산업혁명의 중심인 딥러닝 시대 진입의 골든타임이다.

보고 싶은 영화를 로봇이 추천하는 넷플릭스

구글만이 거대한 컴퓨터 자원을 이용한 인공지능 연구를 하는 것이 아니다. 미국의 넷플릭스Netflix라는 회사도 딥러닝 분야에 엄청난 투자를 하고 있다.

1997년 설립된 넷플릭스는 초기에는 영화 및 TV 드라마 DVD를 온라인으로 주문받고 우편으로 배달해주는 서비스로 시작했다가 지금은 인터넷을 통한 스트리밍 서비스를 제공하는 회사다. 스트리밍이란 영화를 내려받지 않고 실시간으로 사용자의 TV나 모바일 기기에 영상을 보내주는 것을 말한다.

사용자는 서비스 종류에 따라 매달 8~12달러 정도의 구독료를 낸다. 통신료는 별도다. 2015년 10월까지 전 세계 50여 개 국가에 약 7천만 명이 회원으로 등록돼 있고 미국에만 약 4천3백만의 회원이 있다.

넷플릭스가 딥러닝에 주목하는 이유는 바로 추천 서비스 때문이다. 내가 보고 싶은 영화를 스스로 결정할 때도 있지만 가끔은 내 취향을 아는 친구나 가족이 추천해주는 영화를 선택한 경험이 누구나 있을 것이다. 물론 관람평을 분석하거나 검색 엔진을 통해 내가 보고 싶은 영화를 직접 찾아내는 영화 전문가는 예외일 수도 있겠다. 그러나 바쁜 일상 생활 속에서 영화를 고르는 것도 하나의 스트레스가 될 수 있다.

예를 들면, 넷플릭스가 보유하고 있는 영화가 약 17,000편 정도가 되는데 1분 분량의 예고편만 보더라도 밤낮 없이 꼬박 10일 이상이 걸린다. '영화 한편 볼까?'하고 TV를 켜는 순간 평소 보고 싶었던 영화를 넷플릭스가 자동으로 추천해 준다면 우리는 10일을 버는 셈이 된다.

한편으로는 넷플릭스도 끊임없이 고객들에게 볼거리를 제공해야 한다. 만약 고객이 넷플릭스에서 더는 볼거리가 없다고 판단하는 순간 넷플릭스는 다른 사업을 찾아봐야 한다. 고객들에게 계속 볼거리를 제공하게 해주는 것이 바로 추천엔진이고 넷플릭스의 핵심역량이다.

초기 넷플릭스의 추천엔진은 여러모로 부족했다. 넷플릭스가 추천한 영화를 실제로 시청한 이용자의 비율이 매우 낮았고 심지어 가장 싫어하는 장르의 영화를 추천하는 사례까지 있었다.

2006년 넷플릭스는 IT 서비스 업계 최초로 크라우드 소싱crowd sourcing 형태의 연구개발을 시도했다. 100만 달러의 상금이 걸린 넷플릭스 프라이즈Netflix Prize가 그것이다.

이 대회는 넷플릭스가 자체적으로 개발한 영화 추천엔진인 씨네매치CineMatch의 성능을 개선하고자 오픈이노베이션open innovation[1] 방식으로 기획된 것이다. 만약 새로운 추천 알고리즘이 기존의 것보다 10% 이상의 성능 향상을 가져온다면, 그 알고리즘을 제안한 개인 또는 팀은 대회 우승과 함께 10억 원을 상금으로 가져가는 것이 넷플릭스 프라이즈다. 이에 통계전문가, 프로그래머, 머신러닝 전문가 등 다양한 분야의 사람들이 개인 또는 팀으로 이 대회에 도전했다.

첫해에는 대부분의 참가자들이 넷플릭스의 씨네매치 알고리즘과 비슷한 성능을 내는 데 만족해야 했다. 점차 참가자들이 경기에 익숙해지고 저마다 개발한 알고리즘들이 발전하면서 이듬해인 2007년에는 넷플릭스 씨네매치보다 8.43% 향상된 결과를 보인 팀이 1등을 했고, 2008년에는 9.44% 향상된 결과를 낸 팀이 1등을 차

---

1   회사의 핵심 역량을 확보하기 위해 내부, 외부 자원을 가리지 않고 모두 활용하는 전략

지했다. 공교롭게도 두 해 모두 같은 팀이 1등을 했는데, AT&T의 벨코BellKor라는 팀이었다.

2009년에는 팀 벨코가 다른 팀과 연합해서 대망의 10.06% 성능 향상을 기록했다. 7명으로 구성된 벨코스 프래그매틱 카오스BellKor's Pragmatic Chaos라는 연합팀은 우승 과 함께 10억 원의 우승 상금을 차지했다. 그러나 아쉽게도 이 대회는 개인적인 정 보 유출 소송으로 인해 현재 중단된 상태다.

그림 9.1 2009년 넷플릭스 프라이즈 대회의 최종 결과

여기서 잠깐 넷플릭스 프라이즈 대회의 진행 과정을 들여다 보자. 넷플릭스는 480,000명의 이용자와 17,700편의 영화, 그리고 1억 개 이상의 영화평을 [이용자, 영화명, 날짜, 평점] 형태로 저장한 데이터베이스를 보유하고 있는데, 참가자들에 게 평점을 지운 [이용자, 영화명, 날짜, ***] 형태의 데이터를 2천 500만 개 세트 로 제공하고 참가자들이 각 데이터세트의 영화 평점을 예측하는 식으로 진행된다.

영화평점은 5개의 별점과 같이 1부터 5까지 정수값을 갖는다. 참가자들이 예측한 평점의 정확도는 넷플릭스의 씨네매치보다 10% 이상 높아야 한다. 이때 정확도는 RMSE^{Root Mean Squared Error}로 측정되는데 이것은 에러^{error, 예측값과 실제값의 차이}를 제곱한 것의 평균값을 다시 제곱근을 취해서 구한다. 만약 예측값을 E_i, 실제값을 R_i이라 고 하면 RMSE는 다음과 같다.

$$RMSE = \sqrt{\frac{\sum_{i=1}^{n} (E_i - R_i)^2}{n}}$$

일반적으로 RMSE는 예측값이 실제값에 어느 정도 근사한지 알아보는 데 사용되 는 개념으로 작을수록 좋다. 참고로 넷플릭스 씨네매치의 RMSE는 0.9525였고 이 대회에서 우승한 벨코스 프래그매틱 카오스 팀의 RMSE는 0.8558이었다.

이 대회에서 제공된 데이터세트의 특성은 3가지 변수(이용자, 영화명, 날짜)에 2천 5백만 개의 식이 있기 때문에 mxn 비정방행렬식이 된다. 여기서 m은 2천 5백만이 고 n은 3이다.

이러한 문제를 풀기 위해 이 대회에 사용된 알고리즘만 약 800여 개에 달했다. 그중에서 행렬인수분해법^{Matrix Factorization}이라고 하는 특이값분해^{SVD; Singular Value Decomposition} 알고리즘과 RBM^{Restricted Boltzmann Machine} 알고리즘이 가장 좋은 결과를 보였다.

하지만 넷플릭스는 100만 탈러를 투자한 이 대회의 산출물을 자신의 사업에 이용 하지 않았다. 이유는 여러 가지가 있지만 그들이 제시한 대회의 평가 방식은 과거 의 DVD 대여 서비스를 고려한 것이어서 지금처럼 스트리밍 서비스에는 맞지 않는 다는 것이 가장 설득력이 있다.

DVD를 대여하던 시절에는 한번 신청하면 3~4일이 걸리기 때문에 영화 선택에 매우 신중했으나 스트리밍 서비스 환경에서는 추천된 여러 편의 후보자들을 빠르게 훑어보고 그중 하나를 바로 고른다. 즉, 지금 당장 볼 영화를 추천하느냐 아니면 3~4일 나중에 볼 영화를 추천하느냐의 차이다.

또한 스트리밍 서비스 환경에서의 플랫폼은 TV에서부터 PC, 스마트폰, 태블릿 등 다양하기 때문에 사용자가 어떤 플랫폼으로 콘텐츠를 소비하는지도 분석해야 한다. 만약 이러한 IT 환경의 변화를 반영해 영화 추천의 정확도를 높이는 가장 효과적인 알고리즘을 찾는 것을 대회 목표로 삼았다면 훨씬 의미 있는 대회가 됐을 것이다.

결론적으로, 단지 영화평점 예측의 정확도만을 평가하는 이 100만 달러짜리 대회는 그 의도는 좋았으나 결국 투자 대비 만족스러운 결과는 얻지 못했다. 굳이 100만 달러를 투자한 것의 소득을 묻는다면 궁색하게나마 사람들에게 넷플릭스 서비스를 홍보하는 마케팅 효과 정도로 만족해야 할 듯하다. 추측컨대 넷플릭스 관계자들은 대회가 진행되는 동안 추천엔진의 성능 지표를 영화평점 RMSE으로만 결정하는 것이 불합리하다는 것을 이미 알았을지도 모른다.

영화 추천의 정확도가 넷플릭스 사업의 성패를 좌우하는 이상 넷플릭스는 추천엔진의 성능 향상에 회사의 역량을 집중하고 있다. 최근 넷플릭스는 딥러닝 기술을 개인화personalization 수준을 높이는 데 적극적으로 사용하고 있고 이를 통해 추천의 정확성을 꾸준히 개선하고 있다. 현재 넷플릭스 이용자가 소비하는 콘텐츠의 75%는 씨네매치가 추천한 것이라고 한다.

딥러닝의 선두주자 구글

구글은 페이지랭크PageRank[2]라는 알고리즘으로 검색 서비스의 수준을 한차원 높였다. 1991년 팀 버너스 리Tim Berners-Lee가 만든 최초의 웹사이트인 info.cern.ch가 생긴 이래 야후!Yahoo!가 포털 서비스를 시작했을 때는 전 세계 웹사이트 수가 고작 2,738개에 불과했다. 이후 매년 몇십 배의 성장률로 웹사이트가 늘어나면서 구글이 베타 서비스를 시작한 1998년에는 전 세계 웹사이트의 수가 240만 개에 달했다. 최근 전 세계 웹사이트의 수는 2014년 9월 기준으로 10억 개를 돌파했다[3].

구글의 검색 서비스는 사용자가 원하는 검색어를 포함하는 웹사이트를 보여주는 것인데, 이때 검색어에 따라 몇천 개에서 몇천만 개를 보여준다. 구글은 바로 이 페이지랭크라는 알고리즘을 이용해 웹페이지의 중요도 순으로 정렬함으로써 사용자는 몇천만 개나 되는 모든 웹사이트를 보지 않고도 자신이 원하는 정보를 찾아볼 수 있다. 여기에 검색 속도를 높이기 위해(대부분 1초 안에 검색이 끝난다!) 전 세계 모든 웹페이지를 구글 데이터센터에 저장해놓고 키워드별 색인 작업을 미리 해 놓는다.

지금까지 검색어로 사용되는 모든 텍스트는 정해진 변환 규칙[4]에 따라 컴퓨터가 알아볼 수 있는 이진수로 바꿀 수 있어서 구글의 키워드 형태의 검색 서비스가 가능했다. 하지만 사진과 동영상과 같은 이미지 검색은 구글조차도 구현하기 어려운 영역이었다. 소리나 음성은 시간 변화에 따른 1차원적 패턴 비교이므로 비교적 쉽다(음성인식은 또 다른 영역이며 다음 장에서 설명하겠다).

---

2 PageRank: 중요한 웹페이지는 많은 참조(링크)를 받는다는 가정하에 전 세계 웹페이지 가중치의 총합이 1이라고 하면 참조 횟수에 따라 각 웹페이지별 가중치를 나눠 갖는 개념이다. 구글은 이 가중치가 높은 순으로 정렬해서 검색 결과를 보여준다.
3 출처: NetCraft
4 영어는 ASCII(American Standard Code for Information Interchange)라는 인코딩 규칙에 의해 알파벳, 숫자, 특수문자 등은 이진수로 변환되고 한국어를 포함한 다른 언어의 텍스트는 유니코드(Unicode) 규칙을 이용한다.

구글은 약 12억 개 이상의 동영상이 저장돼 있는 유튜브나 10억 개 이상의 사진이 포함돼 있는 웹사이트에서 텍스트가 아닌 이미지만을 가지고 검색할 수 있는 서비스가 필요했다.

2011년 구글 엑스Google X5는 스탠포드 대학의 딥러닝 전문가인 앤드류 응Andrew Ng 교수에게 딥러닝 기술이 이미지 검색에 얼마만큼 효과적인지 실제 구현을 통해 보여 줄 것을 요청했다. 이 실험적인 프로젝트에서 상당히 긍정적인 결과가 도출됐고, 구글은 이 프로젝트를 통해 이미지 검색 분야에서 딥러닝 기술의 적용 가능성을 확인하게 된다. 곧 구글은 이 연구를 구글 브레인Google Brain이라는 정식 프로젝트로 승격한 후 본격적인 이미지 검색 기술 개발을 시작한다.

앤드류 응 교수와 구글의 수석 연구원 제프 딘Jeff Dean이 이끄는 구글 브레인 팀은 16,000대의 컴퓨터를 이용해 유튜브에 저장된 천만 개의 이미지를 분석해 고양이를 구별해내는 데 성공한다. 구글은 이 프로젝트의 성공으로 딥러닝의 잠재력을 다시 한번 실감하고 본격적인 딥러닝 기술 사냥에 나선다.

구글은 2013년, 딥러닝의 창시자로 알려진 토론토 대학의 제프리 힌튼 교수를 영입하고 힌튼 교수가 설립한 디엔엔리서치DNNResearch도 동시에 인수한다(제프리 힌튼 교수는 현재 파트타임으로 구글 연구에 참여하고 있다). 이듬해에는 영국 런던에 있는 불과 현재 12명의 딥러닝 전문가로 구성된 딥마인드를 자그마치 4억 달러에 인수한다. 당시 많은 사람들은 도대체 구글이 무슨 생각으로 보잘것없는 스타트업을 4억 달러에 인수했는지 궁금해 했다. 딥마인드의 정체가 조금씩 밝혀지면

---

5   구글의 비밀 프로젝트를 수행하는 조직으로 혁신적인 연구개발을 하며 구글 글래스, 기구를 통해 인터넷 Wi-Fi를 운영하는 구글 룬, 구글 자율 주행차 등이 여기서 연구되고 있다.

서 그러한 궁금증도 어느 정도 해소됐다. 지금은 알파고의 성공으로 누구도 그들의 가치에 의문을 가지는 사람은 없다.

구글은 이후에도 딥러닝 전문기술을 확보하기 위해 어떠한 파격적인 투자도 서슴지 않고 있으며, 구글의 자회사인 구글 벤처스Google Ventures와 구글 캐피탈Google Capital6이 이를 전담하고 있다.

딥러닝의 모범생 마이크로소프트

코타나Cortana는 마이크로소프트에서 개발한 음성인식 기반의 지능형 개인 도우미 앱이다. 애플Apple의 시리Siri, 구글 나우Google Now와 유사한 서비스를 제공하며 현재 영어, 프랑스어, 독일어, 이탈리아어, 스페인어, 포르투갈어, 중국어, 일본어 버전이 있고 11개 국가에서 사용 중이다. 코타나는 마이크로소프트의 비디오 게임인 할로Halo에 나오는 캐릭터로, 프로젝트 코드명으로 쓰이다가 정식 명칭이 됐다.

윈도우 모바일Windows Mobile, 아이오에스iOS, 안드로이드Android가 설치된 대부분의 스마트폰과 태블릿에서 동작하며, 엑스박스Xbox, 윈도우 PC에서도 사용할 수 있다. 딥러닝 기술이 내장된 코타나는 사용자 목소리를 인식하고 자연어를 분석해 사용자와 잡담chit chat을 하거나 정보 검색이 필요하면 마이크로소프트의 검색엔진인 빙Bing을 이용해 검색 결과를 보여준다.

---

6 초기 단계의 스타트업은 구글 벤처스가 투자를 결정하고 어느 정도 규모로 성장한 스타트업은 구글 캐피탈이 투자한다.

마이크로소프트는 딥러닝 기술을 스카이프 통역기^{Skype Translator}와 이메일 클러터 ^{email Clutter} 같은 서비스에도 적용하고 있다. 스카이프 통역기는 인터넷 기반 전화 서비스인 스카이프를 사용할 때 서로 다른 언어를 사용하더라도 거의 실시간으로 통역해주는 서비스다. 현재 영어, 스페인어, 독일어, 프랑스어, 이탈리아어, 중국 어를 사용할 수 있다. 이메일 클러터는 사용자의 이메일을 분석해 스팸은 물론 중 요하지 않거나 불필요한 메일은 숨기고 중요도가 높은 순으로 정렬하는 서비스를 제공한다. 마이크로소프트는 딥러닝 기술을 음성인식과 자연어 처리 분야에 집중 하고 있으며, 이를 통해 자사 서비스의 가치를 지속적으로 강화하고 있다.

마이크로소프트는 구글 브레인 프로젝트의 성공적인 결과에 자극을 받고 프로젝 트 아담^{Project Adam}을 출범시키면서 딥러닝 연구에 본격적으로 뛰어들었다. 프로젝 트 아담의 목표는 수천 대의 저렴한 서버를 네트워크로 연결해 대규모 분산 컴퓨 팅 환경을 만들고, 이 분산 컴퓨터가 거대한 신경망 학습을 체득하게 하는 것이 다. 이렇게 학습된 마이크로소프트의 인공지능 컴퓨터는 디지털 이미지 분석에 첫 번째로 적용됐다.

구글 브레인은 유튜브에 있는 동영상 이미지를 검색했으나 프로젝트 아담은 이미 지넷^{ImageNet 7}에 있는 약 1,400만 개의 디지털 이미지를 22,000개의 영역으로 분류 하는 데 적용했다. 그 결과로 프로젝트 아담은 구글 브레인보다 30배의 적은 컴퓨 팅 자원으로 50배 이상의 성능 향상과 두 배 이상의 정확도를 얻는 데 성공했다.

---

7   전세계 연구원들에게 디지털 이미지 데이터베이스를 제공해주는 연구 목적의 프로젝트

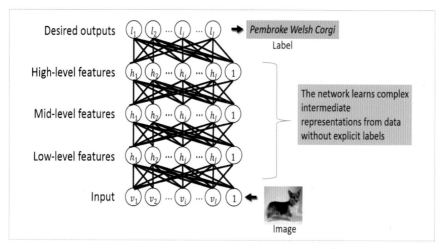

그림 9.2 프로젝트 아담의 이미지 인식 딥러닝 아키텍처[8]

마이크로소프트는 중국 베이징에 있는 딥러닝 연구소를 중심으로 새로운 도전에 나섰다. 그동안 컴퓨터가 한번도 좋은 결과를 보여주지 못했던 IQ 테스트 분야다. 여러 가지 도형의 패턴인식을 통해 공간적 논리력을 측정하는 영역, 연속된 숫자의 패턴 변화를 통해 수학적 논리력을 측정하는 수리 영역, 그리고 어휘의 이해도를 묻는 언어 영역으로 구성돼 있는 IQ 테스트에서 특히 컴퓨터로선 가장 수행하기 어려운 언어 영역에 도전했다.

마이크로소프트는 딥러닝 기법을 이용해 여러 가지 상황에 따른 언어 활용을 훈련시킨 결과, 기존의 알고리즘은 물론이고 200명 규모의 아마존 메커니컬 터크[9] 서비스의 평균값보다 더 좋은 결과를 보여줬다.

---

8 트리슐 칠림비, 유타카 슈주에, 존슨 아파서블, 카식 칼라나라만, "프로젝트 아담: 효율적이고 확장성 있는 딥러닝 학습시스템 구축", 11차 유스닉스 심포지움, 2014
9 아마존의 크라우드 소싱 서비스. 예를 들면, 필기체나 사진의 레이블링 등과 같은 사람의 피드백이 필요한 서비스에 사용된다.

세계 2위의 검색 서비스 바이두

사람들은 바이두^{Baidu}를 가리켜 중국의 구글^{Chinese Google}이라고 한다. 구글처럼 검색 서비스를 주요 사업으로 삼고 있는 바이두는 최근 마이크로소프트의 빙을 근소하게 누르고 구글 다음으로 세계 2위의 검색 서비스 업체가 됐다. 바이두의 목표는 세계화를 가속화해서 구글과의 격차를 좁히는 것이다. 이를 위한 바이두의 투자는 거침이 없다.

바이두는 지난 2014년 5월에 스탠포드 대학의 앤드류 응 교수를 영입하고 바이두의 딥러닝 분야 수석연구원으로서 미국 실리콘밸리 소재 인공지능 연구소를 이끌게 했다. 구글 본사 바로 뒤에 이 연구소를 설립하고 구글의 딥러닝 핵심 프로젝트인 구글 브레인을 총괄했던 앤드류 응 교수를 영입함으로써 바이두는 본격적인 구글과의 전쟁을 선언하였다.

그림 9.3 딥러닝 리딩 그룹

앤드류 응은 바이두에 합류하고 나서 가장 중점을 둬야 할 목표로 정확도를 꼽았다. 그 이유는 정확도가 높아지면 높아질수록 인공지능이 주는 가치는 질과 양적인 측면에서 그 차원이 달라지기 때문이라고 설명한다. 그가 주목한 바이두의 정확성 개선의 첫 번째 타깃은 모바일 음성인식이었다.

2014년 12월 바이두는 딥스피치Deep Speech를 발표한다. 딥스피치는 딥러닝 기술 중 하나인 순환신경망RNN; Recurrent Neural Network 방법을 이용한 음성인식 프로그램이다. 벤치마킹 테스트 결과 딥스피치가 단어 인식 정확도에서 애플, 구글, 마이크로소프트의 음성인식 프로그램을 모두 앞질렀다. 특히 바이두의 딥스피치는 소음이 심한 주변환경에서 더욱 실력을 발휘했다. 참고로 소리에 섞여있는 소음 제거는 비지도학습의 군집 모델을 사용한다. 예를 들면, 사람의 음성과 다른 소음의 특성을 파악해서 두 개의 음파를 분리clustering하는 것이다.

2015년 12월, 딥스피치가 발표된 지 정확히 1년 후 바이두는 딥스피치2를 발표한다. 사실 딥스피치1은 중국 베이징 소재 딥러닝 연구소에서 주도해서 개발한 것이고, 딥스피치2는 앤드류 응이 이끄는 실리콘밸리팀이 주도적으로 개발한 것이다. 딥스피치2는 음성인식 컴퓨팅 과정을 하나로 묶는 완전체end-to-end 시스템을 구현했고, 여기에 가장 많이 사용되는 중국어인 만다린어Mandarin를 인식하는 기능을 추가했다.

중국어 음성인식의 필요성은 여러 가지가 있겠지만 특히 동일한 음에 여러 가지 다른 의미의 글자를 가지고 있는 중국어 특성 때문에 음성인식을 통한 문자 입력이나 검색이 핵심적인 모바일 서비스가 될 것이라는 것이 바이두의 설명이다. 바이두는 5년 내에 음성이나 이미지 검색이 전체 검색의 절반을 넘어설 것이라고 예상하고 있다.

앤드류 응은 인공지능 분야의 딥러닝을 우주산업의 로켓에 비유한다. 로켓이 우주 궤도에 진입하려면 강력한 엔진과 연료가 필요하듯이 인공지능의 딥러닝 분야에서도 강력한 엔진과 연료가 필요하다. 딥러닝에서 엔진은 컴퓨팅 파워이고 연료는 디지털 데이터다.

바이두는 강력한 엔진을 확보하기 위해 베이징 소재 딥러닝 연구소에 자체 슈퍼컴퓨터를 구축했다. 바이두는 이 딥러닝 전용 슈퍼컴퓨터가 성능 면에서 구글과 마이크로소프트의 것보다 앞선다고 주장한다. 36대의 서버로 구성된 이 슈퍼컴퓨터는 인피니밴드InfiniBand라는 고성능 네트워크56Gb/s로 연결되어 병렬컴퓨팅의 효율성을 극대화하고 있다. 각 서버는 6개의 코어가 있는 인텔 제온Xeon E5-2620 프로세서 2개가 장착돼 있으며, 엔비디아Nvidia 범용 그래픽 프로세서인 테슬라 K40M을 내장해서 공유 메모리를 이용한 병렬컴퓨팅으로 성능을 가속화한다. 이 슈퍼컴퓨터의 전체 성능은 약 0.6페타플롭스라고 하니, 전 세계 슈퍼컴퓨터 랭킹에서 200위권 안에 드는 수준이다. 바이두는 딥러닝 슈퍼컴퓨터를 이용해 이미지 인식에 우선 적용하고 향후 음성인식으로 확장할 계획이다.

디지털 영토 확장을 위한 신무기 딥러닝: 페이스북

페이스북은 사람을 연결하는connecting people 것을 회사의 모토로 삼고 있다. 매년 끊임없이 전 세계 사람들을 페이스북 디지털 세계로 끌어들이고 있으며, 2015년 3분기에는 15억 5천만 명의 월평균 사용자를 기록했다. 매일 10억 명 이상의 세계인이 페이스북에 접속해 사진이나 동영상, 메시지를 남긴다. 페이스북은 이러한 소셜 미디어 서비스를 통해 2014년도에 최초로 매출 12조 원을 돌파했고$12.5b 사용자 맞춤형 광고로 전체 수입의 90% 이상인 약 11조 원 이상의 수익을 올렸다. 특히 모바일 광고가 전체 광고 수익 중 69%를 차지했다.

페이스북은 '사람을 연결하는' 서비스에서 '사람을 더 많이 연결하는' 서비스로 가기 위해서는 딥러닝이 핵심적인 역할을 할 것이라고 예상하고 있다.

페이스북은 매일 접속하는 10억 명의 사람들에게 각 사용자마다 2,000여 개 이상의 아이템을 보여줄 수 있는데 이 가운데 각 개인이 가장 보고 싶어하는 아이템 100여 개를 선택해야 한다. 그러기 위해서는 컴퓨터가 사람마다 다른 관심, 취향, 문화, 관계 등을 이해해야 하고 동시에 2,000여 개의 아이템의 속성도 알고 있어야 한다. 이를 위해 페이스북은 2013년 12월 인공지능 연구소FAIR; Facebook AI Research를 설립하고 뉴욕대학교 딥러닝 전문가인 얀 르쿤 교수에게 인공지능 연구 총괄을 맡겼다. 얀 르쿤은 딥러닝 분야에서 다섯 손가락 안에 드는 세계적인 거물이다. 그만큼 페이스북이 인공지능에 거는 기대를 엿볼 수 있다.

1980년대 인공지능 분야가 두 번째 겨울을 맞이하고 있을 때 얀 르쿤은 프랑스에서 컴퓨터공학을 전공하고 있었다. 그는 인공지능 분야가 침체된 이유를 이해하지 못했고, 언젠가는 다시 큰 역할을 하리라 굳게 믿었다.

1987년 프랑스에서 박사학위를 받고 캐나다 토론토대학에 있는 제프리 힌튼 교수를 찾아가서 박사후과정을 이수한다. 제프리 힌튼 교수는 당시 학문적으로 외면당했던 인공지능 연구를 묵묵히 수행하면서 지금의 딥러닝이 있게 한 장본인이다. 여기서 얀 르쿤은 제프리 힌튼 교수와 함께 딥러닝의 핵심인 역전파 이론을 정립한다. 역전파 이론은 그의 박사논문 주제이기도 하다.

토론토대학의 박사후과정을 마치고 얀 르쿤은 AT&T의 벨 연구소로 옮겨 컨볼루션 신경망10 CNN; Convolution Neural Network 이론을 기반으로 디지털 이미지 인식 기술

---

10 디지털 이미지의 특성을 압축 후 추출해 디지털 이미지 인식률을 높이는 기술

을 연구한다. 여기서 그는 손으로 필기된 개인수표를 읽을 수 있는 리더기를 개발해 ATM에 설치하는 등 상품화에 성공하기도 했다. 이후 2003년 뉴욕대학교 컴퓨터과학 교수로 임용된 후 토론토 대학의 제프리 힌튼 교수, 몬트리올 대학의 요슈아 벤지오 교수와 함께 '딥러닝 비밀단체deep learning conspiracy'를 결성한다. 이 비밀단체는 스탠포드 대학의 앤드류 응 교수와 함께 지금의 딥러닝 붐을 일으키는 데 결정적인 역할을 한다.

2014년 3월에 페이스북은 딥페이스DeepFace 시스템을 발표했다. 딥페이스는 두 개의 인물사진을 비교해서 동일인인지 여부를 판단하는 프로그램인데 그 정확도가 97.25%에 달한다. 사람이 구별했을 때 97.53%라고 하니 사람과 똑같다는 얘기다. 딥페이스는 페이스북이 2012년에 인수한 이스라엘 스타트업 face.com이 개발한 것으로 딥러닝 기술을 적용해 인식률을 획기적으로 개선한 얼굴인식 프로그램이다. 그림 9.4는 딥페이스가 헐리우드 스타인 실베스터 스탤론의 사진을 인식하는 과정을 보여준다.

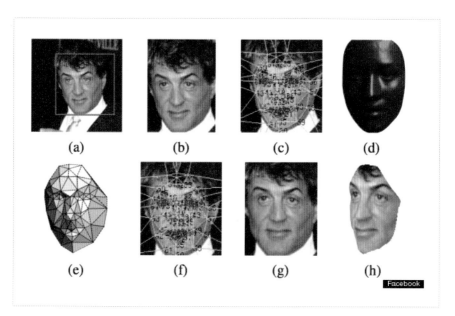

그림 9.4 페이스북의 얼굴인식 프로그램 딥페이스

페이스북은 인공지능 연구소를 미국 뉴욕, 실리콘밸리 그리고 프랑스 파리에 설치하고 여기서 개발된 인공지능 기술을 페이스북의 다양한 서비스에 접목해 더욱 매력적인 서비스로 발전시키려고 노력 중이다. 예를 들어, 2015년 8월에 시작한 페이스북의 개인비서 M이라는 서비스에 인공지능을 이식하는 것이 있다.

페이스북 M은 구글 나우, 마이크로소프트의 코타나, 애플의 시리와 같은 서비스로 식당 예약, 스케줄 관리, 항공편 예약 등의 일을 대신 해준다. 페이스북 M은 2015년 페이스북이 인수한 wit.ai라는 자연어 처리 전문업체에서 시작이 되었는데, 지금은 인공지능연구소가 페이스북 M을 더욱 똑똑한 개인비서로 훈련시키고 있는 중이다.

스마트 기업을 지향하는 IBM

인터넷 기업이 아닌 업체로 인공지능 분야에 선두적인 역할을 하는 회사로는 IBM을 들 수 있다. IBM은 1997년 세계 체스 챔피언인 가리 카스파로프를 물리친 인공지능 컴퓨터 딥블루 시스템의 성공 이후 인공지능 분야에서 IBM 기술력을 알릴 수 있는 새로운 기회를 찾고 있었다.

약 3,000여 명 규모의 IBM 연구개발 조직의 총책임을 맡고 있는 폴 혼Paul Horn은 우연히 제퍼디Jeopardy![11]라는 퀴즈쇼를 보고 무릎을 쳤다. 은유적인 언어를 이해하고 광범위한 지식이 필요한 이 퀴즈쇼에서 사람과 겨뤄서 이긴다면 인공지능 분야에서 IBM의 기술력을 보여줄 수 있을 것이라고 판단했기 때문이다.

---

11 1964년부터 시작된 미국의 유명한 퀴즈쇼. 사회자가 설명하는 다양한 분야의 사건/사실을 듣고 이것이 대답이 될 수 있게 참가자가 질문하는 독특한 방식으로 진행한다.

IBM 연구원인 데이비드 페루치David Ferruchi는 피컨트Piquant라는 질의응답 시스템 개
발을 예전부터 하고 있었는데 폴 혼은 2006년 여름에 정식으로 데이비드 페루치
에게 제퍼디 프로젝트를 일임한다. 데이비드 페루치는 무수히 많은 시행착오 끝에
왓슨Watson이라고 하는 인공지능 시스템 개발을 완성하고, 2011년 제퍼디! 퀴즈쇼
에 나간다. 여기서 왓슨은 최대 우승상금 수상자인 브래드 러터Brad Rutter, 최다우승
기록자인 켄 제닝스Ken Jennings와 겨뤄서 모두 물리치고 우승하면서 10억 원의 상금
을 받게 된다. 퀴즈쇼에 참가할 당시 왓슨은 다른 참가자와 똑같이 사회자가 설명
하는 질문을 듣고 기계 손을 이용해 버튼을 누른 뒤 답하는 방식으로 경쟁했는데
유일한 차이점은 왓슨의 두뇌는 무대 뒤의 100여 대의 컴퓨터[12] 안에 있었다는 것
뿐이었다.

그림 9.5 제퍼디! 퀴즈쇼에서 두 참가자와 경쟁하고 있는 IBM 왓슨

당시 왓슨에는 두 가지 인공지능 기술이 적용됐다. 하나는 음성인식 및 자연어 처
리 기술이고 다른 하나는 질문을 이해하고 질문에 해당하는 답을 확률적 근거를

12　냉장고 크기만 한 10개의 캐비넷에 각각 IBM Power750 서버 10대씩 설치. 전체 CPU 용량은 3.5GHz 2,800개 코어, 메모
리 용량은 16TB.

가지고 추론하는 기술이다. 왓슨은 이 두 기술을 완벽히 구현해서 제퍼디! 역사상 가장 훌륭한 두 인간 참가자를 물리치고 우승했고, 이를 통해 신문이나 백과사전, 교과서 등에 있는 어떤 사실을 묻는 질의응답 분야에서는 사람보다 앞선다는 것을 증명했다.

IBM은 몇몇의 특정 분야에서는 이제 전문가보다 똑똑한 왓슨을 본격적으로 시장에 선보이기 시작했다. 예를 들어, 헬스케어 분야 및 기상 예측 서비스 분야에서는 파일럿 프로젝트가 진행되고 있으며 가시적인 매출도 생기기 시작했다.

IBM은 이제 왓슨이 더 매력적인 상품이 되길 원한다. 이를 위해 딥러닝과 같은 또 다른 강력한 인공지능 기능을 추가하려고 시도 중이다. 예를 들면, 자동번역 기능이나, 음성을 텍스트로 변환한다거나 거꾸로 텍스트를 음성으로 변환하는 딥러닝 기술이다. IBM은 이러한 딥러닝 기술을 확보하기 위해 캐나다 몬트리올 대학교에 있는 딥러닝의 대가인 요슈아 벤지오 교수와 협업 중이다.

인공지능에 소극적인 애플

혁신적인 기업 이미지와는 달리 애플은 인공지능 분야에서만큼은 구글, 마이크로소프트, 페이스북, IBM에 많이 뒤져 있는 듯하다. 2014년 캐나다 몬트리올에서 있었던 인공지능 분야의 권위적인 학술대회인 신경정보처리시스템NIPS; Neural Information Processing System 컨퍼런스에서 구글, 페이스북, 마이크로소프트 심지어 바이두까지 많은 연구결과를 발표했던 것에 비해 애플은 아무것도 내놓지 못했다.

2010년 스타트업을 인수하며 시작된 개인 비서 서비스 시리는 당시 혁신적인 서비스라고 평가받았으나 지금은 후발주자인 마이크로소프트의 코타나나 구글 나우보다도 뒤진다는 평가다. 애플의 신비주의 정책으로 내부에서 일어나는 상황을 상세하게 알지는 못하지만 여러 가지 정황으로 미뤄볼 때 최근 인공지능 분야에 투자가 매우 활발하게 일어나고 있는 것은 분명하다.

애플은 2015년 10월에 스마트폰에 저장된 이미지를 자동 분류해주는 기술을 보유한 스타트업 퍼셉트아이오Perceptio와 자연어 처리 분야에 전문적 기술을 개발한 영국의 스타트업 보컬아이큐VocallQ를 인수했다. 또한 애플은 인공지능 분야의 핵심 인력 확보에도 적극적인 행보를 보이고 있다. 최근 인공지능 분야 거물급 연구원을 영입할 계획을 발표했으며 애플의 구인 웹사이트를 통해 40여 명의 인공지능 전문가를 찾고 있다고 공지했다.

애플 입장에서는 인공지능 기술이 애플의 사업 포트폴리오에 얼마나 기여할지 다각도로 고민했을 것으로 판단된다. 지금은 추측컨대 애플의 미래 사업에 그것이 매우 중요한 기술이라고 결정을 내렸을 가능성이 높다. 어찌됐건 확실한 것은 애플도 이제 본격적인 인공지능 전쟁에 뛰어들었다는 사실이다.

딥러닝 기술의 공백을 메워주는 스타트업들

최근 실리콘밸리는 클라우드와 빅데이터에서 인공지능과 딥러닝으로 자본의 흐름이 바뀌고 있으며, 구글 브레인과 딥마인드 그리고 왓슨 등의 가시적인 성공으로 딥러닝의 활동무대는 이제 아카데미아에서 인더스트리로 급속히 이동중에 있다.

매년 딥러닝에 유입되는 투자펀드는 고속 성장을 보이고 있으며, 지난 2년간 약 7억 달러 이상의 투자가 이뤄졌다. 지금 세계는 IT의 르네상스라고 하는 세 번째 인공지능의 봄이 시작된 분위기다.

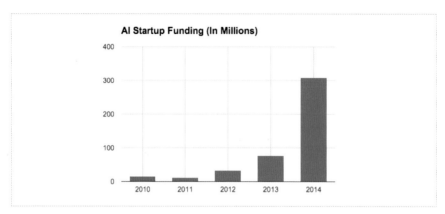

그림 9.6 실리콘밸리의 딥러닝 분야 스타트업의 투자 규모 변화

스타트업들은 구글, 페이스북 등과 같은 대기업들이 필요로 하는 틈새 기술을 개발하면서 생태계내 한 부분을 담당하고 있고, 대기업들은 검증된 기술을 확보하는 하나의 방편으로 스타트업에 아낌없는 투자를 하고 있다. 다음은 딥러닝 분야에서 기술과 사업모델 관점에서 글로벌 현황을 이해하는 의미로 현재 분야별로 활동하고 있는 스타트업들을 정리해 보았다.

- **범용 프레임워크 분야:** 다양한 산업 및 사용처에서 공통적으로 필요한 알고리즘, 개발 환경 기술을 제공하는 업체들이 이 분야에 속한다.

  - MetaMind는 디지털 이미지 분석과 자연어 처리에 최신 기술을 보유하고 있다. 특히 클라우드 기반의 딥러닝 서비스는 매우 독보적이다. 스탠포드에서 박사과정을 마치고 메타마인드를 창업한 리차드 소처Richard Socher는 그의 모교와 다른 여러 대학들과 매우 밀접한 협업을 하고 있으며, 여러 저명한 컨퍼런스에 초대되는 등 산업계로부터 매우 긍정적인 피드백을 받고 있다. 2016년 4월 메타마인드는 미국 클라우드 서비스 업체인 세일즈포스Salesforce에 인수됐다.

· Nervana는 파이썬Python 기반 딥러닝 프레임워크인 니온neon을 오픈소스 형태로 배포 또는 클라우드 방식으로 서비스하는 스타트업이다. 설립자는 퀄컴Qualcomm 칩에 최적화된 딥러닝 알고리즘을 개발하는 등 칩 레벨에서의 하드웨어와 소프트웨어 최적화 전문가다. 이 회사의 주력 상품인 니온은 특히 GPU에 최적화된 파이썬 기반 프레임워크이며, 대표적인 고객으로 미국의 국립에너지연구과학전산센터NERSC가 있다. 2015년 7월까지 Nervana는 총 2천4백만 달러를 투자받았다. 투자사 중에는 야후! CEO인 메리사 마이어의 남편이 운영 중인 데이터 콜렉티브DataCollective를 비롯해 안드로이드 창업자인 앤디 루빈도 포함돼 있다.

· Skymind는 DeepLearning4J라고 하는 자바 기반 딥러닝 프레임워크를 오픈소스 형태로 제공하는 스타트업이다. 자바는 웹서비스 개발의 표준 개발 언어이며 안드로이드 기반의 모바일에서도 응용 프로그램 개발에 사용된다. 딥러닝은 최근까지 개념 증명이나 프로토타입 목적으로 이용됐기 때문에 사용하기 쉽고 관련 라이브러리가 많은 파이썬이나 매트랩Matlab, R이 개발언어로 사용됐다. 그러나 해석기interpreter가 필요한 이러한 언어들은 성능에 문제가 있었다. 최근에 딥러닝 개념들이 어느 정도 정리되면서 실제 상용 시스템 구축이 가시화되기 시작했다. 이에 따라 딥러닝 프로그램의 성능 향상에 관심을 갖기 시작했고 DeepLearning4J 같은 자바 기반의 프레임워크가 새로운 해결 방안으로 떠올랐다. 이미 자바 진영에서 자리매김한 하둡이나 스파크를 연동하는 DeepLearning4J는 현재 산업계에서 다수의 유료 고객을 확보하고 있다.

· Ersatz Labs는 인터넷상에서 표준 웹 인터페이스나 Ersatz가 개발한 API를 이용해 데이터를 관리하고 딥러닝 모델을 학습시키는 서비스를 클라우드 방식으로 제공하는 스타트업이다. 클라우드 서비스의 과금은 GPU 사용 시간으로 정한다.

- **컴퓨터 비전**: 딥러닝의 붐은 사실 딥러닝을 이용한 컴퓨터 비전의 정확도가 증가하면서 실생활에 적용할 수 있는 경우가 많아진다는 기대 때문에 일어났다. 최근 컴퓨터 알고리즘을 기반으로 한 얼굴 인식률은 사람과 비교해서 거의 동일한 수준으로 발전했다. 전반적으로 자연어 처리 분야나 컴퓨터 비전 분야에 딥러닝 스타트업이 가장 많다.

  · Madbits는 딥러닝 기술을 이용해 디지털 이미지를 자동으로 이해하고 자료들을 정리하고 의미 있는 정보를 추출하는 서비스를 제공하는 회사다. 2014년에 트위터에 인수됐다.

  · Perceptio는 스마트폰에 있는 이미지를 분류하는 기술을 보유한 스타트업으로 알려져 있으며, 2015년 애플에 인수되면서 회사의 웹사이트도 동시에 폐쇄되어 구체적인 기술과 사업모델은 공개되지 않았다.

  · Lookflow는 딥러닝 알고리즘 기반으로 디지털 이미지를 분류하는 기술을 가진 업체로만 알려져 있고 구체적인 서비스는 확인되지 않은 상태에서 2013년 10월 야후! 플리커에 인수됐다.

  · HyperVerge는 인도공과대학 출신들이 설립한 스타트업으로 얼굴인식과 이미지 상황인식, 이미지 유사성 검색 등에 사용되는 기술을 보유하고 있다. 이 회사는 스마트폰에서 이미지를 정리해주는 실버Silver라는 앱도 개발했다. 2015년 투자사로부터 100만 달러의 시드 펀드를 받은 바 있다.

  · Deepomatic은 사진 속의 사물을 인식하는 기술을 가진 업체로, 특히 신발이나 의류 등 패션 분야의 사물을 인식한다. 모바일을 통한 전자상거래 업체와 연계해 실제 매출을 실현하고 있다. 2015년 약 150만 달러에 달하는 투자를 받았다.

· Descartes Labs는 위성사진과 같은 대용량 이미지 분석에 전문성을 갖춘 업체다. 예를 들면, 위성사진을 이용하여 전 국토에 걸쳐 농작물 재배 현황을 분석한다. 미국 로스 알라모스 국립 연구소Los Alamos National Lab에서 분사됐으며 지금까지 총 330만 달러 규모의 펀드를 투자받았다.

· Clarifai는 뉴욕대학교 박사과정 학생들이 설립한 스타트업으로 컨볼루션 신경망을 이용해 이미지와 동영상에 대한 태깅tagging API를 제공하는 기술을 보유하고 있다. 시리즈 A까지 진행됐고 지금까지 1,000만 달러 규모의 투자를 받은 상태다.

· Tractable은 지금까지 사람이 직접 육안으로 수행했던 외관 점검 태스크를 딥러닝을 이용해 컴퓨터가 자동으로 대행해주는 기술을 보유한 업체다. 예를 들면, 공장 내 파이프나 자동차에 있는 균열 등을 이미지 분석을 통해 찾아낸다.

· Affectiva는 얼굴 이미지를 가지고 감정 반응을 구별하는 기술을 보유한 업체다. 시리즈 C까지 진행됐고 호라이즌 벤처스Horizon Ventures, 메리 미커Mary Meeker, 클라이너 퍼킨스Kleiner Perkins 등의 벤처투자사로부터 지금까지 1,200만 달러의 투자를 받았다.

· Alpaca는 Labellio라는 회사의 후원을 받는 스타트업으로, 딥러닝 알고리즘을 기반으로 이미지를 분류하는 모델을 GUIGraphic User Interface만을 가지고 구현할 수 있는 클라우드 서비스를 제공하는 회사다.

· Orbital Insight는 딥러닝 기술을 이용해 위성사진을 분석해서 글로벌 트렌드를 이해하는 알고리즘을 개발했다.

▪ **자연어 처리:** 컴퓨터 비전에서 성공적인 활용도를 보여준 딥러닝은 곧 자연어 처리 분야로 관심이 옮겨졌다. 사람의 감각으로 보면 시각과 청각의 중요한 양대 지각이다. 컴퓨터 비전에서는 주로 컨볼루션 신경망^{CNN} 알고리즘이 대표적으로 사용되고 있고, 자연어 처리에는 순환신경망^{RNN}이 주로 사용된다.

· AlchemyAPI는 자연어 처리와 컴퓨터 비전에 필요한 API를 제공하는 회사다. 특히 자연어 처리에서 감정 분석 및 주제어 추출 등에 관련된 기술을 보유하고 있다. 2015년 IBM 왓슨 그룹에 인수됐다.

· VocallQ는 영국의 스타트업으로 2015년 애플에 인수되기 전까지 음성인식과 자연어 처리 분야의 인공지능 기술을 개발했다. 애플의 시리에 대화 기능을 더욱 정교화하는 역할을 할 것으로 예상하고 있다.

· Idibon은 어떤 언어에도 적용 가능한 범용 자연어 처리 알고리즘을 개발하고 있다. 2014년에 시리즈 A가 진행됐고 총 550만 달러의 투자를 유치했다.

· Indico는 딥러닝 기술을 기반으로 한 다양한 자연어 처리 API를 제공한다. 여기서 제공되는 API는 텍스트 태깅, 감성 분석, 언어 선택 및 예측 그리고 특정 표현을 사용하는 사람의 정치적 성향을 예측하는 기능도 포함하고 있다.

· Semantria는 10여 종 이상의 언어에 대해 자연어 처리 태스크를 수행하는 API 및 엑셀 플러그인을 클라우드 서비스로 제공한다. 매월 사용료 1,000달러를 지불하면 API 및 플러그인을 사용할 수 있다. 유사한 서비스를 고객 사이트에 설치해주는 사업을 하는 Lexalytics라는 회사가 2014년에 인수했다.

· ParallelDots는 인도의 스타트업으로, 좀 더 진화된 자연어 처리와 머신러닝 기술을 기반으로 아카이브로 구성된 콘텐츠를 분석해서 시간 순서에 따라 스토리 라인을 만

들어 준다. 이 기술을 이용하면 블로거나 온라인 출판업을 하는 사람들은 자신이 가지고 있는 콘텐츠를 직관적이고 즉각적으로 관리할 수 있게 된다. 전 세계 온라인 출판 시장은 2016년 기준으로 약 110억 달러 정도로 예상하고 있다.

· Xyggy는 모든 종류의 데이터를 검색하는 기술을 보유하고 있다. 검색 대상은 키워드에서부터 짧막한 텍스트 정보나 문서 전체가 될 수 있고 결과물은 검색 대상을 포함하고 있는 유사한 문서가 된다.

응용 서비스: 구글, 페이스북, IBM 등 대기업들은 자신들의 주력 사업을 강화하기 위해 딥러닝 기술을 이용하고 있으며, 스타트업 진영에서는 헬스케어 분야의 틈새시장을 겨냥한 응용 서비스가 눈에 많이 띈다.

· Enlitic는 딥러닝 기술을 의료 진단에 활용한 업체다. 엑스레이나 MRI, CT 스캔 이미지를 분석해서 사람보다 정확하게 암 초기 단계의 징후를 발견해 낸다. 2015년까지 300만 달러의 투자를 받았다.

· Quantified Skin은 사용자가 직접 셀카로 찍은 자신의 피부를 분석해서 도움이 되는 상품과 다양한 관련 활동을 추천해주는 서비스 업체다. 약 28만 달러의 초기 투자를 받았다.

· Deep Genomics의 창업자 브렌든 프레이Brendan Frey 박사는 딥러닝의 산실인 토론토 대학 딥러닝 연구팀 출신이다. 이때 제프리 힌튼 교수와 몬트리올 대학의 요슈아 벤지오 교수, 그리고 지금은 페이스북의 인공지능 연구소장인 얀 르쿤과도 연구 동료로서 함께 일하기도 했다. 이 회사는 사람의 유전체 염기서열을 분석해서 개인화된 치료제를 개발하는 데 필요한 딥러닝 기술을 개발하고 있다. SPIDEX라는 초기 버전의 상품을 개발 완료했다.

· StocksNeural은 순환신경망^{RNN} 알고리즘을 이용해 주식시장에서 주가를 예측하는 기술을 보유하고 있다. 다양한 시계열 데이터를 딥러닝으로 분석해 미국 주식 시장에서 사고 파는 신호를 매일 예측해서 알려준다.

· Analytical Flavor Systems는 인공지능 기술을 이용해 식음료 제조업체에게 소비자의 취향 분석과 생산품의 품질 관리를 실시간으로 수행하는 툴을 제공한다. 이를 통해 식음료 제조업체는 타깃 고객 분류와 제품의 변질 여부 등을 모니터링할 수 있다.

· Artelnics는 스페인 소재 스타트업으로, OpenNN^{Open Neural Network}이라는 오픈소스 소프트웨어를 기반으로 여러 종류의 기업에 데이터 마이닝 형태의 머신러닝 시스템을 구축해준다. OpenNN은 C++로 작성된 머신러닝 라이브러리로 2003년 공학 분야 수치해석 국제 연구소^{CIMNE}에서 개발한 것을 이 회사가 이어받아 사업화하고 있다.

인공신경망

최초의 인공신경망

약 1.5킬로그램의 무게와 1.2리터의 부피에 달하는 사람의 뇌는 크게 뇌간, 소뇌, 대뇌로 구분된다. 뇌간은 척추가 끝나는 부분에 위치하면서 사람의 생명유지에 관련된 자율신경계통을 관장한다. 소뇌는 뇌간의 뒤쪽에 좌우 한 쌍으로 돼 있는데 평형 감각과 운동을 담당한다. 또한 소뇌는 조건 반사나 간단한 학습 및 기억 기능도 가지고 있다. 발달학적으로 가장 늦게 형성된 대뇌는 포유류에 특히 발달돼 있고 다른 동물에서는 그 기능이 매우 미미하다. 사람의 대뇌는 뇌 전체의 80%를 차지하는데, 이 비율은 영장류를 포함한 다른 포유류에 비해서도 월등히 높다.

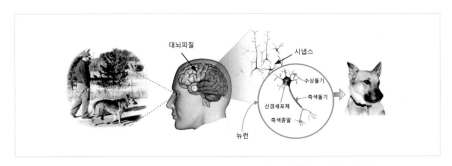

그림 10.1 사람의 시각 인지 프로세스에서 뉴런의 역할(출처: 위키피디아)

회백색을 띠고 있는 대뇌의 표면을 대뇌피질cerebral cortex이라 한다. 대뇌피질에는 신경세포들이 집중적으로 분포돼 있는데, 사람의 경우 약 1,000억 개의 신경세포를 가지고 있다. 이 신경세포를 뉴런neuron이라 한다.

뉴런은 세포핵을 포함한 신경세포체soma, 수상돌기dendrite, 축색돌기axon, 축색종말axon terminal로 구성돼 있으며, 전기적인 또는 화학적인 신호를 처리하고 전달하는 기능을 한다. 수상돌기는 마치 나뭇가지 모양을 하고 있는데, 나뭇가지처럼 돌출된 부분에서 신호를 받는다. 여러 줄기의 수상돌기에서 받은 신호를 신경세포체가 모두 합친 후 일정 크기 이상의 강도, 즉 임계치threshold가 되면 이 신호를 발사fire한다. 발사된 신호는 축색돌기를 통해 전달되며 축색종말에서 다음 뉴런의 수상돌기로 전달한다. A뉴런의 축색종말과 B뉴런의 수상돌기가 연결되는 것을 시냅스synapse라고 한다. 사람의 대뇌에 있는 뉴런은 한 개당 약 7,000개 정도의 시냅스를 가지고 있다.

뉴런의 개수는 태어나기 전에 이미 완성되지만 뉴런을 연결하는 시냅스 기능은 전무하다. 시냅스의 개수는 출생 후 본격적으로 증가한다. 평균적으로 생후 3년째가 되면 가장 많은 1,000조 개의 연결을 유지하다가 이후 필요 없는 시냅스를 제거하는 프루닝 과정을 거치면서 성인이 되면 약 100조에서 500조 개로 줄어든다. 이후 시냅스의 개수는 지속적으로 서서히 감소하는 경향을 보인다.

1943년 워렌 맥컬록과 월터 피츠는 논문¹을 통해 생물학적인 신경망 이론을 단순화해서 논리, 산술, 기호 연산 기능을 구현할 수 있는 인공신경망Artificial Neural Network 이론을 제시했다. 그들이 이 논문을 통해 보이려고 했던 인공신경망 이론은 오늘날 우리가 사용하고 있는 디지털 회로의 논리 게이트logic gate와 유사하다. 그들은 이것을 한계 논리 단위TLU; Threshold Logic Unit라고 정의했다(그림 10.2).

---

1   A Logical Calculus of Ideas Immanent in Nervous Activity, Bulletin of Mathematical Biophysics, 1943

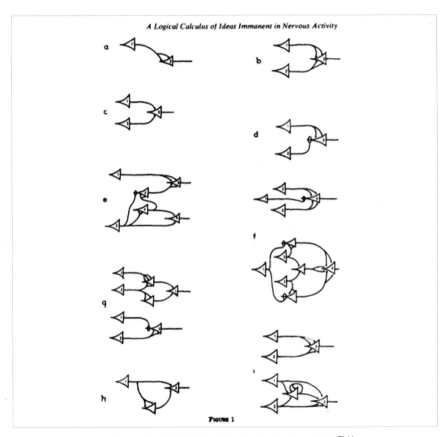

그림 10.2 맥컬록과 피츠의 논문에서 표현한 한계 논리 단위^{TLU}

맥컬록과 피츠는 이 논문에서 사람의 신경세포인 뉴런이 어떻게 작동하는지를 이해하고 이를 인공적으로 구현하는 데 초점을 맞췄기 때문에 그들의 TLU는 생물학적 뉴런의 동작 메커니즘과 많이 닮아 있다. 맥컬록과 피츠는 그림 10.2에서와 같이 여러 가지 모양의 TLU를 통해 사람의 뉴런을 표현하고자 했다.

TLU의 신호는 0 또는 1을 가지며, 두 가지 형태의 신호 줄기^{edge}가 있다. 첫 번째 형태는 흥분줄기$^{excitatory edge}$인데, 그림 10.2에서처럼 줄기말단이 ●로 표현된 것이 흥분줄기다. 두 번째는 억제줄기$^{inhibitory edge}$인데 말단 부분이 ○로 표현돼 있다.

억제줄기 중 하나라도 1이라는 신호를 가지면 그 TLU는 0이 된다. 만약 억제줄기가 없거나 1을 가지지 않을 때는 TLU 값은 흥분줄기의 값을 모두 더해 임계치, θ를 넘으면 1이라는 값을 갖는다. TLU의 동작 개념을 AND와 OR라는 논리 연산에 적용하면 다음과 같다.

입력 x1	입력 x2	출력 y
0	0	0
0	1	0
1	0	0
1	1	1

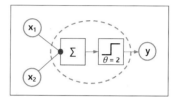

AND 연산자

입력 x1	입력 x2	출력 y
0	0	0
0	1	1
1	0	1
1	1	1

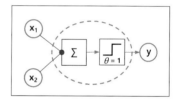

OR 연산자

그림 10.3 AND와 OR 논리 연산에 적용한 TLU 예

이 예제에서는 만약 억제줄기가 있을 경우 무의미한 문제가 되기 때문에 흥분줄기만을 고려했다. AND 논리 연산인 경우에는 흥분줄기의 값의 합이 임계치인 2보다 크거나 같으면 1이고 그렇지 않으면 0이 된다. OR 논리 연산인 경우에는 마찬가지로 흥분줄기의 합이 임계치 1보다 작으면 0이고 크거나 같으면 1이 된다.

맥컬록과 피츠의 TLU에는 아직까지 가중치의 개념이 적용되지 않았다. 만약 TLU에서 가중치의 입력이 필요하면 그림 10.2의 (a)나 (b)와 같이 흥분줄기 말단에 여러 가닥의 입력단자를 표현해 가중치의 역할을 대신했다. TLU에서 또 한가지 흥미로운 것은 그림 10.2의 (i)와 같이 뉴런 자신에게 신호를 보내는 순환신경망[RNN]의 개념도 보여준다는 것이다.

1949년 도널드 올딩 헵[Donald Olding Hebb]은 자신의 책 『The Organization of Behavior』에서 생물학적 신경망에서 시그널이 발생할 때 신경망에서 나타나는 학습 및 기억 효과를 인공신경망에 적용할 수 있음을 보여줬다. 헵은 생물학적 신경 망에서 뉴런 A에서 엑손[axon]을 따라 뉴런 B로 신호가 전달될 때 신호전달의 효율 성 또는 다른 어떤 목적을 위해 반복적으로 또는 지속적으로 신호가 자극됨을 주시했다. 이 결과로 뉴런 A에서 뉴런 B로 가는 경로, 즉 시냅스[synapse] 연결이 강화 된다. 그는 이를 신경 레벨에서 발생하는 일종의 학습 또는 기억의 과정이라고 보고 인공신경망에서는 가중치라는 개념으로 설명했다. 그는 이러한 현상을 헵스 규칙[Hebb's Rule] 또는 헵스 학습[Hebb's learning]이라고 불렀다.

미국의 심리학자인 프랭크 로센블래트는 1958년 맥컬록과 피츠의 TLU 이론과 헵의 행동학적 신경 모델 연구를 바탕으로 퍼셉트론 이론을 발표한다[2]. 퍼셉트론은 인공신경망이론을 설명한 최초의 알고리즘이다. 그의 연구 결과는 당시 뉴욕타임 즈에 "전자 '두뇌'가 스스로 배운다[Electronic 'Brain' Teaches Itself]"라는 헤드라인으로 소개 되기도 했다.

---

2 Frank Rosenblatt, The Perceptron: A Probabilistic Model for Information Storage and Organization in the Brain, Cornell Aeronautical Laboratory, Psychological Review, v65, No. 6, pp. 386–408, 1958

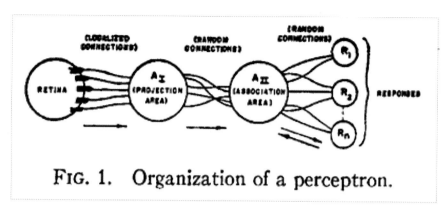

FIG. 1. Organization of a perceptron.

그림 10.4 로센블래트가 논문에서 설명한 퍼셉트론 개념

로센블래트는 사람의 시각 인지 과정에 영감을 얻어 퍼셉트론 이론을 인공적인 시각인지 과정을 구현하는 데 적용했다. 그의 목표는 사람의 시각 인지 과정과 같이 실제로 어떤 물체를 시각적으로 인지하는 물리적인 장치를 만드는 것이었다. 예를 들면, 여러 가지 단순한 이미지를 시각적으로 감지하고 그것들을 삼각형, 사각형, 동그라미 등과 같은 몇 개의 카테고리로 구분하는 장치 같은 것이다. 사람의 홍채 역할을 하는 400여 개의 빛을 감지하는 센서와 이것들을 증폭시키는 512개의 방아쇠 기능을 하는 부품, 그리고 이를 제어하기 위한 40개의 모터와 다이얼 스위치를 사용했다. 이렇게 복잡한 장치는 고작 8개의 뉴런을 시뮬레이션할 수 있었다.

당시의 열악한 기술 수준으로 매우 원시적인 인공 시각 장치를 만드는 데 그쳤지만 로센블래트는 자신의 퍼셉트론 이론이 향후 충분한 하드웨어 성능과 기능만 갖춰진다면(그 당시에는 컴퓨터라는 개념이 없었다) 어떠한 물체도 인지할 수 있는 시스템으로 발전할 것이라고 확신했다.

단층 퍼셉트론

로센블래트가 제안한 퍼셉트론 모델 가운데 가장 간단한 것이 입력층과 출력층으로 만 구성돼 있는 단층 퍼셉트론SLP; Single-Layer Perceptron이다. 그림 10.5와 같이 단층 퍼셉트론은 맥컬록과 피츠의 TLU 개념에 헵의 가중치 이론이 더해진 것이다. 여기서 x_1, x_2는 입력값이고 ω_1, ω_2는 각 입력값에 대한 가중치다. 출력층은 가중치를 갖는 입력값을 선형적으로 합하는 함수와 임계치 θ를 가지는 활성화 함수로 돼 있다.

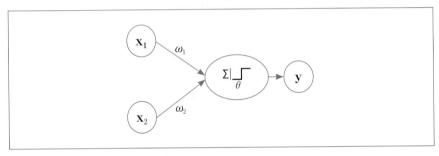

그림 10.5 단층 퍼셉트론의 예

여기서는 활성화 함수로 계단함수Heaviside function, step function를 사용했는데, 계단함수 대신 시그모이드sigmoid 함수나 tanh 함수 또는 ReLU 함수를 사용할 수도 있다. 활성화 함수의 역할은 생물학적 뉴런이 일정한 크기 이상의 신호만을 발사하는 것과 유사한데 알고리즘 관점에서는 학습 과정에서 계산의 편의성을 제공하기도 한다.

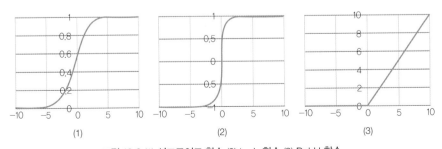

그림 10.6 (1) 시그모이드 함수 (2) tanh 함수 (3) ReLU 함수

AND나 OR 문제에 대해 맥컬록과 피츠의 TLU를 단층 퍼셉트론으로 설명해 보기로 하자.

AND 논리 신경망 또는 AND 단층 퍼셉트론은 x_1의 가중치인 ω_1을 1, x_2의 가중치인 ω_2를 1이라고 하고 임계치 θ를 1.5로 하는 계단형 활성화 함수를 적용하면 다음과 같이 구할 수 있다. 이때 두 입력값 x_1, x_2는 각각 0 또는 1을 가질 수 있다.

$$\text{AND 퍼셉트론, } y = \begin{cases} 1 & if\ 1.0x_1 + 1.0x_2 \geq \theta,\ \theta = 1.5 \\ 0 & if\ 1.0x_1 + 1.0x_2 < \theta,\ \theta = 1.5 \end{cases}$$

이렇게 하면 두 입력값이 모두 1일 때 그 합인 $\omega_1 x_1 + \omega_2 x_2$가 2가 되기 때문에 임계치인 1.5보다 커지게 되고, 두 입력값이 동시에 1이 아닐 때는 임계치인 1.5보다 작아져서 그림 10.3에서와 같이 AND 논리연산의 결과를 얻을 수 있다.

같은 방법으로 OR의 경우에도 x_1, x_2의 가중치를 모두 1로 정하고 임계치를 0.5로 하는 계단함수를 활성화 함수로 취하면 된다. 이를 수식으로 표현하면 다음과 같다.

$$\text{OR 퍼셉트론, } y = \begin{cases} 1 & if\ 1.0x_1 + 1.0x_2 \geq 0.5 \\ 0 & if\ 1.0x_1 + 1.0x_2 < 0.5 \end{cases}$$

여기서 각 입력값에 대한 가중치를 모두 1로 했을 경우의 단층 퍼셉트론은 맥컬록과 피츠의 TLU와 정확히 일치한다. 왜냐하면 가중치가 1이라는 것은 가중의 효과가 없다는 의미이기 때문이다. 만약 AND와 OR 모두 임의의 임계치를 가지는 활성화 함수를 적용하면 각 문제에 따라 다른 가중치가 필요하다. 즉, 단층 퍼셉트론을 좀더 일반화한 것으로 이때부터 가중치를 알아내는 학습이 필요해진다.

예를 들면, 활성화 함수 임계치를 모두 1로 했을 때 AND인 경우에는 가중치가 0.6 정도가 되고, OR인 경우에는 1.2 정도가 된다. 이를 수식으로 표현하면 다음과 같다.

$$\text{AND 퍼셉트론, } y = \begin{cases} 1 & if\ 0.6x_1 + 0.6x_2 \geq 1.0 \\ 0 & if\ 0.6x_1 + 0.6x_2 < 1.0 \end{cases}$$

$$\text{OR 퍼셉트론, } y = \begin{cases} 1 & if\ 1.2x_1 + 1.2x_2 \geq 1.0 \\ 0 & if\ 1.2x_1 + 1.2x_2 < 1.0 \end{cases}$$

여기서 가중치가 0.6 정도, 1.2 정도라고 한 이유는 활성화 함수가 임계치를 경계로 0과 1을 결정하는 부등식이므로 이 부등식 영역 안에 있는 적당한 실수값은 모두 가중치가 될 수 있기 때문이다.

앞에서 보여준 입력값이 2개인 단층 퍼셉트론을 입력값이 n개로 일반화했을 때 학습모델은 다음과 같이 설명할 수 있다. 먼저 일반화된 단층 퍼셉트론은 다음과 같다. 즉 n 차원 공간에서 $(n-1)$ 차원 초평면 선형 분리자를 구하는 식이다.

$$y = \text{sign}\left(\sum_{i=1}^{n} \omega_i x_i - \theta \right) = \text{sign}\left(\omega^T x - \theta \right) = \text{sign}\left(\omega \cdot x - \theta \right) \tag{10.1}$$

여기서 x_i는 입력값을 나타내며, $x_i \in R^n$인 벡터값을 갖는다. ω_i는 $\omega_i \in R^n$인 가중치 벡터이고, 결괏값 y와 임계치 θ는 스칼라다. 만약 m개의 학습 데이터가 있다고 하면 입력값의 데이터세트를 $\{x^1, \cdots, x^m\}$, 각 입력값에 따른 결과레이블 데이터세트를 $\{y^1, \cdots, y^m\}$로 표현할 수 있다. 이때 다음을 만족하는 가중치를 찾는 것이 학습 모델이다. 즉,

$$\text{sign}\left(\omega \cdot x^{\xi}\right) = y^{\xi}, \; \forall \xi \qquad (10.2)$$

여기서 주의할 것은 x^{ξ}는 벡터고 y^{ξ}는 스칼라다. 그리고 임계치 θ는 계산의 편의를 위해 생략했다.

다음은 단층 퍼셉트론의 학습 모델 중 가장 대표적인 퍼셉트론 러닝 알고리즘PLA: Perceptron Learning Algorithm을 설명하고 있다. 여기서 스칼라 값인 d^i는 i번째 학습 데이터를 가지고 예측된 결괏값이며, α는 학습률learning rate을 나타낸다. 학습률이란 근사해가 어느 정도로 실제값에 접근하게 할지를 정하는 계수로, 너무 작으면 해에 수렴하는 데 많은 시간이 소요되고 너무 크면 수렴하지 못하고 발산diverge하는 위험이 있다. PLA의 핵심은 예측값 d_i와 실제값 y_i가 같은 부호 즉 같은 측에 있을 때까지 반복해서 가중치를 갱신하는 것이다.

퍼셉트론 러닝 알고리즘(PLA)

❶ 가중치 초기화: $\omega^0 = 0$

❷ i-1번째 가중치와 i번째 학습 데이터로 결과 예측: $d^i = \text{sign}(\omega^{i-1} \cdot x^i)$

❸ if $\qquad\quad y^i d^i > 0 : \omega^i = \omega^{i-1}$

otherwise $\quad y^i d^i \leq 0 : \omega^i = \omega^{i-1} + \alpha y^i x^i$, 여기서 α는 학습률

❹ 모든 데이터가 $y^i d^i > 0$를 만족할 때까지 2, 3단계를 반복

로센블래트의 퍼셉트론 외에 맥컬록과 피츠의 TLU 이론을 기반으로 하는 또 다른 단층형 신경망이론이 있다.

1959년 스탠포드 대학의 전기공학 교수인 버나드 위드로Bernard Widrow는 퍼셉트론과 같은 단층형 인공 신경망을 발명한다. 위드로의 신경망 모델은 TLU와 같이 임계치를 가지는 논리 게이트 기반으로 돼 있고 각 입력값마다 가중치를 갖는다(그림 10.7).

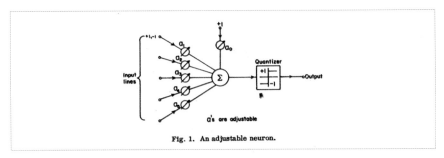

그림 10.7 ADALINE 구조(출처: B. Widrow, M. Hoff, Adaptive Switching Circuits, 1960)

1960년 위드로는 자신의 박사과정 학생이었던 마션 호프Marcian Hoff와 함께 『Adaptive Switching Circuits』이라는 논문을 통해 ADALINE이라는 단층 신경망 모델과 그 학습 알고리즘을 공개했다. 참고로 ADALINE은 **Ada**ptive **Line**ar neuron을 의미한다.

ADALINE의 학습모델은 최소평균제곱법LMS; Least Mean Square의 한 종류로 델타 룰Delta Rule이라고도 하고 위드로–호프 알고리즘이라고도 한다. 최소평균제곱법은 최적화 문제에서 많이 사용되는 알고리즘으로 예측값과 실제값의 차이인 에러의 제곱을 목적함수로 해서 지역최솟값을 찾는 방법이다. 즉, 초기에 예측된 값에서 목적함수의 기울기만큼 증가 또는 감소시켜 목적함수의 지역최솟값으로 접근해가면서 해를 찾는다. 이러한 이유로 최소평균제곱법을 델타 룰이라고 하며, 나중에 설명할 딥러닝의 가장 중요한 학습 방법인 경사감소법의 기본 이론으로 사용된다. 다음은 ADALINE의 학습 알고리즘인 위드로–호프 알고리즘이다.

위드로-호프 ADALINE 알고리즘

❶ 가중치 초기화: $\omega^0 = 0$

❷ x^i 입력, 여기서 $x^i \in \mathcal{R}^n$

❸ $d^i = \omega^i \cdot x^i$ 예측

❹ 목적함수 계산 $\mathcal{L}^i = \dfrac{1}{2}(d^i - y^i)^2$

❺ 델타 $\mathcal{L}^i$ 계산, $\Delta\mathcal{L}^i = \dfrac{\partial\mathcal{L}^i}{\partial\omega^i} = \dfrac{\partial\mathcal{L}^i}{\partial d^i} \cdot \dfrac{\partial d^i}{\partial\omega^i} = (\omega^i \cdot x^i - y^i)x^i$

❻ $\omega^{i+1} = \omega^i - \alpha\Delta\mathcal{L}^i = \omega^i - \alpha(\omega^i \cdot x^i - y^i)x^i$, 여기서 α는 학습률

❼ ω가 수렴할 때까지 2~6단계를 반복

다층 퍼셉트론

1962년 로센블래트는 자신의 퍼셉트론 이론을 보완하고 정리해서 『신경 역학의 법칙Principles of Neurodynamics』이라는 책을 출간한다.

그의 퍼셉트론 기본 구조는 3개의 유닛unit으로 구성돼 있는데, 첫 번째 단계는 센서(S, sensory) 유닛이고, 두 번째 단계는 연계(A, association) 유닛이다. 마지막 단계는 결과 출력에 해당하는 반응(R, response) 유닛이다. 로센블래트 퍼셉트론의 동작 순서는 S → A → R로 이뤄진다. 로센블래트의 유닛의 개념은 신경망에서 층의 개념과 동일하다.

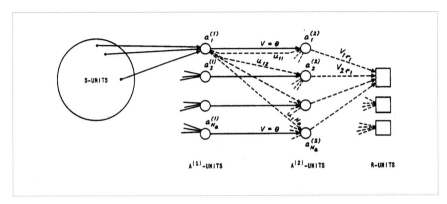

그림 10.8 로센블래트가 제안한 다층 퍼셉트론 개념

그림 10.8에서는 센서 유닛(S)과 첫 번째 연계 유닛(A1)은 하나로 묶어 입력층으로 볼 수 있겠다. 따라서 로센블래트가 그림 10.8에서 예시한 다층 퍼셉트론MLP: Multi-Layer Perceptron은 은닉층hidden layer이 A2 하나인 2층 퍼셉트론이라고 할 수 있다. 그런데 로센블래트가 본 예제를 통해 전달하려고 했던 것은 퍼셉트론의 층 수 개념보다는 정보가 센서 유닛에서부터 어떻게 반응 유닛까지 전달되는지에 대한 흐름이었다. 그는 이러한 구조를 띤 퍼셉트론을 전방향 연결 퍼셉트론series-coupled perceptron이라고 정의했다.

그는 또한 이 책에서 전방향 연결 퍼셉트론과 같이 신호가 앞으로만 전달되는 피드포워드 신경망feedforward neural network 뿐만이 아니라 같은 단계에 있는 뉴런 사이에서도 신호가 옆으로 전달되는 횡방향 연결 퍼셉트론cross-coupled perceptron과 반응 유닛에서 연계 유닛으로 신호가 역으로 전달되는 역방향 연결 퍼셉트론back-coupled perceptron을 소개하기도 했다(그림 10.9).

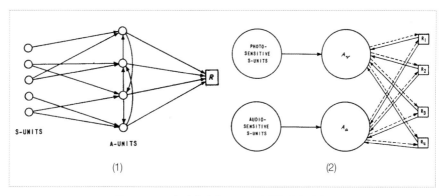

그림 10.9 (1) 교차 연결 퍼셉트론 (2) 역방향 연결 퍼셉트론

1969년 마빈 민스키는 동료인 세이무어 페퍼트와 공동으로 집필한 책『Percep trons: An Introduction to Computational Geometry』를 통해 단층 퍼셉트론의 한계를 수학적으로 증명하는 내용을 발표한다. 그들은 이 책에서 로센블래트의 퍼셉트론 이론은 매우 제한적인 용도로만 사용될 수 있을 뿐, 일반적인 문제에서는 적용하기 어렵다고 지적한다. 예를 들어, 그림 10.10과 같이 AND와 OR와 같은 선형적인 판별식에 로센블래트의 퍼셉트론을 적용하는 것은 가능하지만 XOR 같은 간단한 비선형 문제는 입력값을 판별할 수 없다는 것이다. XOR은 'eXclusive OR'를 뜻하는 논리 연산자로, 입력값 중 한 쪽만 1일 때만 1이고 둘 다 같은 값이면 0이 된다.

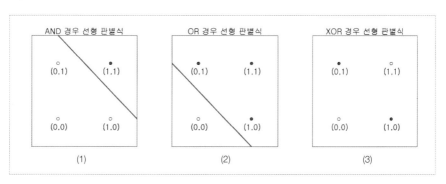

그림 10.10 (1) AND 판별식 가능 (2) OR 판별식 가능 (3) XOR 판별식 불가능

퍼셉트론에서 AND나 OR의 판별이 가능하다는 애기는 그러한 논리연산 신경망을 만들 수 있느냐라는 말과 같다. 즉, 0과 1의 신호를 가지는 입력값 x_1, x_2에 대해 AND와 OR이라는 논리 구조를 가지는 신경망을 만들 수 있다면 어떤 입력신호에 대해 AND나 OR의 논리 구조로 판별할 수 있게 된다.

민스키와 페퍼트가 주장한 바와 같이 XOR 문제는 어떠한 비선형 활성화 함수를 사용한다고 해도 여전히 단층 퍼셉트론으로는 해결할 수 없다. 즉, 단층 퍼셉트론은 XOR 논리 연산이 가능한 구조를 만들 수가 없다. 그러나 XOR 문제는 사실 입력층과 출력층 사이에 은닉층 수를 하나만 더하면, 즉 2층 퍼셉트론을 만들면 쉽게 해결할 수 있다(그림 10.11).

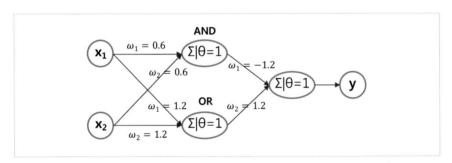

그림 10.11 2층 퍼셉트론을 이용한 XOR 판별식

이처럼 다층 퍼셉트론을 이용해 비선형 문제를 풀 수 있다는 매우 간단한 개념의 확장을 민스키와 페퍼트도 인지하고 있었지만 다층 퍼셉트론의 실효성에 부정적이었다. 그 이유는 다층 퍼셉트론을 학습시킬 수학적으로 정의된 모델이 없다는 것이 그들의 주장이었다.

다층 퍼셉트론에서 명확한 수학적인 학습모델을 찾는 데는 많은 시간이 걸렸지만 다층 퍼셉트론이 단층 퍼셉트론의 문제를 해결할 수 있다는 사실은 계속해서 설득력을 가지고 있었다. 그림 10.12는 신경망의 층 수에 따라 해결할 수 있는 문제의 복잡도를 개념적으로 보여준다. 즉 2차원 평면에 분포된 데이터세트를 색칠된 영역과 그렇지 않은 영역으로 구분하는 문제에서 은닉층의 개수가 늘어날수록 더욱 정교하게 분리할 수 있음을 알 수 있다.

은닉층의 역할은 앞 단계의 층에서 받은 데이터^{또는 신호}를 필터링해서 좀 더 구체화한 후 다음 단계의 층으로 전달하는 것이다. 은닉층의 개수가 늘어나면 더욱 복잡한 문제를 풀 수 있으나 컴퓨팅 계산량이 늘어난다.

또한 각 은닉층에는 여러 개의 뉴런을 배치할 수 있는데, 일반적으로 각 층마다 뉴런의 개수가 증가하면 문제의 표현을 좀 더 다양하게 할 수는 있지만 역시 컴퓨팅 부담이 증가한다. 각 은닉층마다 몇 개의 뉴런이 최적인지는 문제에 따라 다르며, 이것을 결정하는 정해진 기준과 법칙이 있는 것이 아니다. 대부분 은닉층의 뉴런 수는 퍼셉트론 설계자의 직감과 경험에 의존한다.

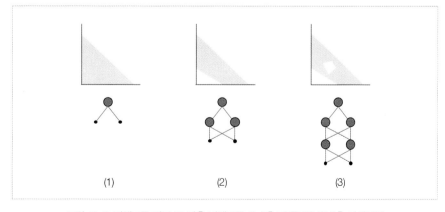

그림 10.12 퍼셉트론 비교 (1) 단층 퍼셉트론 (2) 2층 퍼셉트론 (3) 3층 퍼셉트론

피드포워드 신경망

일반적으로 인공신경망은 다층 퍼셉트론을 의미한다. 다층 퍼셉트론에서 정보의 흐름은 입력층에서 시작해 은닉층을 거쳐 출력층으로 진행된다. 정보가 전방으로 전달되는 것은 생물학적 신경계에서도 유사하게 나타나며, 이러한 원리에 의해 인공신경망을 피드포워드 신경망FNN: Feedforward Neural Network이라 한다. 피드포워드 신경망은 딥러닝에서 가장 핵심적인 구조 개념이다(그림 10.13).

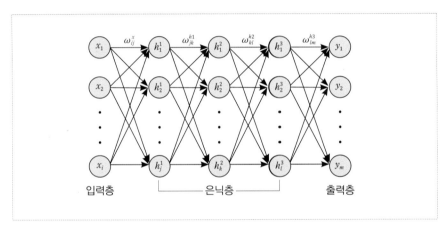

그림 10.13 피드포워드 신경망 구조

피드포워드 신경망에서 입력층은 입력 데이터를 받아들이는 기능을 한다. 따라서 입력층의 뉴런 또는 노드 개수는 입력 데이터의 특성 개수와 일치한다. 예를 들어, 붓꽃의 데이터를 판별하는 태스크를 인공신경망으로 모형화한다면 붓꽃 꽃잎의 길이와 너비, 꽃받침의 길이와 너비가 입력층의 뉴런이 된다. 따라서 이 경우 입력층의 뉴런 수는 4개가 되며 그림 10.13에서는 $i=4$가 된다.

은닉층의 뉴런 수와 은닉층의 개수를 정하는 것은 앞서 설명한 바와 같이 신경망을 설계하는 사람의 직관과 경험에 의존한다. 은닉층에서 뉴런 수가 너무 많으면 오버피팅이 발생하고 뉴런 수가 너무 적으면 입력 데이터를 충분히 표현하지 못하는 경우가 발생한다. 또한 은닉층의 개수가 너무 많으면 효율성 관점에서 크게 도움이 되지 않을 수 있다. 예를 들면, 은닉층 수를 2배로 늘렸을 경우 컴퓨팅 시간은 400%로 증가했는데 결과의 정확성은 10% 증가하는 경우다. 즉, 투자 효율성cost benefit을 고민해야 하는 부분이다.

은닉층의 각 뉴런은 두 가지 역할을 수행한다. 첫 번째는 앞 층에서 전달받은 데이터를 가중치를 고려해 선형적으로 합산하고, 두 번째는 합산된 값을 활성화 함수에 적용해 다음 층의 뉴런으로 전달하는 피드포워드를 수행한다. 이 과정을 활성화 함수인 시그모이드 함수sigm를 사용할 경우 다음과 같이 표현할 수 있다.

$$h_j^1 = \text{sigm}\left(\sum_{\xi=1}^{i} \omega_{\xi j}^x x_\xi\right) = \text{sigm}\left(\omega_{ij}^x \cdot x_i\right) = \frac{1}{1 + e^{-\omega_{ij}^x \cdot x_i}} \tag{10.3}$$

$$h_k^2 = \text{sigm}\left(\sum_{\xi=1}^{j} \omega_{\xi k}^{h1} h_\xi^1\right) = \text{sigm}\left(\omega_{jk}^{h1} \cdot h_j^1\right) = \frac{1}{1 + e^{-\omega_{jk}^{h1} \cdot h_j^1}} \tag{10.4}$$

$$h_l^3 = \text{sigm}\left(\sum_{\xi=1}^{k} \omega_{\xi l}^{h2} h_\xi^2\right) = \text{sigm}\left(\omega_{kl}^{h2} \cdot h_k^2\right) = \frac{1}{1 + e^{-\omega_{kl}^{h2} \cdot h_k^2}} \tag{10.5}$$

은닉층에서 사용되는 활성화 함수의 주요 역할은 뉴런으로 모아진 신호를 좀 더 변별력 있는 상태로 전환하는 것이다. 특히 임계치를 적용해 의미 없는 데이터는 사전에 필터링한다. 경사감소법과 같은 델타 룰을 이용해 최적해를 구하는 방법을 사용할 때는 계산의 편의성을 위해 1차 미분이 용이한 활성화 함수를 선정한다.

피드포워드 신경망에서 마지막 층인 출력층은 해결하고자 하는 문제의 성격과 직결돼 있다. 예를 들면, 붓꽃을 판별하는 문제라면 출력층의 역할은 붓꽃의 후보 그룹 중에서 하나를 결정하는 것이고, 필기체 숫자를 인식하는 역할이라고 하면 0부터 9까지 숫자를 선정해야 한다. 또는 어떤 범위 내에 임의의 값을 예측하는 문제인 경우에는 회귀식으로도 표현할 수 있다.

이처럼 피드포워드 신경망에서 원하는 결과를 얻기 위해서는 뉴런 사이에 정보 전달 과정에 작용하는 적당한 가중치를 알아내야 한다. 우리는 이것을 학습이라고 하는데, 70년대 중반까지 여러 개의 층으로 구성돼 있는 피드포워드 신경망에서는 명확한 학습 이론이 정의되지 못했다.

1974년에 하버드 대학교 박사과정이었던 폴 워보스는 자신의 학위논문에서 피드포워드 신경망에 역전파BP; Back Propagation 이론을 처음 적용했다. 나중에 그는 이 공로로 IEEE로부터 인공신경망 선구자 상을 받기도 했다. 역전파 학습이론은 1985년에는 데이비드 파커와 얀 르쿤 등에 의해 재발견됐고 이후 1986년 데이비드 러멜하트, 제프리 힌튼, 로날드 윌리엄스는 역전파의 이론이 딥 구조를 가진 신경망에서 핵심적인 학습모델로 자리잡는 데 결정적인 기여를 하게 된다.

역전파

역전파는 레이블된 학습 데이터를 가지고 여러 개의 은닉층을 가지는 피드포워드 신경망을 학습시킬 때 사용되는 대표적인 지도학습 알고리즘이다. 현재 역전파 알고리즘은 신경망에서 가장 많이 사용되고 있는 학습 알고리즘인데, 그 이유는 명확한 수학적 이론을 기반으로 계산의 편리성까지 제공하기 때문이다. 역전파라는 용어는 예측된 결과와 실제값의 차이인 에러의 역전파를 통해 가중치를 구한다는 의미인 '에러의 역방향 전파backward propagation of errors'에서 시작됐다. 그림 10.14는 역전파의 동작 원리를 보여준다. 역전파 학습은 크게 3단계 과정이 반복적으로 이뤄진다.

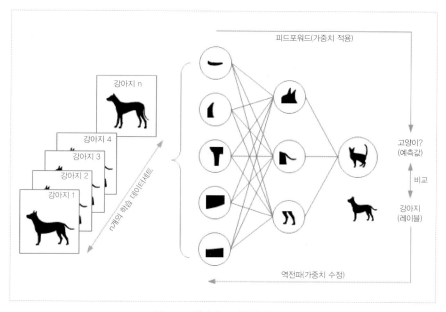

그림 10.14 역전파를 이용한 학습 개념

첫 번째는 피드포워드 과정이다. 이 과정에서는 먼저 모든 층에 있는 가중치를 적당히 작은 임의의 수로 초기화한다. 초기화가 완료되면 레이블된 학습 데이터를 입력층에서 입력받아 은닉층을 통해 출력층까지 피드포워드한다. 그림 10.13과 같은 피드포워드 신경망이 있다고 가정하면 첫 번째 단계의 결과는 다음과 같다. 여기서 A는 시그모이드와 같은 활성화 함수를 의미한다.

$$\widehat{y_\xi} = \mathcal{A}\left(\sum_{\eta=1}^{l}\omega_{\eta\xi}^{h3}h_\eta^3\right), \quad \xi \in \{1,\dots,m\} \tag{10.6}$$

두 번째 단계는 에러의 역전파 계산 과정이다. 즉, 에러의 역전파를 통해 출력층에서 나타난 에러를 최소화하는 가중치를 찾는 과정이다. 이를 위해 첫 번째 단계에서 피드포워드된 예상값과 실제값의 차이인 에러를 구하고 델타 룰^{Delta Rule}을 적용한다. 즉, 에러의 최소평균제곱을 구하고 이를 가중치에 대한 미분값을 구한다. 이때 실제값을 y_ξ라고 하면 에러를 기반으로 하는 목적함수를 다음과 같이 구할 수 있다.

$$E = \frac{1}{2}\sum_{\xi=1}^{m}\left(y_\xi - \widehat{y_\xi}\right)^2 \tag{10.7}$$

목적함수 E를 가중치 $\omega_{\eta\xi}^{h3}$에 대한 미분을 하면 다음과 같다.

$$\frac{\partial E}{\partial \omega_{\eta\xi}^{h3}} = -\left(y_\xi - \widehat{y_\xi}\right)\frac{\partial \widehat{y_\xi}}{\partial \omega_{\eta\xi}^{h3}} = -\left(y_\xi - \widehat{y_\xi}\right)\mathcal{A}'\left(\sum_{\eta=1}^{l}\omega_{\eta\xi}^{h3}h_\eta^3\right)h_\eta^3 \tag{10.8}$$

이 미분값은 델타 룰에 적용되어 가중치를 보정하는 데 사용된다. 여기서 델타 룰은 항상 출력층에서부터 시작해 피드포워드의 반대인 역방향으로 진행된다.

마지막 과정인 세 번째 단계에서는 가중치를 조정한다. 앞 단계에서 계산된 에러의 최소평균제곱의 미분값을 이용해 학습률^{learning rate}을 선정한 후 학습률만큼 수정된 가중치를 구한다. 이때 학습률을 α라고 하면 델타 룰을 이용해 가중치를 조정하는 수식은 다음과 같이 표현된다.

$$\omega_{\eta\xi}^{h3} = \omega_{\eta\xi}^{h3} - \alpha \frac{\partial E}{\partial \omega_{\eta\xi}^{h3}} = \omega_{\eta\xi}^{h3} + \alpha \left(y_{\xi} - \widehat{y}_{\xi} \right) \mathcal{A}' \left(\sum_{\eta=1}^{l} \omega_{\eta\xi}^{h3} h_{\eta}^{3} \right) h_{\eta}^{3}$$

(10.9)

위 수식을 신경층 l^1의 뉴런 i에서 신경층 l^2의 뉴런 j로 피드포워드되는 경우로 일반화하면 다음과 같다.

$$\omega_{ij} = \omega_{ij} + \alpha \Delta_j O_i$$

(10.10)

여기서

ω_{ij} ≡ 뉴런 i에서 뉴런 j로 연결되는 가중치

α ≡ 학습률

Δ_j ≡ $E_j A'(I_j)$

E_j ≡ 뉴런 j에서 에러

I_j ≡ 뉴런 j에서 활성화 전 입력값

O_i ≡ 뉴런 i에서 활성화 후 출력값

위와 같이 출력층에서 시작한 에러의 역전파는 체인룰을 이용해 앞 단계의 은닉층으로 이동하면서 동일한 방법으로 가중치를 구한다. 위의 3단계 과정을 반복하면서 사전에 목표한 정확도에 도달할 때까지 계속 진행한다.

경사감소법

경사감소법은 최적화 문제에서 지역최솟값을 구하는 데 사용되는 가장 보편적인 알고리즘이다. 이 방법은 다른 머신러닝 모델 중에서 서포트 벡터 머신 모델이나

회귀 모델에서도 사용되고 있으며, 특히 피드포워드 신경망의 학습모델인 역전파 알고리즘에서는 사실상 표준으로 알려져 있다. 최근 대부분의 딥러닝의 프레임워크에는 경사감소법 라이브러리가 필수적으로 설치돼 있다.

경사감소법에서 사용되는 그레디언트gradient는 수학식으로는 $\nabla f = \frac{\partial f}{\partial x} = (\frac{\partial f}{\partial x_1}, \cdots, \frac{\partial f}{\partial x_n})^T$로 표현하며, 기하학적으로 함수 $f(x)$의 가장 가파른 접선tangent 벡터를 의미한다. 이러한 이유로 경사감소법을 다른 용어로 최급경사법 steepest descent이라고도 한다. 경사감소법은 에러의 최소평균제곱이라는 목적함수를 최적화하는 델타 룰을 기반으로 한다. 여기서 경사감소법에 사용되는 델타 룰을 다시 한번 정리해 보기로 하자.

만약 p개의 학습 데이터세트가 있는 경우, 식 (10.7)과 같은 역전파를 이용하여 학습을 하고자 할 때 먼저 다음과 같이 최소평균제곱 형태의 목적함수를 정의할 수 있다. 이때 m은 출력층의 뉴런수다.

$$\mathrm{E} = \sum_{k=1}^{p} \mathrm{E}^k, \ \mathrm{E}^k = \frac{1}{2} \sum_{j=1}^{m} (y_j^k - \hat{y}_j^k)^2 \qquad (10.11)$$

여기서 y_j^k는 학습데이터 k에 대해 출력층 뉴런 j에서의 실제값이고, $\hat{y}_j^k$는 학습데이터 k에 대해 출력층 뉴런 j에서의 예측값이다. 출력층 바로 앞단계의 은닉층 뉴런 i에서의 출력값을 x_i라고 하고, 이 은닉층 뉴런 i에서 출력층 뉴런 j로의 가중치를 ω_{ij}라고 하면 학습데이터 k에 대해 예측값은 $\hat{y}_j^k = \mathcal{A}(\sum_i \omega_{ij} x_i)$로 표현된다. 이때 $\mathcal{A}(\cdot)$는 시그모이드와 같은 활성화 함수다.

목적함수 E는 그림 10.15와 같이 가중치가 한 개인 경우에는 2차원 평면에서 2차 곡선으로 표현할 수 있으며, 2개 이상인 경우에는 n차원 공간에서 2차 평면quadratic surface으로 표현할 수 있다.

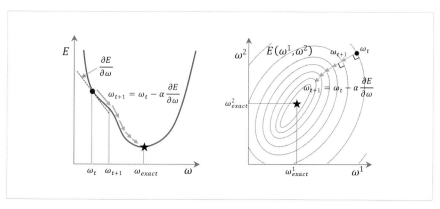

(1) 2차원에서의 최솟값   (2) 3차원에서의 최솟값

그림 10.15 경사감소법의 적용 사례

델타 룰은 2차 곡선 또는 2차 평면 위에 있는 임의의 점에서 시작해 델타(Δ)만큼 반복적으로 보정하면서 최저점으로 접근하는 방법이다. 만약 이 최저점이 글로벌 최솟값이면 정확해가 된다. 델타 룰은 이 최저점에 가장 근접한 근사해를 구하는 것이 목적이다. 이를 수식으로 표현하면 다음과 같다. 여기서 t는 반복되는 횟수를 의미한다.

$$\omega(t+1) = \omega(t) + \Delta\omega(t) \tag{10.12}$$

델타 룰에서 $\Delta\omega(t)$를 구하는 것이 경사감소법의 핵심이다. $\Delta\omega(t)$는 벡터이므로 기본적인 두 개의 성분이 필요하다. 하나는 방향이고 다른 하나는 크기다. $\Delta\omega(t)$의 방향은 그림 10.15에서 보는 바와 같이 목적함수의 그레디언트이며

$\nabla E = \dfrac{\partial E}{\partial \omega} = (\dfrac{\partial E}{\partial \omega^1}, \cdots, \dfrac{\partial E}{\partial \omega^n})^T$ 로 표현된다. 그레디언트는 목적함수 그래프에서 접선 방향의 가장 가파른 기울기를 의미한다. 이때 주의해야 할 것은 아래 방향의 기울기는 그레디언트에 (−) 값을 취해야 한다는 것이다.

다음은 $\Delta\omega(t)$의 크기다. $\Delta\omega(t)$의 크기는 t 단계에서 다음 단계인 $t+1$까지 얼만큼의 거리로 이동할 것인가를 결정한다. 따라서 $\Delta\omega(t)$의 크기를 결정할 때에는 그레디언트 벡터가 갖는 크기에 추가적인 보정이 필요하다. 크기를 보정하는 방법은 라인 서치line search와 같은 정밀한 방법exact method과 학습률(α) 개념을 이용하는 근사적 방법inexact method이 있다. 라인 서치는 2차 평면으로 표현된 목적함수 등고선을 그레디언트 벡터 방향으로 절단한 후 생성된 2차원 평면에서 포물선의 최솟값까지 거리를 정확히 계산하여 이동 거리로 사용하는 방법이다.

반면에 일정한 이동거리를 갖는 학습률은 정확해에 접근하는 학습 속도를 의미하며 사용자가 경험적 방법으로 사전에 정한다. 학습률을 정할 때 일종의 페널티 법칙이 있는데, 학습률을 너무 작게 잡으면 발산하지 않고 안전하게 정확해에 접근하지만 반복 횟수가 많아져 계산 시간이 오래 걸린다. 반대로 학습률을 너무 크게 잡으면 빠르게 정확해에 접근하지만 수렴하지 못하고 발산할 가능성이 있다. 최근에는 이를 개선하기 위해 학습이 진행되는 중간에 ω의 수렴 정도에 따라 학습률 크기를 조정한다. 즉, ω가 수렴하는 과정이면 더욱 수렴 속도를 빠르게 하기 위해 학습률을 증가시키고 ω가 발산하는 경향을 보이면 학습률을 줄인다.

본 장에서는 $\Delta\omega(t)$의 크기를 결정하는 방법으로 근사적 방법인 학습률 개념을 이용하기로 한다. 먼저 학습률 α를 목적함수 E의 그레디언트에 적용하면 다음과 같이 ω의 증가분인 $\Delta\omega(t)$를 얻을 수 있다.

$$\Delta\omega(t) = -\alpha\frac{\partial E}{\partial \omega}$$

(10.13)

식 (10.13)에 식 (10.11)을 대입하고 체인 룰^{chain rule}을 이용하면 다음과 같이 표현할 수 있다. 여기서 ω_{ij}는 은닉층 뉴런 i에서 출력층 뉴런 j로의 가중치다.

$$
\begin{aligned}
\Delta\omega_{ij}(t) &= -\alpha\frac{\partial\sum_{k=1}^{p}\mathrm{E}^k}{\partial\omega_{ij}} \\
&= -\alpha\sum_{k=1}^{p}\frac{\partial\mathrm{E}^k}{\partial\omega_{ij}} \\
&= -\alpha\sum_{k=1}^{p}\frac{\partial\frac{1}{2}\sum_{j=1}^{m}\left(y_j^k - \widehat{y}_j^k\right)^2}{\partial\omega_{ij}} \\
&= -\alpha\sum_{k=1}^{p}\frac{\partial\frac{1}{2}\sum_{j=1}^{m}\left(y_j^k - \widehat{y}_j^k\right)^2}{\partial\widehat{y}_j^k}\frac{\partial\widehat{y}_j^k}{\partial\omega_{ij}} \\
&= \alpha\sum_{k=1}^{p}\left(y_j^k - \widehat{y}_j^k\right)\frac{\partial\widehat{y}_j^k}{\partial\omega_{ij}}
\end{aligned}
$$

(10.14)

식 (10.14)에 $\widehat{y}_j^k = \mathcal{A}(\sum_i\omega_{ij}x_i)$를 대입하고 다시 체인 룰을 적용하면 식 (10.15)를 얻을 수 있다.

$$
\begin{aligned}
\Delta\omega_{ij}(t) &= \alpha\sum_{k=1}^{p}\left(y_j^k - \widehat{y}_j^k\right)\frac{\partial\mathcal{A}\left(\sum_i\omega_{ij}x_i\right)}{\partial\sum_i\omega_{ij}x_i}\frac{\partial\sum_i\omega_{ij}x_i}{\partial\omega_{ij}} \\
&= \alpha\sum_{k=1}^{p}\left(y_j^k - \widehat{y}_j^k\right)\mathcal{A}'\left(\sum_i\omega_{ij}x_i\right)x_i
\end{aligned}
$$

(10.15)

식 (10.15)를 식 (10.12)에 대입하면 경사감소법을 이용한 가중치 ω를 구하는 최종식을 얻을 수 있다.

$$\omega_{ij}\left(t+1\right) = \omega_{ij}\left(t\right) + \Delta\omega_{ij}\left(t\right)$$
$$= \omega_{ij}\left(t\right) + \alpha\sum_{k=1}^{p}\left(y_j^k - \hat{y}_j^k\right)\mathcal{A}'\left(\sum_i \omega_{ij}x_i\right)x_i \tag{10.16}$$

식 (10.16)은 p개의 모든 학습데이터를 기반으로 누적된 $\Delta\omega(t)$를 구하는 것이 특징이다. 이처럼 모든 학습데이터를 가지고 $\Delta\omega(t)$를 구하는 방법을 일반적으로 경사감소법GD 또는 배치 경사감소법BGD; Batch Gradient Descent이라고 한다.

학습 데이터가 많은 대규모 문제에서는 모든 데이터를 적용하여 $\Delta\omega(t)$를 구하는 것이 상당히 부담스럽다. 그리고 배치 경사감소법이 가지고 있는 또 다른 단점은 가중치의 초기 설정값에 따라 근사해가 지역최솟값 함정에 빠지는 경우가 있다는 것이다. 결론적으로 배치 경사감소법은 적절한 학습률을 정하면 확실하게 최솟값에 수렴하는 장점이 있으나 대규모 문제를 푸는 데 컴퓨팅 자원 소모량이 많고 ω의 초기 설정값에 따라 글로벌 최솟값이 아닌 지역 최솟값에 수렴하는 단점이 있다.

이러한 배치 경사감소법이 지닌 문제점을 해결하기 위해 제안된 것이 확률적 경사감소법이다SGD; Stochastic Gradient Descent. 확률적 경사감소법은 온라인 경사감소법online gradient descent이라고도 한다. 발표된 연구에 의하면 확률적 경사감소법은 일반적으로 학습시간이 병목인 경우에 사용된다.

확률적 경사감소법은 배치 경사감소법과는 다르게 전체 학습 데이터를 사용하지 않고 확률적으로 선택한 하나의 샘플만을 사용한다. 이때 사용되는 하나의 샘플은 학습 데이터를 섞은shuffling 후 임의로 선정하기 때문에 정확해로 수렴하는 $\omega(t)$의 경로가 'zig-zag' 모양을 보인다. 이러한 이유로 지역 최솟값에 빠진 $\omega(t)$를 탈출시킬 수 있어 글로벌 최솟값에 수렴하게 하는 장점을 가진다. 확률적 경사감소법은 다음과 같이 표현할 수 있다.

$$\omega_{ij}\left(t+1\right)=\omega_{ij}\left(t\right)+\alpha\left(y_j^k-\widehat{y}_j^k\right)\mathcal{A}'\left(\sum_i\omega_{ij}x_i\right)x_i \tag{10.17}$$

여기서 k는 임의로 선택된 한 개의 학습 데이터다.

확률적 경사감소법은 배치 경사감소법의 몇 가지 단점을 해결할 수는 있지만 최적의 학습률을 구하기 위해 사용자가 일일이 튜닝하는 작업이 필요하며, 또한 수렴 조건을 그때그때 조정해야 한다는 단점이 있다. 또 다른 단점은 학습 데이터를 온라인식으로 순차적으로 사용하기 때문에 데이터 종속성이 발생해 병렬컴퓨팅의 효과를 얻기 어렵다.

배치 경사감소법과 확률적 경사감소법의 단점을 보완하고 장점을 취한 방법이 바로 미니배치 경사감소법MBGD; Mini-Batch Gradient Descent이다. 미니배치 경사감소법은 p개의 전체 데이터세트를 적당한 크기의 미니 데이터세트로 나누고 이 미니 데이터세트를 가지고 배치 경사감소법을 적용하는 것이다. 즉, 이를 수식으로 표현하면 다음과 같다.

$$\omega_{ij}\left(t+1\right)=\omega_{ij}\left(t\right)+\alpha\sum_{k=1}^{B}\left(y_j^k-\widehat{y}_j^k\right)\mathcal{A}'\left(\sum_i\omega_{ij}x_i\right)x_i \tag{10.18}$$

여기서 B는 미니배치의 크기이고 전체 학습 데이터세트의 부분집합이다. 일반적으로 B의 크기는 1<B<100 사이의 값을 취하는데, B값에 따라 안정적인 수렴 정

도와 지역최솟값을 회피하는 데 영향을 준다. 특히 $\sum_{k=1}^{B}(\cdot)$의 컴퓨팅 계산과정에는 무수히 많은 행렬과 벡터의 반복계산이 포함돼 있어 최근에 딥러닝에서 널리 이용되고 있는 GPU 기반의 효율적인 병렬컴퓨팅을 위해서는 B의 크기를 적당히 선정하는 것이 중요하다.

모든 학습 데이터세트에 대해 피드포워드와 역전파 과정을 완료시킨 것을 1에포크 epoch라고 한다. 즉, 한 세대의 학습이 이뤄진 것이다. 희망하는 정확도를 얻기까지 여러 번의 에포크가 필요하다. 이를 위해 경사감소법에서는 정확해에 근접하기 위해 전체 학습 데이터를 반복적으로 사용한다.

배치 경사감소법에서는 한 에포크에 단 한 번의 가중치 업데이트가 발생하고 미니배치 경사감소법에서는 한 에포크 안에 전체 학습 데이터세트와 미니배치 크기의 비율만큼 가중치 업데이트가 발생한다. 예를 들면, 전체 데이터세트의 크기가 10,000이고 미니 데이터세트의 크기를 50이라고 하면 한 에포크 내에 200번의 가중치 업데이트가 발생한다. 같은 방법으로 한 개의 샘플 데이터를 가지고 $\Delta\omega(t)$를 구하는 확률적 경사감소법에서는 10,000번의 가중치 업데이트가 발생한다.

딥러닝의
핵심기술

컨볼루션 신경망

1979년 쿠니히코 후쿠시마Kunihiko Fukushima는 최초로 인공신경망에 신경생리학 이론을 적용한 네오코그니트론Neocognitron 모델을 발표한다[1]. 네오코그니트론 모델은 신경생리학 분야에서 노벨상을 수상한 데이비드 허블과 토르스텐 위젤Torsten Wiesel의 연구에 직접적인 영향을 받았다. 허블과 위젤의 연구는 고양이의 시각 과정에서 뇌의 시각 피질의 동작 구조를 밝힌 것이다. 후쿠시마의 네오코그니트론 모델은 컨볼루션 신경망Convolutional Neural Network의 시작이었다.

사람의 시각인지 과정을 모방한 컨볼루션 신경망은 태생적으로 컴퓨터 비전 분야에서 독보적인 방법으로 사용되고 있다. 다양한 형태의 데이터에서 원하는 특성을 추출하는 데 탁월한 성능을 보여주는 컨볼루션 기술은 신호 처리나 음성인식 분야 등 여러 분야에서 활용되고 있다.

컨볼루션은 원래 수학에서 사용되는 용어로 다음과 같이 두 개의 함수 연산을 말한다.

$$c(x) = (f * g)(x)$$
$$= \int_{-\infty}^{\infty} f(a)g(x-a)da \tag{11.1}$$

일반적으로 컨볼루션 연산에서는 연산기호 *를 사용한다. 예를 들면, 그림 11.1과 같이 단위 길이의 폭을 가지고 크기가 1인 펄스pulse 형태의 함수 $f(a)$와 $g(x-a)$가 있을 때, $f(a)$가 오른쪽으로 이동하면서 $g(x-a)$와 겹치는 부분의 면적이 컨볼루션이다.

---

1 Fukushima, K. (1979). Neural network model for a mechanism of pattern recognition unaffected by shift in position – Neocognitron. Trans. IECE, J62–A(10):658–665.

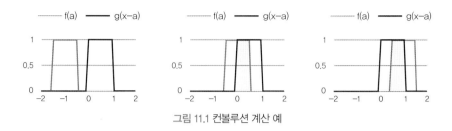

그림 11.1 컨볼루션 계산 예

즉, 이 경우 컨볼루션 $c(x) = (f * g)(x)$의 결과는 다음과 같이 표현할 수 있다.

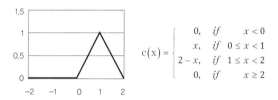

$$c(x) = \begin{cases} 0, & if \quad x < 0 \\ x, & if \quad 0 \le x < 1 \\ 2 - x, & if \quad 1 \le x < 2 \\ 0, & if \quad x \ge 2 \end{cases}$$

만약 컨볼루션을 불연속 공간에서 적용할 경우에는 다음과 같이 표현할 수 있다.

$$c[i] = (f * g)[i]$$
$$= \sum_{a=-\infty}^{+\infty} f(a)g(i - a) \tag{11.2}$$

1차원상에서 표현된 컨볼루션을 2차원으로 확대하면 다음과 같다. 여기서는 편의상 불연속 공간에서의 예를 들었다.

$$C[i][j] = (F * G)[i, j]$$
$$= \sum_{m} \sum_{n} F(m, n) G(i - m, j - n) \tag{11.3}$$

이미지 처리나 신호 분석 분야에서 컨볼루션 기법을 사용하는 이유는 원본 이미지나 음파 등의 시그널에 섞여 있는 특성을 분리하고 추출하는 데 있다. 이를 위해 필터 커널이라는 것을 이용한다. 예를 들면, 디지털 이미지에서 어떤 물체의 경계선 중 수직 성분의 에지^{edge}나 같은 톤으로 이뤄진 배경 등을 추출하고자 할 때 각각 수직선 에지 필터 커널이나 블러^{blur} 필터 커널을 사용한다. 이렇게 필터 커널을 사용해 원본 이미지에 컨볼루션을 취하면 필터의 특성에 맞게 강조된 이미지를 얻을 수 있다.

그림 11.2는 2차원 이미지의 컨볼루션을 이용한 필터링 개념을 보여준다. 'O' 모양의 형태를 가진 10×10픽셀 크기의 그레이스케일 이미지가 있다. 이 경우 각 픽셀은 0부터 10까지의 크기를 갖는다고 정의했다. 이 이미지에서 수평 방향의 특성을 추출하고자 할 때는 수평 성분 필터 커널을 사용한다. 즉, 커널의 수평 성분에는 0이 아닌 실수값을 할당하고 다른 성분은 0으로 하는 필터다. 이 경우 3×3 크기의 필터 커널 F_{ij}를 사용했고 $F_{2j} = 1, j = 1,2,3$을 부여했다. 이때 나머지 성분은 $F_{ij} = 0, if\ i \neq 2$로 설정했다. 이때 필터의 높이와 너비는 각각 3이다. 일반적으로 필터는 원본 이미지 크기보다 작은 $n \times n$ 정방행렬을 사용하지만 비정방행렬이어도 상관은 없다.

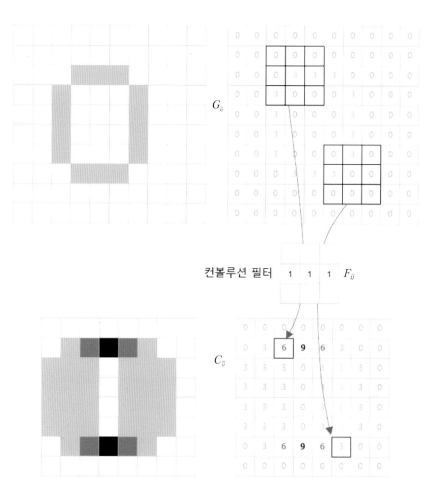

그림 11.2 컨볼루션 방법을 이용한 이미지 필터링 개념

필터는 원본 이미지의 왼쪽 구석부터 시작해서 정해진 칸 수만큼 오른쪽으로 이동하면서 컨볼루션을 계산한다. 2차원 컨볼루션 공식을 이용하면 그림 11.2 상단에 있는 컨볼루션은 다음과 같이 구할 수 있다.

$$
\begin{aligned}
C[2][3] &= F(1,1)G(2,3) + F(1,2)G(2,4) + F(1,3)G(2,5) + \\
&\quad F(2,1)G(3,3) + F(2,2)G(3,4) + F(2,3)G(3,5) + \\
&\quad F(3,1)G(4,3) + F(3,2)G(4,4) + F(3,3)G(4,5) \\
&= 0 \times 0 + 0 \times 0 + 0 \times 0 + \\
&\quad 1 \times 0 + 1 \times 3 + 1 \times 3 + \\
&\quad 0 \times 3 + 0 \times 0 + 0 \times 0 \\
&= 6
\end{aligned}
$$

같은 방법으로 $C[7][6]$은 다음과 같다.

$$
\begin{aligned}
C[7][6] &= F(1,1)G(7,6) + F(1,2)G(7,7) + F(1,3)G(7,8) + \\
&\quad F(2,1)G(8,6) + F(2,2)G(8,7) + F(2,3)G(8,8) + \\
&\quad F(3,1)G(9,6) + F(3,2)G(9,7) + F(3,3)G(9,8) \\
&= 0 \times 0 + 0 \times 3 + 0 \times 0 + \\
&\quad 1 \times 3 + 1 \times 0 + 1 \times 0 + \\
&\quad 0 \times 0 + 0 \times 0 + 0 \times 0 \\
&= 3
\end{aligned}
$$

위와 같이 수평 에지를 가지는 필터를 오른쪽으로 8단계, 아래쪽으로 8단계를 이동하면서 컨볼루션을 계산하면 수평 에지의 특성이 강조된 이미지가 생성된다. 즉 'O'의 모양을 하고 있는 이미지의 위 부분과 아래 부분에 있는 수평 성분이 강조된 컨볼루션 이미지를 볼 수 있다. 이렇게 생성된 이미지를 특성지도feature map라고 한다.

같은 방법으로 원본 이미지에서 어떤 특성을 추출하고자 할 때는 그 특성을 대표하는 필터 커널을 사용해 컨볼루션을 취한다. 그림 11.3은 이미지 필터링에서 일반적으로 사용되는 필터 커널들이다.

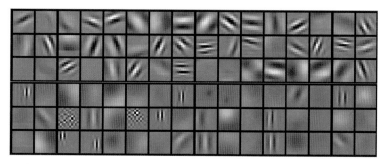

그림 11.3 컨볼루션 네트워크에 사용되는 이미지 필터 커널(출처: 제프리 힌튼, NIPS 2012)

만약 원본 이미지의 크기가 $m \times m$이고 필터 커널의 크기가 $n \times n$이면 이것을 필터링한 특성지도는 높이와 너비가 각각 $\frac{(m-n)}{s}+1$인 이미지가 된다. 여기서 s는 필터 커널이 이동하는 보폭stride 크기다. 즉, 커널이 한 칸씩 이동하면 s는 1이 되고 두 칸씩 이동하면 s는 2가 된다.

원본 이미지의 각 픽셀은 입력변수 또는 특성이 된다. 즉, 10×10 크기의 원본 이미지로 예를 든다면, 입력층에는 $10 \times 10 = 100$개의 뉴런이 있는 셈이다. 이 입력값에 3×3 크기의 필터 커널을 중첩해서 컨볼루션을 계산한다는 것은 3×3 개수의 뉴런 출력값에 3×3 개수의 가중치를 각 곱하고 모두 더한 것을 의미한다. 즉, 상위 뉴런이 하위 뉴런에서 출력되는 값에 가중치를 곱하고 더하는 과정을 행렬계산 형태로 하는 것과 같다. 이렇게 계산된출력된 값은 은닉층의 한 개의 뉴런에 연결되는데 전체 10×10에 대해 필터링된 은닉층의 뉴런 집합은 8×8 크기를 갖는다. 만약 다른 특성을 더 추출하기 위해 3×3 크기의 필터 커널을 모두 6개를 사용한다고 하면 은닉층에 생기는 컨볼루션 뉴런 개수는 $6 \times 8 \times 8 = 384$개다. 이때 입력층의 뉴런과 컨볼루션 뉴런의 연결망의 개수는 $384 \times 3 \times 3 = 3,456$개가 된다. 여기서 384개의 뉴런마다 임계치에 필요한 신경망 연결을 더하면 $3,456 + 384 = 3,840$의 신경망이 필요하다. 즉, 3,840개의 매개변수를 가지는 신경망이 된다.

가중치 행렬인 필터 F_{ij}를 가지고 입력 데이터의 컨볼루션을 계산할 때 F_{ij}의 각 성분값은 고정돼 있다. 즉, 한 가지 필터를 가지고 전체 입력 데이터에 동일하게 적용한다. 이를 가중치 공유shared weight라고 하는데 이를 통해 매개변수가 감소해 역전파 계산 시 문제의 복잡도가 상당한 크기로 줄어든다.

필터 커널을 이용해 컨볼루션 계산이 완료되면 각 픽셀에 있는 데이터를 활성화 함수에 적용해 좀 더 판별력 있게 만든다. 활성화 함수의 적용 여부와 어떠한 활성화 함수를 사용할지는 사용자의 판단에 따른다. 최근에 이미지 분석 분야에서 가장 많이 사용되는 활성화 함수는 ReLU다. 발표된 연구에 의하면 ReLU는 입력 데이터를 적절히 활성화하고 1차 미분이 상수값이기 때문에 학습 속도가 매우 빠르다는 장점이 있다.

컨볼루션이 완료된 데이터를 활성화 함수에 통과시키고 나면 필터링 과정이 완료된다. 필터링 과정은 입력 데이터 이미지의 특성을 추출하는 것이 목적이기 때문에 처리해야 할 데이터 양의 관점에서는 여전히 원본 데이터에서 크게 줄어들지 않는다. 예를 들면, 앞에서 설명한 8×8 크기의 이미지를 분석하는 데도 여전히 3,840개의 변수를 풀어야 한다.

이 문제를 해결하기 위해 풀링^{pooling} 또는 서브–샘플링$^{sub-sampling}$이라는 과정을 적용한다. 풀링은 컨볼루션으로 입력 데이터의 특성을 추출하고 나면 이웃하고 있는 데이터 간 대비율^{contrast}을 높이고 데이터 수를 줄이는 역할을 한다.

풀링을 하기 위해서는 먼저 풀링 커널의 크기와 이동 보폭을 정한다. 만약 풀링 커널의 크기를 $n \times n$, 보폭 크기를 m이라고 한다면 $n \times n$ 크기 안에 들어오는 입력 데이터 중 하나만을 대푯값으로 정한다. 이를 보폭 m만큼 이동하면서 반복 수행한다. 예를 들면, 풀링 크기를 2×2로 하고 2단계씩 이동하면서 풀링하게 되면 앞 단계에서 필터링된 특성지도를 정확히 1/2로 압축한 결과가 된다.

풀링 방법에는 최대 풀링$^{max\ pooling}$, 평균 풀링$^{mean\ pooling}$ 그리고 확률적 풀링$^{stochastic\ pooling}$이 있다. 최대 풀링은 $n \times n$ 크기 내에 있는 컨볼루션 데이터에서 가장 큰 것을 대푯값으로 취하는 것인데, 직관적이고 계산의 편의성이 있지만 최대로 선택된 값이 노이즈일 때 오버피팅을 유발할 수 있다는 단점이 있다. 평균 풀링은 모든 값의 평균을 취하는 방법으로 이것 역시 직관적이고 간편하나 낮게 활성화된 성분값이 평균에 포함되면서 풀링 결과의 대비율을 떨어뜨릴 수 있다. 이러한 최대 풀링과 평균 풀링의 단점을 극복하고자 제안된 것이 확률적 풀링이다.

확률적 풀링은 풀링 커널 안에 있는 필터링된 데이터를 임의의 확률로 한 개를 선정하는 것이다. 확률적 풀링의 실행 방법은 매우 단순하지만 풀링 크기 내에 있는 모든 값을 고려할 수 있다는 장점이 있다. 그리고 풀링 범위 내에 동일한 값이 여러 게 있다면 확률적으로 선택될 가능성이 높아 풀링의 대표값으로 정하는 데 타당하다 볼 수 있다.

확률적 풀링에 적용된 이러한 과정은 최대 풀링에서 발생하는 오버피팅의 문제를 해결해줌으로써 규제화에 큰 도움이 된다. 사실 규제화에 장점이 있는 것이 확률적 풀링을 사용하는 가장 큰 이유다. 참고로 컨볼루션과 풀링 과정은 같은 입력 데이터에 대해 동일한 명령 처리instruction를 반복적으로 수행하는 형태이기 때문에 데이터 병렬처리가 가능한 부분이다. 최근에는 컨볼루션 및 풀링 과정은 GPU를 이용한 데이터 병렬처리를 적용하기 때문에 계산 시간이 획기적으로 줄었다.

	S1	S2	S3	S4	S5	S6
C1	X	X	X			
C2		X	X	X		
C3			X	X	X	
C4				X	X	X
C5	X				X	X
C6	X	X				X
C7	X	X	X	X		
C8		X	X	X	X	
C9			X	X	X	X
C10	X			X	X	
C11	X	X			X	X
C12	X	X	X			X
C13	X	X		X	X	
C14		X	X		X	X
C15	X		X	X		X
C16	X	X	X	X	X	X

그림 11.4 2차 컨볼루션을 위한 조합 행렬(출처: 얀 르쿤의 논문, 1998)[2]

2 Yann LeCun, Leon Bottou, Yoshua Bengio, Patrick Haffner, Gradient-Based Learning Applied to Document Recognition, Proc. Of IEEE, 1998

이와 같이 '필터링 → 활성화 → 풀링' 과정을 거치면 픽셀 단위로 인지하고 있는 이미지를 에지나 실루엣silhouette 형태의 특성으로 이루어진 특성지도가 완성된다. 다음 단계는 이러한 부분적인 특성을 모아 좀더 확대된 형체의 이미지를 구성한다. 얼굴 인식을 예로 들면 에지를 조합해서 눈이나 코와 같은 부분을 완성하는 단계다. 이를 위해 이웃한 특성지도를 여러 개 조합해서 새로운 입력 데이터를 만든다. 예를 들어, 1차 풀링된 특성지도가 6개가 있다고 하면 6개의 특성지도를 여러 가지 조합으로 새로운 입력 데이터 16개를 만들 수가 있다. 그림 11.4는 여러 가지 에지를 중첩해서 부분 이미지로 만드는 계수 행렬의 예를 보여준다.

이렇게 만들어진 데이터를 기반으로 앞에서 수행한 것과 마찬가지로 '필터링 → 활성화 → 풀링' 과정을 동일하게 반복한다. 어느 정도 데이터의 특성이 추출되고 또한 압축되고 나면 입력 데이터가 어느 그룹에 속하는지를 판별하는 분류 과정을 진행한다.

마지막 풀링이 끝나면 $n \times n$ 컨볼루션 필터 커널 크기의 m개의 데이터가 남게 된다(또는 마지막 풀링 후 남은 데이터 크기에 맞추어 컨볼루션 필터 커널 크기를 정할 수 있다). 이 데이터에 같은 크기의 최종 컨볼루션 커널로 계산하게 되면 데이터가 1×1, 즉 1차원 벡터 형태로 정렬되고 이 값들은 각 뉴런의 입력값으로 저장된다. 이후에는 몇 개의 추가적인 다층 신경망을 통해 피드포워드 및 역전파 과정을 거치면서 학습이 진행된다. 이 단계부터 모든 뉴런이 연결된 전체 연결 신경망 fully-connected network 구조를 갖는다.

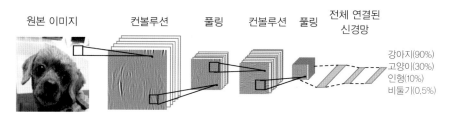

원본 이미지   컨볼루션   풀링   컨볼루션   풀링   전체 연결된 신경망

강아지(90%)
고양이(30%)
인형(10%)
비둘기(0.5%)

그림 11.5 컨볼루션 신경망을 이용한 이미지 인식 과정

그림 11.5는 지금까지 설명한 컨볼루션 신경망을 이용한 이미지 분석 과정을 개념적으로 설명해 준다. 예를 들어, 디지털 사진 속에 강아지를 알아내는 태스크가 있다고 하면 강아지로 레이블돼 있는 디지털 이미지를 가지고 컨볼루션과 풀링을 반복하면서 1차원 벡터 형태의 특성으로 압축한다. 이와 같은 과정으로 생성된 1차원 벡터의 특성지도는 다음과 같이 표현된다. 아래에서 표현한 1차원 벡터 특성지도는 이해를 돕기 위해 가상적으로 예시한 것이며, 편의상 10개의 특성을 가진다고 가정했다.

$$FM_{강아지} \equiv [1, 3, 1, 0, 0, 0, 0, 0, 0, 0]$$

같은 방법으로 고양이나 자동차에 대한 특성지도를 완성했다고 가정하면 다음과 같이 표현될 수 있겠다.

$$FM_{고양이} \equiv [16, 12, 15, 11, 0, 0, 0, 0, 0, 0]$$
$$FM_{자동차} \equiv [0, 0, 0, 0, 0, 0, 0, 3, 4, 2]$$

각 이미지마다 특성지도를 비교해 보면 강아지와 고양이는 대체로 같은 위치에 크기가 다른 특성값이 저장돼 있음을 알 수 있다. 즉, 강아지와 고양이는 다리가 4개이고 꼬리가 있고 얼굴 생김새가 거의 비슷하기 때문에 특성지도에서 같은 위치에 특성값을 가지고 있고, 미세한 차이점은 각 성분값의 크기로 구별된다. 강아지도 여러 가지 이미지에 따라 특성값의 크기가 다르지만 그 크기는 1~10 스케일 내에서 변동값을 갖게 된다. 같은 개념으로 고양이마다의 차이는 특성값의 크기가 10~20 스케일로 구별된다. 강아지 또는 고양이와 전혀 다른 형태를 가지고 있는 자동차는 특성지도에서 특성값의 위치가 다르다. 이는 마치 생명체의 염기서열[DNA]

원리와 매우 닮았다. 포유류와 조류는 염기서열의 크기나 위치가 크게 다르지만 포유류 내 고양이과나 개과의 염기서열은 유사한 것과 비슷하다.

특성지도의 각 특성값은 10개의 가중치와 결합해서 예상값을 계산한다. 예상값과 사전에 정의된 실제값레이블의 차이인 에러를 최소화하는 최소평균제곱법을 적용하면 변수가 10개인 10차원 공간에서 포물선 모양의 2차 평면을quadratic surface 얻는다. 이를 기반으로 경사감소법을 이용해 2차 평면에서 최솟값에 근접한 근사해를 구하면 강아지 또는 고양이로 분류하는 가중치를 얻게 된다. 이처럼 주어진 학습 데이터로 반복 학습을 통해 강아지를 가장 잘 예측할 수 있는 가중치 벡터를 찾고 나면 테스트를 통해 오버피팅 문제나 정확도 등을 검증하는 과정을 진행한다.

심층신뢰망

심층신뢰망Deep Belief Network은 입력층과 은닉층으로 구성돼 있는 제한된 볼츠만 머신RBM: Restricted Boltzmann Machine을 이른바 빌딩블럭building block과 같이 계속 층층이 쌓인 형태로 연결된 신경망이다. RBM이 여러 층으로 연결돼 있기 때문에 '심층' 신뢰망이라고 한다.

심층신뢰망이 개발된 배경에는 피드포워드 신경망에서 신경망의 층 수가 늘어나면서 발생되는 경사감소 소멸gradient descent vanishing 문제를 해결하는 방법이 필요했다. 근사해가 정확해로 수렴하는 데 한계를 보여 주는 경사감소의 소멸은 결국 예측값의 정확성이 근본적으로 개선되지 않는 문제를 갖게 된다.

심층신뢰망의 기본적인 개념은 RBM을 기반으로 일종의 비지도학습인 사전학습 pre-training을 통해 가중치를 어느 정도 정확해에 근접한 값으로 보정해 놓고, 마지막 튜닝 과정을 통해 정확해에 가장 가까운 최종 가중치를 계산하는 방법이다. 이러한 이유로 심층신뢰망은 레이블된 데이터세트가 충분하지 않은 경우에 적당한 방법이라고 할 수 있다. 즉, 레이블이 없는 데이터를 비지도학습인 사전학습에 사용해 정확해에 근접한 가중치를 얻는 데 활용한다.

심층신뢰망을 설명하기 전에 심층신뢰망의 핵심 구성요소인 RBM에 대해 알아보자. RBM은 여러 가지 형태의 레이블된 데이터 또는 레이블되지 않은 데이터를 확률적 방법으로 판별하는 생성모델generative model이다.

생성모델은 머신러닝에서 사용되는 확률적 분류 기법 중 하나인데 생성모델을 이해하려면 생성모델의 반대 개념인 판별모델discriminative model을 먼저 이해하는 것이 도움이 된다.

앞에서 설명한 바와 같이 머신러닝에서 어떤 입력값을 분류하는 일반적인 방법은 지도학습을 통해 의사결정에 필요한 판별식을 만드는 것이다. 판별모델은 이러한 판별식을 만들 때 입력값 x에 대해 그것이 속하는 그룹 y가 어떻게 결정되는지를 직접 찾아내는 확률적 방법을 말한다. 예를 들면, 판별모델은 어떤 동물 데이터의 특성 벡터 x를 가지고 강아지 ($y = +1$) 그룹에 속하는지 또는 고양이 ($y = -1$) 그룹에 속하는지를 구별하는 판별식 $p(y \mid x)$를 찾는다. 대표적인 판별모델로는 로지스틱 회귀 모델이나 서포트 벡터 머신SVM이 있다.

머신러닝의 확률적 분류 모델에서 또 다른 접근법은 먼저 강아지를 보고 강아지가 가지고 있는 특성들을 미리 분석한다. 즉, 강아지($y = +1$)에 대한 확률 분포 $p(y =$

+1) 모델을 생성한다. 같은 방법으로 고양이의 특성을 사전에 분석하고 고양이의 특성을 나타내는 확률 분포 모델 $p(y = -1)$을 생성한다. 이와 동시에 입력 데이터가 강아지 또는 고양이 특성 조건에 따라 확률 분포 모델 $p(x \mid y = +1)$과 $p(x \mid y = -1)$을 각각 구한다. 이렇게 생성된 확률 모델을 베이즈 룰$^{\text{Bayes' Rule}}$에 적용해 다음과 같이 최종 판별식을 구한다.

$$p(y \mid x) = \frac{p(x \mid y)p(y)}{p(x)} \tag{11.4}$$

여기서 $p(x) = p(x \mid y = +1)p(y = +1) + p(x \mid y = -1)p(y = -1)$다. 이처럼 $p(y \mid x)$를 구하기 위해 $p(x \mid y)$, $p(y)$, $p(x)$를 생성해서 분류 모델을 만드는 것이 생성모델이다.

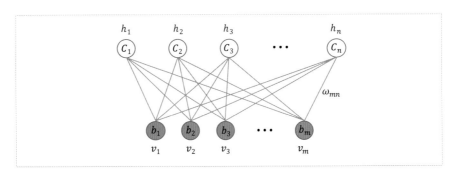

그림 11.6 RBM 구조

RBM은 이러한 생성모델을 기반으로 하며, 그 구조는 그림 11.6과 같이 입력층과 은닉층 2개의 층으로 구성돼 있는 단층 신경망이다. 입력층은 m개의 가시 유닛$^{\text{visible unit}}$, v_i가 있고 각 가시 유닛은 임계치 b_i를 갖는다. 가시 유닛이라고 하는 이유는 입력층에 입력된 데이터는 확인이 가능한$^{\text{visible 또는 observed}}$한 상태이기 때문이다. 은닉층에는 n개의 은닉 유닛$^{\text{hidden unit}}$, h_j가 있고 각 은닉 유닛은 마찬가지로 임계치 c_j를 갖는다. 이때 가시 유닛 v_i와 은닉 유닛 h_j를 연결하는 신경망은 가중치 ω_{ij}를 갖는다.

모든 가시 유닛은 은닉 유닛과 연결돼 있고, 같은 층에 있는 유닛은 연결이 불가능하다. 즉, 같은 층에 있는 유닛끼리는 연결이 '제한restricted'돼 있다. 이러한 입력층과 은닉층은 다음과 같은 에너지를 가지고 있다고 정의한다.

$$E(v,h) = -\sum_{i=1}^{m} b_i v_i - \sum_{j=1}^{n} c_j h_j - \sum_{i=1}^{m}\sum_{j=1}^{n} v_i h_j \omega_{ij} \tag{11.5}$$

이처럼 RBM은 에너지라는 개념을 신경망의 최적화 문제에 도입한 이유로 에너지 기반 모델EBM, Energy-Based Model이라고도 한다. 여기서 가시 유닛과 은닉 유닛은 모두 이진값을 갖는다. 예를 들면, $v_i, h_j \in \{+1, -1\}$이라고 할 수 있다. 이때 가시 유닛과 은닉 유닛을 연결하는 신경망을 앞에서 설명한 에너지 함수를 이용해 확률로 표현하면 다음과 같다.

$$p(v,h) = \frac{1}{Z} e^{-E(v,h)} \tag{11.6}$$

여기서 에너지를 $e^{-E(v,h)}$ 형태로 표현하는 것을 깁스 분포Gibbs distribution 또는 볼츠만 분포Boltzmann distribution라고 하며, $p(v, h)$는 깁스 측정값Gibbs measure이라고 한다. $p(v, h)$는 사건 v와 h의 결합 확률joint probability을 의미한다. 그리고 Z는 여기서 분할 함수partition function라고 하며 가시 유닛과 은닉 유닛의 모든 가능한 쌍의 깁스 분포의 합이다.

$$Z = \sum_{v,h} e^{-E(v,h)} \tag{11.7}$$

위 결합 확률 $p(v, h)$를 모든 은닉 유닛에 대해 주변 확률marginal probability을 계산하면 다음과 같다.

$$p(v) = \frac{1}{Z} \sum_{h} e^{-E(v,h)} \tag{11.8}$$

이때 에너지 $E(v, h)$가 작아지면 확률 $p(v)$가 커지므로 이 확률이 할당된 신경망은 결과에 미치는 영향도가 증가하게 된다. 이러한 원리를 이용해 RBM에서는 확률 $p(v)$의 최댓값을 갖는 가중치와 각 층에 있는 임계치를 구한다.

그 첫 번째 단계로 먼저 계산의 편의성을 위해 $p(v)$에 로그 함수를 적용한다. 이를 학습 데이터 v에 대한 로그 가능도log-likelihood라고 한다. 두 번째 단계로는 앞에서 구한 로그 가능도를 가중치 ω_{ij}에 대해 미분을 취해 가중치 ω_{ij}에 대한 최댓값을 찾는다.

$$
\begin{aligned}
\frac{\partial \ln p(v)}{\partial \omega_{ij}} &= \frac{\partial \ln\left(\sum_{h} e^{-E(v,h)}\right)}{\partial \omega_{ij}} - \frac{\partial \ln\left(\sum_{v,h} e^{-E(v,h)}\right)}{\partial \omega_{ij}} \\
&= -\frac{1}{\sum_{h} e^{-E(v,h)}} \sum_{h} e^{-E(v,h)} \frac{\partial E(v,h)}{\partial \omega_{ij}} + \frac{1}{\sum_{v,h} e^{-E(v,h)}} \sum_{v,h} e^{-E(v,h)} \frac{\partial E(v,h)}{\partial \omega_{ij}} \\
&= -\sum_{h} p(h \mid v) \frac{\partial E(v,h)}{\partial \omega_{ij}} + \sum_{v,h} p(h,v) \frac{\partial E(v,h)}{\partial \omega_{ij}} \\
&= \sum_{h} p(h \mid v) v_i h_j - \sum_{v} p(v) \sum_{h} p(h \mid v) v_i h_j
\end{aligned}
$$

$$= \mathrm{p}\left(h_j = +1 \mid v\right)v_i - \sum_v p(v)\mathrm{p}\left(h_j = +1 \mid v\right)v_i$$

$$= <v_i h_j>_{data} - <v_i h_j>_{model} \tag{11.9}$$

이때 $<\cdot>_{data}$는 임의의 입력 데이터 분포에서의 기댓값이고, $<\cdot>_{model}$은 생성모델에서의 기댓값이다. 위 식에서 학습률 α를 적용하면 ω_{ij}의 증가분인 $\Delta\omega_{ij}$를 구할 수 있다.

$$\Delta\omega_{ij} = \alpha\left(<v_i h_j>_{data} - <v_i h_j>_{model}\right) \tag{11.10}$$

여기서 $<v_i h_j>_{data}$항은 계산이 비교적 간단하다. 즉, $p(h_j = +1|v)$는 조건부확률로 풀어 쓰면 $\dfrac{p(v,\, h_j = +1)}{p(v)}$로 표현이 되고 여기에 식 (11.6)과 (11.8)을 이용하면 다음과 같이 시그모이드 함수인 $sigm(x) = \dfrac{1}{1 + e^{-x}}$ 형태로 표현할 수 있다.

$$\mathrm{p}\left(h_j = +1 \mid v\right) = sigm(c_j + \sum_{i=1}^{m} v_i \omega_{ij}) \tag{11.11}$$

따라서 $<v_i h_j>_{data}$는 식 (11.9)와 식 (11.11)에 의해 다음과 같이 계산된다.

$$<v_i h_j>_{data} = sigm(c_j + \sum_{i=1}^{m} v_i \omega_{ij})v_i \tag{11.12}$$

식 (11.11)과 마찬가지 방법으로 은닉 유닛에서 가시 유닛으로의 확률 $\mathrm{p}(v_i = +1|h)$는 다음과 같다.

$$\mathrm{p}\left(v_i = +1 \mid h\right) = sigm(b_i + \sum_{j=1}^{n} h_j \omega_{ij}) \tag{11.13}$$

같은 방법으로 가시 유닛과 은닉 유닛에서의 임계치 증가분 Δb_i와 Δc_j도 다음과 같이 구할 수 있다.

$$\frac{\partial \ln p(v)}{\partial b_i} = v_i - \sum_v p(v) v_i$$

$$= <v_i>_{data} - <v_i>_{model}$$

$$\Delta b_i = \alpha \left(<v_i>_{data} - <v_i>_{model} \right) \tag{11.14}$$

$$\frac{\partial \ln p(v)}{\partial c_j} = p(h_j = +1 \mid v) - \sum_v p(v) p(h_j = +1 \mid v)$$

$$= <h_j>_{data} - <h_j>_{model}$$

$$\Delta c_j = \alpha \left(<h_j>_{data} - <h_j>_{model} \right) \tag{11.15}$$

앞에서 설명한 바와 같이 $\Delta \omega_{ij}$을 계산할 때 첫 번째 항인 $<v_i h_j>_{data}$ 계산은 비교적 간단하나 두 번째 항인 $<v_i h_j>_{model}$은 매우 복잡하다. 그 계산의 복잡도가 일반적으로 2^m 또는 2^n 정도가 되어 대규모 문제를 풀기 위해서는 효율적인 알고리즘이 필요하다.

이 두 번째 항을 푸는 방법 중 하나로 마코프 체인 몬테카를로MCMC, Markov Chain Monte Carlo 방법이 있다. MCMC는 현대 통계학에서 가장 많이 사용되고 있는 통계학적 추론 알고리즘으로, 그중 깁스 샘플링Gibbs sampling 알고리즘이나 메트로폴리스–헤스팅스Metropolis–Hastings 알고리즘이 대표적이다.

MCMC에서 마코프 체인Markov Chain은 강화학습에서 설명한 마코프 특성Markov property을 가지면서 시간으로 분리된 확률적 프로세스로 다음 사건이 일어날 확률은 과거에 일어난 모든 사건을 고려했을 경우와 현재 사건만을 고려한 경우의 차이가 없다는 개념이다. 즉, 다음 사건의 확률은 현재 사건에만 의존한다. 마코프 체인을 수학적으로 표현하면 다음과 같다.

$$P[X_{t+1}=x_{t+1}|X_t=x_t,...,X_0=x_0]=P[X_{t+1}=x_{t+1}|X_t=x_t] \tag{11.16}$$

그리고 MCMC에서 몬테카를로$^{Monte\ Carlo}$의 의미는 반복적인 임의의 샘플링을 이용해 모집단의 평균 또는 최댓값 등을 알아내는 접근방법을 말하며 모집단의 규모가 너무 크거나 계산이 불가능한 경우에 사용된다.

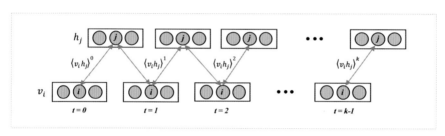

그림 11.7 MCMC 방법에서 $<v_i h_j>_{model}$을 도출

그림 11.7은 MCMC 방법을 이용해 $<v_i h_j>_{model}$을 구하는 과정을 보여준다. 식 (11.9)에서 $<v_i h_j>_{model}$을 구할 때 가장 계산이 많이 소요되는 부분이 $\Sigma_{v,h}(\cdot)$인데 MCMC 방법은 이를 샘플링을 통해 계산량을 줄였다. 즉, 그림 11.7과 같이 마코프 체인에 의해 확률 분포 $p(h|v^t)$로부터 은닉 유닛 h^t를 샘플링하고 이를 연결해 확률 분포 $p(v|h^t)$로부터 가시 유닛 v^{t+1}를 샘플링한다. 이 과정을 $<v_i h_j>_{model}$이 수렴할 때까지 반복한다. 이때 사용되는 샘플링 방법을 깁스 샘플링이라고 한다.

RBM에서 k-step CD 알고리즘

입력값: 학습 데이터 $V \equiv \{v^1, \ldots, v^m\}$

출력값: $\Delta\omega_{ij}, \Delta b_i, \Delta c_j$

❶ 초기화: $\Delta\omega_{ij} = \Delta b_i = \Delta c_j = 0 \quad for \ i = 1, \ldots, m, j = 1, \ldots, n$

❷ 모든 $v^i \in V$에 대해

❸ $v^0 \leftarrow v$

❹ for $t = 0, \ldots, k{-}1$

❺   for $j = 1, \ldots, n \quad p(h_j | v^t)$ 에서 샘플 h_j^t 계산

❻   for $i = 1, \ldots, m \quad p(v_i | h^t)$ 에서 샘플 v_i^{t+1} 계산

❼ for $i = 1, \ldots, m, j = 1, \ldots, n$

❽ $\Delta\omega_{ij} = \Delta\omega_{ij} + p(h_j = +1 \mid v^0)v_i^0 - p(h_j = +1 \mid v^k)v_i^k$

❾ $\Delta b_i = \Delta b_i + v_i^0 - v_i^k$

❿ $\Delta c_j = \Delta c_j + p\left(h_j = +1 \mid v^0\right) - p\left(h_j = +1 \mid v^k\right)$

이 같은 MCMC 방법은 샘플링을 통해 전체 합을 구하는 과정을 상당히 줄이긴 했지만 여전히 $<v_i h_j>_{model}$값이 수렴하기까지 많은 반복 계산이 필요하다. 이를 개선하기 위해 제프리 힌튼은 CD$^{contrastive\ divergence}$라는 알고리즘을 개발했다. CD 알고리즘은 MCMC의 샘플링 단계를 단 1~2번의 계산으로 $<v_i h_j>_{model}$의 근사값을 구할 수 있음을 보였다. 현재 CD는 RBM의 표준적인 학습 알고리즘으로 사용되고 있다. 위에 설명된 알고리즘은 k-step CD 방법을 이용해 $\Delta\omega_{ij}, \Delta b_i$ 그리고 Δc_j를 구하는 과정을 보여준다.

심층신뢰망에서 1단계 RBM 학습과정이 종료되면 1단계 RBM의 은닉 유닛 결괏값 $h^1 \in \{h_1^1, \cdots, h_n^1\}$은 2단계 RBM에서 가시 유닛 입력값으로 이용된다. 이때 1단계에서 계산된 가중치 행렬 W^1은 고정한다. 1단계와 같은 방법으로 2단계 RBM 과정

이 종료되면 다시 다음 단계로 이동하며 마지막 은닉층까지 반복한다. 이러한 사전학습은 레이블이 없는 학습 데이터를 가지고 비지도학습으로 진행되며, 각 은닉층에 있는 가중치를 가능하면 목푯값에 가깝게 초기화하는 것이 목적이다.

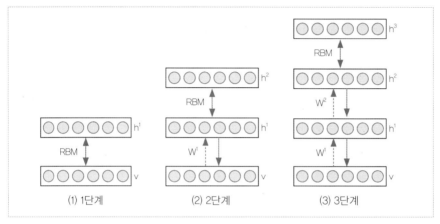

그림 11.8 반복적인 RBM 적층을 이용한 심층신뢰망 구축 개념도

그림 11.8은 RBM을 빌딩블록과 같이 쌓아가면서 심층신뢰망을 완성하는 것을 개념적으로 보여준다. RBM 기반으로 사전학습을 하게 되면 1차적으로 초기화된 가중치를 얻는다. 그다음은 레이블이 있는 학습 데이터를 가지고 지도학습을 진행해 가중치의 정밀한 튜닝 과정을 거친다. 이때는 피드포워드 및 역전파 알고리즘이 적용되며 최종 가중치를 계산하는 것이 목표다. RBM을 이용해 가중치를 초기화하는 것은 생성모델이지만 레이블된 학습 데이터를 가지고 지도학습을 통해 가중치를 확정하는 과정은 판별모델이다.

규제화

RBM을 이용한 심층신경망은 신경망이 깊어질수록 가중치의 역전파가 약해지는 경사감소소멸 문제를 해결하기 위해 제안됐다. 결국 RBM을 빌딩블록으로 쌓아 만든 심층신경망은 경사감소소멸 문제를 해결하고 가중치를 좀 더 정확히 계산하는 데 성공했다. 그러나 여전히 딥러닝에서 학습모델의 정확성을 떨어뜨리는 또 다른 문제가 있는데 바로 오버피팅이다.

오버피팅은 노이즈나 아웃라이어 데이터까지 모두 정상적인 것으로 인식하고 학습하면서 생긴다. 따라서 학습 동안에 측정된 에러율은 낮지만 노이즈나 아웃라이어까지 정상적으로 학습된 일종의 왜곡된 판별식은 본격적인 테스트나 검증을 할 때는 오히려 잘못된 판별을 할 확률이 높아진다.

오버피팅을 비롯한 여러 요인들은 머신러닝 알고리즘의 정확성을 떨어뜨리고 에러를 증가시키는데, 이러한 에러를 줄이는 일련의 해결 방안들을 모두 규제화 regularization라고 한다. 규제화는 딥러닝을 포함한 머신러닝에 사용되기 전에 최적화나 역문제inverse problem 등과 같은 다양한 분야에서 이미 사용돼 왔던 기술이다.

규제화를 위한 접근법으로 가장 일반적으로 사용되는 것이 목적함수에 구속조건을 적용하는 방법이다. 예를 들면, 최소제곱평균법을 이용한 목적함수 $E(\omega)$가 있을 때 가중치 ω에 대한 구속함수, $\mathcal{R}(\omega)$를 추가로 고려해 노이즈나 아웃라이어의 영향을 줄이는 방법이다. 즉, 구속함수 $\mathcal{R}(\omega)$를 이용해 목적함수 $E(\omega)$를 규제화하는 것이다. 이를 다음과 같이 표현할 수 있다.

$$\mathcal{R}(\omega) \leq C \text{를 만족하는 } \min_{\omega} E(\omega)$$

(11.17)

이때 구속조건 $\mathcal{R}(\omega) \leq C$를 목적함수에 포함시켜 하나의 수식으로 만들기 위해 다음과 같이 페널티 방법penalty method을 사용한다.

$$\min_{\omega}[E(\omega) + \lambda \mathcal{R}(\omega)] \tag{11.18}$$

여기서 λ를 페널티 매개변수 또는 규제화 매개변수라고 한다. 만약 $\lambda = 0$이면 규제화 효과가 없기 때문에 오버피팅이 해결되지 않고 최초 목적함수 결과와 동일하다. 또한 $\lambda = \infty$이면 구속조건이 규제화된 목적함수를 지배하게 되므로 구속조건이 최소가 되는, 즉 구속함수 $\mathcal{R}(\omega)$의 원점인 $\omega = 0$이 된다. 따라서 최적의 λ를 결정하는 것은 경험적heuristic 접근법이 필요하다.

구속함수 $\mathcal{R}(\omega)$를 정할 때 가장 일반적인 방법이 L^2놈norm을 적용하는 경우다.

$$\mathcal{R}(\omega) = \frac{1}{2} \| \omega \|_2^2 \tag{11.19}$$

이를 L^2규제화라고 하고 가중치 감쇠weight decay 규제화, 티코노프Tikhonov 규제화 또는 리지ridge 페널티 규제화라고도 한다. 그림 11.9는 L^2 놈을 구속함수로 사용했을 때 규제화하는 방법을 개념적으로 보여준다.

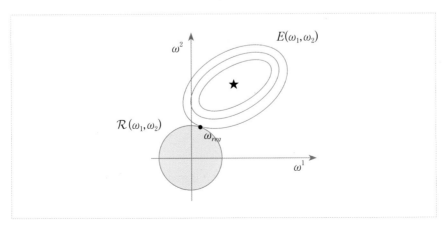

그림 11.9 L^2 규제화

그림 11.9에서 보는 것처럼 기하학 관점에서는 구속함수 $\mathcal{R}(\omega)$와 목적함수 $E(\omega)$가 접하는 점이 바로 규제화를 통해 구하고자 하는 정확해 ω_{reg}가 된다. 이를 학습 데이터를 가지고 수치적으로 구하기 위해서는 경사감소법 등을 적용해 반복적인 계산을 통해 정확해에 접근하는 근사해를 구한다. 이를 위해 먼저 페널티 방법을 이용해 구속조건을 목적함수에 포함시킨다.

$$\bar{E}(\omega) = E(\omega) + \frac{1}{2}\lambda\omega\cdot\omega \qquad (11.20)$$

규제화가 적용된 목적함수를 매개변수인 ω에 대해 미분을 취해 $\bar{E}(\omega)$의 변화율인 그레디언트를 구한다.

$$\Delta_\omega \bar{E}(\omega) = \Delta_\omega E(\omega) + \lambda\omega \qquad (11.21)$$

여기에 학습률 α를 적용해 ω값을 갱신하고 ω값이 수렴할 때까지 반복한다.

$$\omega^{t+1} = \omega^t - \alpha\left(\Delta_\omega E(\omega) + \lambda\omega\right) \qquad (11.22)$$

목적함수를 이용한 규제화 방법 중에서 다른 하나는 L^1 규제화다. L^1 규제화는 라소LASSO; Least Absolute Shrinkage and Selection Operator 규제화라고도 한다. 라소 알고리즘은 캐나다의 통계학자인 로버트 티브시라니Robert Tibshirani가 1996년에 발표한 논문에서 처음 소개됐다. 이 논문에서 '라소'라는 용어가 L^1 규제화 알고리즘 명칭으로 처음 사용됐는데 라소LASSO는 최소 절댓값least absolute을 갖는 규제화 매개변수가 원점에 가까워지면서shrinkage 무의미한 매개변수를 제거하고 중요한 특성만을 선택하는 selections 의미의 줄임말이다. 카우보이들이 사용하는 올가미 로프의 뜻을 가지고 있어 구속함수의 의미를 은유적으로도 표현하고 있다.

L^1 규제화에서는 구속함수로 L^1 놈을 사용하는데, L^1 놈 $\|\omega\|_1$는 절댓값 ω의 합을 말한다.

$$\begin{aligned} \mathcal{R}(\omega) &= \|\omega\|_1 \\ &= \sum_i |\omega_i| \end{aligned} \tag{11.23}$$

L^2 규제화와 마찬가지로 L^1 구속조건을 페널티 방법을 이용해 목적함수에 포함시키면 다음과 같다.

$$\bar{E}(\omega) = E(\omega) + \lambda \|\omega\|_1 \tag{11.24}$$

여기에 경사감소법을 적용하기 위해 규제화된 목적함수를 ω로 미분한다. 그러나 $\|\omega\|_1$는 $\omega = 0$에서 수학적으로 미분이 불가능하므로 일단 g벡터를 $\|\omega\|_1$ 미분항으로 대체하면 다음과 같이 표현할 수 있다.

$$\Delta_\omega \bar{E}(\omega) = \Delta_\omega E(\omega) + \lambda g \tag{11.25}$$

이때 $\|\omega\|_1$의 미분 벡터 g는 ω의 값에 따라 다음과 같이 표현된다.

$$g_i = \begin{cases} sign(\omega_i) = \dfrac{\omega_i}{|\omega_i|} & for\,\omega_i \neq 0 \\[2em] [-1,1] & for\,\omega_i = 0 \end{cases} \tag{11.26}$$

여기서 $sign(\cdot)$는 입력값의 부호를 판별하는 부호함수다.

절댓값 함수 $f(x) = |x|$와 같이 미분이 불가능한 목적함수를 가지는 최적화 문제에서는 경사감소법의 일종인 하위경사법^{subgradient}을 이용한다. 하위경사법은 경사감소법과 거의 유사하며 단지 $\omega = 0$에서의 경사를 계산할 때만 차이가 있다.

$$\omega^{t+1} = \omega^t - \alpha \left(\Delta_\omega E(\omega) + \lambda \right) \quad for \, x > 0$$

$$\omega^{t+1} = \omega^t - \alpha \left(\Delta_\omega E(\omega) - \lambda \right) \quad for \, x < 0$$

$$\omega^{t+1} = \omega^t - \alpha \left(\Delta_\omega E(\omega) + \varepsilon\lambda \right) \quad for \, x = 0 \quad \varepsilon = \left[-1, 1 \right]$$
(11.27)

L^1 규제화에서는 그림 11.10에서 보여지는 것처럼 ω_{reg}가 구속함수 모서리에 존재할 확률이 높다. 그 이유는 ω_{reg}는 목적함수 $E(\omega)$를 최소화하면서 동시에 구속조건을 만족해야 하므로 ω_{reg}는 구속함수의 최댓값인 경계선에 존재하는데 이것이 $E(\omega)$의 동일한 값을 가지는 등고선^{contour}과 만나기 위해서는 확률적으로 모서리가 될 가능성이 높기 때문이다. 만약 ω_{reg}가 모서리에 위치하게 된다면 ω_{reg} 벡터의 많은 성분들이 0이 된다. 그림 11.10에서 예를 들어 보면 $\omega_{reg} = [0 \, \lambda]^T$이 이러한 경우다. 이처럼 벡터 또는 행렬에 0 성분이 다수 존재하는 경우를 희소^{sparse}하다라고 한다. 이러한 특성으로 LASSO에서 'shrinkage and selection'이라는 말을 사용하는 것이다. 희소성^{sparsity}은 실제 문제에서 입력값의 특성 중에서 영향도가 작은(주로 노이즈 또는 아웃라이어에 의한) 특성을 규제화 과정에서 제거함으로써 좀 더 중요한 특성을 더욱 강조할 수 있게 해주는 의미가 있다.

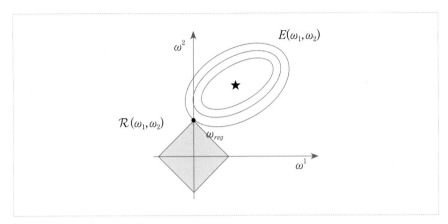

그림 11.10 L^1 규제화

딥러닝에서 사용되고 있는 규제화 중에서 또 다른 접근법으로 드롭아웃 알고리즘이 있다. 드롭아웃의 기본적인 개념은 다음과 같다. 입력층과 은닉층에 있는 노드를 임의로 선택해서 확률 p 기준으로 제거하고 나서 축소된 신경망을 가지고 학습한다. 이때 제거되는 노드의 선택은 각 층마다 그리고 학습 데이터마다 독립적으로 결정된다. 이렇게 임의로 노드가 제거된 상태에서 학습을 완료한 후 실제 테스트를 할 때는 제거됐던 노드를 다시 복원하고 각 노드마다 가지고 있는 가중치에 확률 p를 곱해서 확률 p로 드롭아웃된 노드로 학습한 결과를 보상해준다.

참고로 드롭아웃 방법에서 노드를 제거하는 이유는 각 노드의 공동적응co-adaptation 문제를 해결하기 위해서다. 공동적응은 여러 분야에서 사용되고 있는 용어인데, 드롭아웃 알고리즘 관점에서는 노이즈에서 발생한 잘못된 특성이 모든 노드에 전파되어 의미 있는 특성을 선별하는 데 부정적인 영향을 미치는 상태를 말한다.

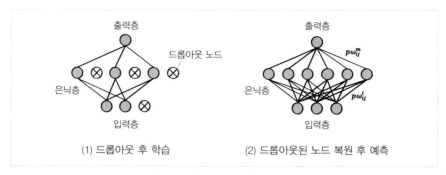

그림 11.11 드롭아웃을 이용한 규제화 개념

그림 11.11은 드롭아웃 알고리즘을 이용한 규제화 과정을 개념적으로 설명해준다. 좀 더 구체적으로 설명하면 드롭아웃하기 전에 온전한 피드포워드 신경망에서의 각 노드는 다음과 같이 표현할 수 있다.

$$z_i^{l+1} = \omega^{l+1} \cdot y^l + b_i^{l+1} \tag{11.28}$$

$$y_i^{l+1} = f\left(z_i^{l+1}\right) \tag{11.29}$$

여기서 y^l은 은닉층 (l)에서 출력값을 나타내는 벡터이고, z_i^{l+1}과 ω^{l+1} 그리고 b_i^{l+1}는 은닉층 ($l+1$)에서 각각 입력값, 가중치, 임계값을 나타낸다. 이때 ω^{l+1}은 벡터이고 z_i^{l+1}, b_i^{l+1}은 스칼라 값을 갖는다. 그리고 y_i^{l+1}은 은닉층 ($l+1$)에서 출력값을 나타내고 함수 $f(\cdot)$는 활성화 함수다. 여기에 드롭아웃을 적용하면 다음과 같다.

$$r^l \equiv \mathcal{B}(p) \tag{11.30}$$

$$\overline{y}_i^l = r^l * y^l \tag{11.31}$$

$$z_i^{l+1} = \omega^{l+1} \cdot \overline{y}_i^l + b_i^{l+1} \tag{11.32}$$

$$y_i^{l+1} = f\left(z_i^{l+1}\right) \tag{11.33}$$

여기서 $B(p)$는 확률 p에 따라 1과 0을 갖는 베르누이 분포 함수다.

드롭아웃된 축소된 신경망을 가지고 일반적인 신경망과 똑같이 역전파를 이용해 학습을 진행한다. 그러나 축소된 신경망에서는 경사감소법 중에서 미니배치 경사 감소법을 사용하는데, 미니배치에 사용되는 미니 데이터세트에 대해 드롭아웃을 수행하고 미니배치 데이터세트에 속한 각 학습 데이터로 계산한 가중치는 평균값을 취한다. 이렇게 학습하고 난 후에는 드롭아웃된 노드가 모두 복원된 온전한 신경망에서 가중치 벡터 $\omega_{prediction}^l$ 을 다음과 같이 계산한다.

$$\omega_{prediction}^l = p\omega^l$$

가중치 벡터 $\omega_{prediction}^l$ 을 가지고 테스트나 검증을 위해 새롭게 입력된 데이터에 적용한다.

딥러닝을 위한
오픈 프레임워크

오픈소스로 공개되는 딥러닝 프레임워크는 딥러닝의 발전에 매우 중요한 한 축을 담당하고 있다. 이미 검증된 딥러닝 프레임워크의 다양한 라이브러리와 사전 학습된 알고리즘들은 아이디어에서 구현까지 소요되는 시간과 에너지를 상당 부분 줄여준다. 또한 개발자들로 하여금 문제 해결에 필요한 핵심 알고리즘 개발에 집중할 수 있게 하고 중복으로 사용되는 기능들을 다시 개발하는 소모적인 작업에서 해방시킨다. 프레임워크 관점에서도 개발자들로부터 받는 피드백은 프레임워크 자체가 발전하는 데 도움을 주고 이는 다시 많은 개발자들이 이용할 수 있게 하는 선순환 구조를 이룬다.

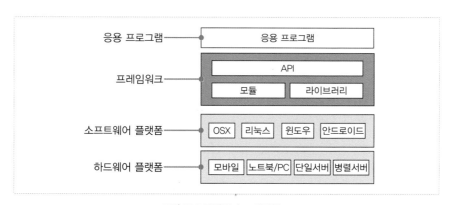

그림 12.1 플랫폼과 프레임워크

프레임워크는 그림 12.1과 같이 각종 하드웨어 및 소프트웨어 플랫폼 위에 설치되며, 응용 프로그램을 만들기 위한 여러 가지 소프트웨어 모듈이나 라이브러리, API^{Application Programming Interface}를 효율적으로 사용할 수 있게 묶어 놓은 패키지다. 건축에 비유하면 라이브러리는 벽돌이고 API는 몰타르라 할 수 있다. 즉, 프레임워크는 이러한 건축에 필요한 연장을 담고 있는 연장세트^{toolkit}의 역할을 한다.

딥러닝 프레임워크는 크게 3가지 분야에 역점을 두고 있다. 첫 번째는 컨볼루션 신경망이나 경사감소법, 그리고 RBM 등과 같은 딥러닝에 특화된 라이브러리를 사용성과 성능 관점에서 더욱 개선하는 것이다. 이 분야는 프레임워크의 가장 기본적인 기능이기도 하다.

두 번째는 최근 딥러닝의 사실상의 표준 하드웨어 플랫폼으로 자리잡고 있는 GPU의 호환성 및 최적화다. GPU가 장착된 단일 서버 또는 노트북 PC에서 간단한 명령어를 통해 성능을 대폭 향상시킬 수 있기 때문에 GPU 최적화 여부는 딥러닝 프레임워크의 벤치마킹 항목으로 항상 포함되는 부분이다.

세 번째는 확장형 병렬컴퓨팅 환경 지원 부문이다. 최근 빅데이터 추세에 따라 처리해야할 데이터가 급격히 늘어나고 있고 또한 의미 있는 수준 이상의 정확도를 가진 예측 모델이 요구되면서 단일 서버로는 이러한 딥러닝 문제를 감당하기 힘들어졌다. 이처럼 대규모 딥러닝 문제를 다룰 수 있게 해 주는 것이 확장형 병렬컴퓨팅 환경이다. 확장형scale-out이란 단일 서버의 사양을 높여 전체 성능을 높이는 것이 아니라 보통의 성능을 가진 여러 대의 서버를 네트워크로 연결해서 전체 성능을 높이는 것을 말한다. 프레임워크가 확장형 병렬컴퓨팅 환경을 지원하기 위해서는 물리적으로 분리된 서버 간에 정보를 주고받게 해주는 MPIMessage Passing Interface 같은 API를 지원해야 한다. 현재 대부분의 슈퍼컴퓨터는 확장형 병렬컴퓨팅 구조를 띠는데 딥러닝의 프레임워크가 슈퍼컴퓨터 기술 영역까지 확대되고 있다.

현재 10여 종의 딥러닝 프레임워크가 대학교, 스타트업, 개발자 커뮤니티를 중심으로 사용되고 있다. 각 프레임워크는 저마다 전문화된 딥러닝 분야와 차별화된 기능을 가지고 있어서 딥러닝 응용 프로그램을 개발하고자 하는 사람들은 자신의 컴퓨팅 환경과 사용 목적, 응용분야에 따라 알맞은 프레임워크를 선택해야 한다.

예를 들면, 컴퓨팅 환경에서는 어떤 프로그래밍 언어를 사용할 것인지, 그리고 익숙한 운영체계는 무엇인지, 하드웨어 플랫폼은 개인 PC인지 아니면 클라우드 서버인지, GPU를 사용할 것인지 등을 판단한다.

사용 목적은 간단한 개념 증명을 위한 것인지 아니면 대학교 수업이나 프로젝트에 사용할 것인지 또는 실제 서비스에 적용할 목적인지 등의 기준을 먼저 정하는 것이 좋다. 왜냐하면 개발하고자 하는 응용 프로그램의 필요조건이 계산 시간과 같은 성능이나 다른 소프트웨어와의 연동 문제 또는 프로그래밍 언어의 학습 및 활용 난이도 등 조건에 따라 적절한 프레임워크를 선정할 수 있기 때문이다.

응용 분야의 경우 해결하고자 하는 문제가 이미지 분석인지, 음성인식이나 자연어 처리인지 또는 강화학습인지를 정하고 이러한 분야에 특화된 라이브러리나 모듈 또는 사전학습된 모델을 효율적으로 지원해 줄 수 있는 프레임워크를 선택해야 할 것이다.

다음은 현재 가장 많이 사용되고 있는 대표적인 딥러닝 프레임워크들이다. 각 프레임워크는 초기 개발 취지나 유지보수를 전담하는 조직의 특성에 따라 저마다 특징과 장단점을 지니고 있다. 각 프레임워크가 지닌 장단점을 분석해서 내게 맞는 프레임워크를 선정하는 것이 딥러닝 연구의 시작이라 할 수 있다.

테아노

테아노Theano는 파이썬 프로그래밍 언어를 위한 딥러닝 프레임워크로, 캐나다 몬트리올 대학의 딥러닝 연구소인 MILAMontreal Institute for Learning Algorithm에서 개발했다. 딥러닝의 대가인 몬트리올 대학의 요슈아 벤지오 교수가 바로 MILA의 책임자다. 테아노는 오픈소스 라이선스인 BSD^{Berkeley Software Distribution}로 제공되고 있는데, BSD는 사용자가 소스코드를 이용할 때 아파치^{Apache} 라이선스와 더불어 가장 제약 사항이 관대한 라이선스다.

테아노는 컨볼루션 신경망과 노이즈 제거 알고리즘인 오토 인코더^{Auto-Encoder}, 그리고 심층신경망에 최적화된 프레임워크다. 2008년에 첫 버전이 공개된 이후 딥러닝 분야에서 가장 인기 있는 프레임워크로 알려져 있다. 이러한 이유로 기존 시아노 프레임워크에 더욱 편리한 API를 보강해 테아노와 호환되는 갖가지 상위 버전의 프레임워크가 개발됐는데, 그중 블록스^{Blocks}, 케라스^{Keras}, 라자냐^{Lasagne}, 오픈딥^{OpenDeep} 그리고 파이런2^{Pylearn2}가 대표적이다.

블록스는 연구개발 목적의 신속한 개념 증명과 프로토타입을 위해 MILA가 개발한 프레임워크다. 라자냐와 케라스는 캐글^{Kaggle}이라는 딥러닝 대회에서 가장 많이 사용되고 있는 프레임워크로 특히 케라스는 최근 구글이 공개한 텐서플로우^{TensorFlow}까지 지원하고 있다. 그러나 파이런2는 2016년 3월부로 추가적인 개발을 공식적으로 중단했다.

테아노는 오랫동안 딥러닝 연구를 주도해온 전문가들이 개발한 프레임워크여서 역전파 알고리즘과 같은 인공신경망을 구현하는 데 매우 편리하다. 또한 테아노는 콘볼루션 신경망 등과 같은 분야에 매우 유익한 학습자료^{tutorial}도 제공하고 있어 처음 딥러닝을 시작하려는 사람들에게 적당한 프레임워크라 할 수 있다.

테아노의 단점으로는 에러 메시지의 내용이 코드 수정에 그렇게 도움을 주지 못한다는 것과 규모가 큰 모델을 컴파일할 때 시간이 오래 걸린다는 점이다. 그리고 사전학습 모델 지원이 만족스럽지 못하고 프레임워크의 전체 구조가 다른 것에 비해 복잡하다는 것 등이 다소 아쉬운 부분이다.

카페

카페^{Caffe}는 캘리포니아 버클리 대학교의 시각 및 학습 연구 센터^{BVLC; Berkeley Vision and Learning Center}에서 개발했다. 카페는 C/C++와 파이썬을 지원하며 오픈소스로 누구나 사용할 수 있다. 카페의 오픈소스 라이선스는 BSD다. 산업 부문에서는 소셜 미디어 서비스 업체인 핀터레스트^{Pinterest}가 카페를 사용하고 있으며, 구글의 이미지 변환 프로젝트인 딥드림^{DeepDream} 프로젝트에도 기본 프레임워크로 사용됐다. 최근 야후!에서는 빅데이터 병렬처리 오픈소스인 스파크를 카페와 연동해서 사용하고 있다.

만약 컴퓨터 비전 분야에 딥러닝을 적용하고자 한다면 카페는 매우 만족스러운 프레임워크 역할을 수행할 것이다. 카페에서는 이미지 분석에서 핵심기술로 자리잡고 있는 컨볼루션 신경망을 포함한 다양한 라이브러리를 제공하고 있다. Caffe Model Zoo 웹사이트에서 필요한 라이브러리를 바로 내려받을 수 있다. 카페에서 제공되는 사전학습된 라이브러리를 이용하면 MNIST나 이미지넷에 있는 여러 레이블된 이미지 데이터세트도 쉽게 사용할 수 있다.

일반적으로 대학교에서 개발된 순수연구 목적의 프레임워크는 빠르게 변화하고 있는 IT 환경에 능동적으로 대처하는데 한계를 보여주고 있다. 카페도 그런 의미에서 예외는 아니다. 예를 들면, 최신 버전의 GPU 호환성 검증 및 최적화 지원이 신속하게 이뤄지지 못한다거나 확장형 분산 컴퓨팅 API 지원 등이 만족스럽지 못한 것들은 카페를 사용할 때 아쉬운 부분이다.

토치

토치Torch는 뉴욕대학교에서 개발한 과학계산용 프레임워크다. 과학계산용 프레임워크는 일반적으로 행렬과 벡터 연산에 최적화된 라이브러리와 각종 수학 및 과학계산에 필요한 함수 라이브러리를 편리하게 사용할 수 있게 해주는 프레임워크를 말한다.

토치는 루아Lua라는 스크립트 언어를 기반으로 개발됐고, C/C++로 개발된 수학라이브러리를 사용해 다른 파이썬 기반 프레임워크보다 성능 측면에서 뛰어나다. 현재 토치의 버전은 Torch 7인데 토치의 버전은 홀수로 정의한다. 토치는 BSD 오픈소스 라이선스로 공개돼 있다.

토치는 2002년에 최초 버전이 발표된 이후 10여년 이상 발전돼 온 프레임워크로 최근에는 페이스북 인공지능 연구소와 알파고를 개발한 구글의 딥마인드가 토치를 사용하고 있다.

페이스북이 토치를 적극 지원하는 배경 중 하나는 페이스북이 최근에 인공지능 연구소장으로 영입한 컨볼루션 신경망의 대가인 뉴욕대의 얀 르쿤 교수가 딥러닝 프레임워크로 토치를 사용하고 있기 때문이다. 또한 구글의 딥마인드가 토치를 사용하는 이유는 토치가 구글의 딥마인드의 전문 분야인 강화학습에 필요한 다양한 라이브러리를 제공하고 있기 때문이다. 토치가 지닌 다른 장점 중 하나는 토치에 적용된 텐서tensor 라이브러리가 파이썬 계열의 NumPy와 비슷해서 파이썬 커뮤니티까지도 영역 확대가 가능하다는 점이다.

다른 딥러닝 프레임워크와 비교했을 때 토치가 지닌 가장 독특한 부분은 바로 루아라는 스크립트 언어를 사용한다는 것이다. 루아의 사용은 양날의 칼처럼 장단점을 동시에 가지고 있다. 장점으로는 언어 구조가 자바스크립트JavaScript와 비슷하기때문에 매우 직관적이어서 배우기 쉽고 다른 사람이 작성한 코드를 빠르고 쉽게 이해할 수 있다. 또한 기본 엔진이 C/C++를 기반으로 개발됐기 때문에 다양한 플랫폼에 호환되며 성능 또한 다른 스크립트 언어보다 우수하다.

그러나 루아는 C/C++, 자바, 파이썬만큼 사용자 그룹이 활성화되지 않아 생태계를 조성하는 데 한계가 있다. 이것이 토치가 가지고 있는 유일한 단점이라 할 수 있다.

텐서플로우

텐서플로우TensorFlow는 구글의 브레인 프로젝트 팀이 디스트빌리프DistBelief라는 구글의 초기 버전 딥러닝 프레임워크를 보강해서 2015년 말에 공개한 딥러닝 프레임워크다. 텐서플로우는 아파치Apache 오픈소스 라이선스를 가지며, C/C++로 개발된 엔진 위에 파이썬을 지원하는 구조로 돼 있다. 이러한 아키텍처는 카페나 시아노와 비슷한 구조다. 텐서플로우는 딥러닝 신경망뿐만 아니라 강화학습의 각종 알고리즘도 동시에 지원한다. 그러나 자바와 스칼라Scala 프로그래밍 언어는 지원하지 않는다.

여러 가지 자료를 분석해 보면 구글은 텐서플로우를 상업적으로 지원하지 않을 계획이며 따라서 텐서플로우를 클라우드 서비스의 일종인 플랫폼 클라우드 서비스PaaS; Platform as a Service로 확대되지 않을 가능성이 높다. 구글이 텐서플로우를 공개한 이유는 단지 연구개발 분야의 유용한 도구를 제공함으로써 핵심인력 채용이나 향후 딥러닝 분야의 생태계에서 잠재적 영향력을 기대하는 정도로 해석된다.

텐서플로우는 핵심 라이브러리의 엔진을 C/C++를 기반으로 개발했기 때문에 행렬계산과 같은 연산을 수행할 때 성능 관점에서 다른 프레임워크보다 우수하다. 특히 GPU에 최적화된 것을 장점으로 꼽을 수 있다. 다른 프레임워크와 비교해서 텐서플로우가 차별화할 수 있는 또 다른 장점은 분산 병렬컴퓨팅 환경을 지원한다는 것이다. 분산 컴퓨팅 API는 2016년 3월에 발표한 버전 0.8부터 사용할 수 있는데, 다른 프레임워크와 같이 내려받는 형태로 제공되는 것이 아니라 구글의 클라우드 서비스인 **구글 클라우드 머신러닝**에서만 사용할 수 있다는 것이 흠이다. 텐서플로우는 텐서보드TensorBoard라는 시각화 도구를 제공하며, 사용자는 텐서보드를 통해 자신의 딥러닝 모델이 실제로 어떻게 작동하고 있는지 직관적으로 이해할 수 있다.

텐서플로우는 아직 사전학습 모델이 많지 않다는 단점이 있다. 분산 컴퓨팅 버전이 구글 클라우드에서는 제공되고 있지만 내려받기가 가능한 배포 방식으로는 공개되지 않은 것이 장점이자 단점이라 할 수 있다. 텐서플로우는 다른 딥러닝 프레임워크보다는 뒤늦게 개발됐기 때문에 다양한 플랫폼에서의 최적화가 덜 돼있고 사전학습 모델이 많지 않다. 이러한 점들은 텐서플로우가 지속적으로 개선해야 할 부족한 부분이라 할 수 있다.

딥러닝포제이

딥러닝포제이[DeepLearning4J]는 2014년에 설립된 스타트업인 스카이마인드라는 회사가 개발한 프레임워크다. DL4J라고 줄여 부르며 이름에서 짐작하듯이 자바를 지원하는 프레임워크다. 개념 증명이나 프로토타입 개발에 주로 사용되는 파이썬과는 달리 자바는 기업에서 사용하는 상용 서비스의 사실상의 표준 개발 언어이기 때문에 DL4J는 성능과 안정성, 호환성에 초점을 맞춰 개발됐다.

DL4J는 아파치 라이선스로 공개돼 있어 누구나 내려받아 사용할 수 있다. 만약 전문적인 유지보수나 문제해결, 사용자 교육 등 추가 서비스를 원한다면 스카이마인드를 통해 유료로 제공받을 수 있다. DL4J는 현재 액센추어[Accenture], 부즈 알렌[Booz Allen], 쉐브론[Chevron], IBM 등에 레퍼런스를 가지고 있다.

파이썬 기반의 딥러닝 프레임워크는 과학계산 라이브러리로 NumPy나 SciPy 등을 사용하고 있는데, DL4J는 DN4J라는 자바 기반 과학계산 라이브러리를 직접 개발해서 사용하고 있다. DN4J는 NumPy보다 약 2배 정도 빠르다. DL4J의 분산 컴퓨팅 환경은 하둡과 스파크의 파일시스템과 연산 엔진을 연동해서 구현하고 있다.

딥러닝 알고리즘으로는 심층신뢰망과 이에 필요한 RBM을 지원하며, 컨볼루션 신경망 모델도 지원한다. 여기에 추가적으로 경사감소소멸을 해결해 주는 순환신경망과 순환신경망의 핵심 알고리즘인 장단기 기억법 알고리즘을 제공한다.

스카이마인드는 최근 프랑스의 다국적 통신사인 오렌지[Orange]사에 DL4J를 기반으로 하는 이상거래 탐지[fraud detection] 프로젝트를 성공적으로 마무리하면서 기업향 딥러닝 프레임워크 벤더로 자리매김하고 있다.

1장 알파고와 구글의 딥마인드

1. https://deepmind.com/

2. David Silver, Aja Huang, Chris J. Maddison, Arthur Guez,Laurent Sifre, George van den Driessche,Julian Schrittwieser, Ioannis Antonoglou, Veda Panneershelvam,Marc Lanctot, Sander Dieleman, Dominik Grewe, John Nham, Nal Kalchbrenner, Ilya Sutskever,Timothy Lillicrap, Madeleine Leach, Koray Kavukcuoglu, Thore Graepel & Demis Hassabis, 〈Mastering the game of Go with deep neural networks and tree search〉, Nature, January 2016

3. 조훈현, 〈조훈현, 고수의 생각법〉, 인플루엔셜, 2015

4. John Tromp and Gunnar Farnebäck, 〈Combinatorics of Go〉, Computers and Games, 2006

5. http://tromp.github.io/go.html

6. https://www.technologyreview.com/s/524026/is-google-cornering-the-market-on-deep-learning/

7. https://www.technologyreview.com/s/601139/how-google-plans-to-solve-artificial-intelligence/

8. https://www.theguardian.com/technology/2014/jun/18/elon-musk-deepmind-ai-tesla-motors

9. http://www.nbcnews.com/tech/innovation/ai-learned-atari-games-humans-do-now-it-beats-them-n312206

10. 스티븐 베이커, 〈왓슨 인간의 사고를 지배하다〉, 세종서적, 2011

11. https://www.badukworld.co.kr/

12. Jay Madison Burmeister, 〈Studies in Human and Computer Go: Assessing the Game of Go as a Research Domain for Cognitive Science〉, University of Queensland PhD Thesis, 2000

13. http://www.goratings.org/

14. https://deepmind.com/alpha-go

15. http://www.theverge.com/2016/3/10/11192774/demis-hassabis-interview-alphago-google-deepmind-ai

16. https://www.theguardian.com/technology/2016/feb/16/demis-hassabis-artificial-intelligence-deepmind-alphago

2장 인공지능의 역사

1. Russell, Stuart J. and Norvig, Peter, 〈Artificial Intelligence: A Modern Approach (2nd ed.)〉, Prentice Hall, 2003

2. David Leavitt, 〈The Man who Knew too much: Alan Turing and the invention of the computer〉, Atlas Books, 2005

3. Turing, A. M., 〈On Computable Numbers, with an Application to the Entscheidungsproblem〉, Proceedings London Mathematical Society, Volume s2-42, Issue 1, pp 230-265, 1936

4. http://www.turing.org.uk/publications/dnb.html

5. Church, A., 〈An Unsolvable Problem of Elementary Number Theory〉, Amer. J. Math. 58, 345-363, 1936.

6. Turing, A. M., 〈Computing machinery and intelligence〉, Mind, 49, 433-46, 1950

7. Daniel Dennett, 〈Brainchildren: Essays on Designing Minds〉, The MIT Press, 1998

8. Jeffrey O. Shallit, 〈Lecture Note: A Very Brief History of Computer Science: https://cs.uwaterloo.ca/~shallit/Courses/134/history.html〉, University of Waterloo

9. Warren S. McCulloch and Walter Pitts, 〈A logical calculus of the ideas immanent in nervous activity〉, Bulletin of mathematical biophysics, vol. 5, pp. 115-133, 1943

10. http://www.explainthatstuff.com/historyofcomputers.html

11. Donald Olding Hebb, 〈The Organization of Behavior〉, New York: Wiley & Sons, 1949

12. Rosenblatt, F., 〈The perceptron: A probabilistic model for information storage and organization in the brain〉, Psychological Review, Vol 65(6), 386–408, Nov. 1958

13. Marvin Minsky and Seymour Papert, 〈Perceptrons: An Introduction to Computational Geometry〉, The MIT Press, Cambridge MA, 1969

14. Minsky, M., 〈Steps toward artificial intelligence〉, Proc. IRE, 49(1), 8-30, 1961

15. Arthur Samuel, 〈Studies in Machine Learning Using the Game of Checkers〉 IBM Journal of Research and Development (Volume:3, Issue: 3), 1959

16. Claude Shannon, 〈Programming a Computer for Playing Chess〉, Philosophical Magazine, 1950

17. 마이클 네그네빗스키, 〈인공지능 개론〉, 한빛 아카데미, 2013

18. Jaime G. Carbonell, 〈Learning by Analogy : formulating and generalizing plans from past experience〉, Carnegie Mellon University Tech Report, CMU–CS-82-126, 1982

19. Jaime G. Carbonell, Ryszard S. Michalski and Tom M. Mitchell, 〈Machine Learning: A Historical and Methodological Analysis〉, The AI Magazine, 1983

20. P. Werbos, 〈Beyond Regression: New Tools for Prediction and Analysis in the Behavioral Sciences〉, PhD thesis, Harvard University, Cambridge, MA, 1974

21. Sergey Levine, Chelsea Finn, Trevor Darrell, Pieter Abbeel, 〈End-to-End Training of Deep Visuomotor Policies〉, arXiv preprint arXiv:1504.00702, 2015

마쓰오 유타카, 〈인공지능과 딥러닝: 인공지능이 불러올 산업 구조의 변화와 혁신〉, 동아엠앤비, 2015

http://spectrum.ieee.org/automaton/robotics/humanoids/how-kaist-drc-hubo-won-darpa-robotics-challenge

Ray Kurzweil, 〈The Singularity is Near〉, Viking, 2006

에릭 슈미트, 제러드 코언, 에릭 슈미트, 〈새로운 디지털 시대〉, 알키, 2013

A. McEwen and H. Cassimally, 〈Designing the Internet of Things〉, Wiley, 2014,

C-W. Tsai and C.-F. Lai and A. V. Vasilakos, 〈Future Internet of Things: open issues and challenge〉, Springer Science, New York, 2014

Google IPv6 Conference 2008: What will the IPv6 Internet look like?

http://www.businessinsider.com/whats-going-on-with-google-robotics-2015-11

Google Self-Driving Car Project, Monthly Report, May 2015

http://archive.darpa.mil/grandchallenge/

Aneta Poniszewska-Maranda and Daniel Kaczmarek, 〈Selected methods of artificial intelligence for Internet of Things conception〉, Proceedings of the Federated Conference on Computer Science and Information Systems pp. 1343-1348, 2015

D. Uckelmann and M. Harrison and F. Michahelles, 〈Architecting the Internet of Things〉, Springer, 2011

Good, I. J., 〈Speculations Concerning the First Ultraintelligent Machine〉, Advances in Computers (Academic Press), 1965

3장 머신러닝 개요

1. Jaime G. Carbonell, Ryszard S. Michalski and Tom M. Mitchell, 〈Machine Learning: A Historical and Methodological Analysis〉, The AI Magazine, 1983

2. Tom M. Mitchell, 〈Machine Learning〉, McGraw-Hill Science, 1997

3. Pedro Domingos, 〈A Few Useful things to Know about Machine Learning〉, CACM, 2012

4. http://www.theguardian.com/news/datablog/2013/mar/15/john-snow-cholera-map

5. Ronald Aylmer Fisher, 〈The use of multiple measurements in taxonomic problems〉, Annals of Eugenics, 1936

6. Christoph Sommer and Daniel W. Gerlich, 〈Machine learning in cell biology – teaching compute to recognize phenotypes〉, Journal of Cell Science, 2013

7. http://www.erogol.com/brief-history-machine-learning/

8. 루이스 페드로 코엘류, 윌리 리커트, 〈Building machine learning systems with Python: scikit-learn 라이브러리로 구현하는 기계 학습 시스템〉, 에이콘, 2015

9. David Silver, Aja Huang, Chris J. Maddison, Arthur Guez,Laurent Sifre, George van den Driessche,Julian Schrittwieser, Ioannis Antonoglou, Veda Panneershelvam,Marc Lanctot, Sander Dieleman, Dominik Grewe, John Nham, Nal Kalchbrenner, Ilya Sutskever,Timothy Lillicrap, Madeleine Leach, Koray Kavukcuoglu, Thore Graepel & Demis Hassabis, 〈Mastering the game of Go with deep neural networks and tree search〉, Nature, January 2016

4장 통계와 확률

1. 박정식, 윤영선, 〈현대 통계학〉, 다산출판사, 2007

2. 스티븐 스티글러, 〈통계학의 역사〉, 한길사, 2005

3. Galton, F., Regression towards mediocrity in hereditary stature. Journal of the Anthropological Institute, Vol. 15, 246–263, 1886

4. Galton, F., Co-relations and their measurement, chiefly from anthropometric data. Proceedings of the Royal Society, Vol. 45, 135–45, 1888

5. C.F. Gauss. Theoria combinationis observationum erroribus minimis obnoxiae. 1822

6. Thomas P. Minka, 〈Lecture Note: Algorithms for maximum–likelihood logistic regression〉, Carnegie Mellon University, 2003

7. Andrew Ng, 〈CS: 229 Lecture Note, Stanford University〉, 2008

8. 샤론 버치 맥그레인, 〈불멸의 이론 불멸의 이론: 베이즈 정리는 어떻게 250년 동안 불확실한 세상을 지배하였는가?〉, 휴먼사이언스, 2013

9. 니시우치 히로무, 〈빅데이터를 지배하는 통계의 힘〉, 비전코리아, 2013

10. 데이비드 살스버그, 〈통계학의 피카소는 누구일까?〉, 자유아카데미, 2011

11. 이언 에어즈, 〈슈퍼크런처: 불확실한 미래를 데이터로 꿰뚫는 힘〉, 북하우스, 2009

12. Cornfield J., 〈A statistical problem arising from retrospective studies〉, Proceedings of the 3rd Berkeley Symposium on Mathematical Statistics, 1956

13. Cornfield J, Haenszel W, Hammond EC, Lilienfeld AM, Shimkin MB and Wynder EL, 〈Smoking and lung cancer: Recent evidence and a discussion of some questions〉, Journal of the National Cancer Institute, 1959

14. http://magazine.amstat.org/blog/2013/09/01/jerome–cornfield/

15. Zelen M., 〈The contributions of Jerome Cornfield to the theory of statistics〉, Biometrics. 1982 Mar;38 Suppl:11–5.

16. Emanuel Parzen, ⟨Long Memory of Statistical Time Series Modeling⟩, Texas A&M University NBER/NSF Time Series Conference September 17, 2004

5장 분류

1. Alex Smola and S.V.N. Vishwanathan, ⟨Introduction to Machine Learning⟩, Cambridge University Press, 2008

2. http://scikit-learn.org/stable/

3. http://www.scholarpedia.org/article/K-nearest_neighbor

4. https://github.com/Prooffreader/intro_machine_learning/blob/master/04_Classification_kNN.ipynb

5. Tristan Fletcher, ⟨Lecture Note: Support Vector Machines Explained⟩, UCL, 2009

6. N. Cristianini and J. Shawe-Taylor, ⟨An introduction to support Vector Machines: and other kernel-based learning methods⟩, Cambridge University Press, 2000

7. Patrick Winston, ⟨MIT Open CourseWare: Artificial Intelligence, Support Vector Machine, http://ocw.mit.edu/courses/electrical-engineering-and-computer-science/6-034-artificial-intelligence-fall-2010/lecture-videos/lecture-16-learning-support-vector-machines/⟩

8. Anil K. Jain and Richard C. Dubes, ⟨Algorithms for Clustering Data⟩, Prentice Hall, 1988

9. Andrew W. Moore, ⟨Lecture Note: Decision Tree⟩, Carnegie Mellon University, 2001

10. Tom M. Mitchell, "Machine Learning", McGraw-Hill Science, 1997

11. Quinlan J.R., ⟨C4.5: Programs for Machine Learning⟩, Morgan Kaufmann, 1993

6장 군집

Zoubin Ghahramani, 〈Lecture Note: Unsupervised Learning〉, University College London, UK, 2004

Jure Leskovec and Anand Rajaraman, 〈Lecture Note: Clustering Algorithm〉, Stanford University

Andrew Ng, 〈Coursera: k-means algorithm https://www.coursera.org/learn/machine-learning/lecture/93VPG/k-means-algorithm〉

Martin Ester, Hans-Peter Kriegel, Jiirg Sander and Xiaowei Xu. 〈A density-based algorithm for discovering clusters in large spatial databases with noise〉, Proceedings of the Second International Conference on Knowledge Discovery and Data Mining (KDD-96), 1996

A. Zhou, S. Zhou, J. Cao, Y. Fan, and Y. Hu, 〈Approaches for scaling DBSCAN algorithm to large spatial databases〉, Journal of computer science and technology, vol. 15, no. 6, pp. 509–526, 2000

Gyozo Gidofalvi, 〈Lecture Note: k-means and DBSCAN〉, Uppsala Database Laboratory, Uppsala Universitet

H. Park and C. Jun, 〈A simple and fast algorithm for K-medoids clustering〉, Expert Systems with Applications, vol. 36, no. 2, pp. 3336–3341, 2009.

http://scikit-learn.org/stable/

George Karypis, Eui-Hong Han, Vipin Kumar, 〈CHAMELEON: A Hierarchical Clustering Algorithm Using Dynamic Modeling〉, IEEE Computer 32(8): 68-75, 1999

Ryan P. Adams, 〈Lecture Note: Hierarchical Agglomerative Clustering〉, Harvard University

7장 강화학습

1. Csaba Szepesvári, 〈Algorithms for Reinforcement Learning〉, Morgan & Claypool, 2010

2. M.D. Waltz and K.S. Fu, 〈A heuristic approach to reinforcement learning control〉, Automatic Control, IEEE Transactions, 1965

3. Edward Thorndike, 〈Animal intelligence: An experimental study of the associative processes in animals〉, The Psychological Review: Monograph Supplements, Vol 2(4), Jun 1898

4. James G. March, 〈Exploration and Exploitation in Organizational Learning〉, Organization Science, 1991

5. Richard S. Sutton and Andrew G. Barto, 〈Reinforcement Learning: An Introduction〉, The MIT Press, 1998

6. Rick Sutton, 〈Deconstructing Reinforcement Learning〉, ICML, 2009

7. Jen Kober, J. Andrew Bagnell and Jan Peters, 〈Reinforcement Learning in Robotics: Survey〉, International Journal of Robotics Research, 2013

8. Leslie Pack Kaelbling, Michael L. Littman and Andrew W. Moore, 〈Reinforcement Learning: A Survey〉, Journal of Artificial Intelligence Research 4 pp 237–285, 1996

9. Singh, S. P. and Sutton, R. S., 〈Reinforcement learning with replacing eligibility traces〉, Machine Learning, 22(1), 1996

10. David Silver, 〈Introduction of Reinforcement Learning: http://www0.cs.ucl.ac.uk/staff/d.silver/web/Teaching_files/intro_RL.pdf〉

11. David Silver, 〈Markov Decision Processes: http://www0.cs.ucl.ac.uk/staff/d.silver/web/Teaching_files/MDP.pdf〉

12. David Silver, 〈Planning by Dynamic Programming: http://www0.cs.ucl.ac.uk/staff/d.silver/web/Teaching_files/DP.pdf〉

8장 딥러닝 개요

1. Fukushima, K., 〈Neural network model for a mechanism of pattern recognition unaffected by shift in position – Neocognitron〉, Trans. IECE, J62–A(10):658 – 665, 1979

2. Itamar Arel, Derek C. Rose, and Thomas P. Karnowski, 〈Deep Machine Learning—A New Frontier in Artificial Intelligence Research〉, IEEE COMPUTATIONAL INTELLIGENCE MAGAZINE, NOVEMBER 2010

3. Jurgen Schmidhuber, 〈Deep Learning in Neural Networks: An Overview〉, arXiv:1404.7828v4, [cs.NE], 8 Oct 2014

4. Hadamard, J., 〈Mémoires présentés par divers savants〉, a l'Académie des sciences de l'Institut national de France, 1908

5. Bryson, A. and Ho, Y., 〈Applied optimal control: optimization, estimation, and control〉, Blaisdell Pub. Co., 1969

6. Werbos, P. J., 〈Beyond Regression: New Tools for Prediction and Analysis in the Behavioral Sciences〉, PhD thesis, Harvard University, 1974

7. Werbos, P.J., 〈Applications of advances in nonlinear sensitivity analysis〉, Proceedings of the 10th IFIP Conference, 31.8 – 4.9, NYC, pages 762 – 770, 1981

8. Parker, D. B., 〈Learning–logic〉, Technical Report TR–47, Center for Comp. Research in Economics and Management Sci., MIT, 1985

9. LeCun, Y., 〈Une proc´edure d'apprentissage pour r´eseau `a seuil asym´etrique〉, Proceedings of Cognitiva 85, Paris, pages 599 – 604, 1985

10. Yann Le Cun, 〈Learning Processes in a Asymetric Threshold Network〉, Disordered Systems and Biological Organization, 1986

11. Sepp Hochreiter, 〈Untersuchungen zu dynamischen neuronalen Netzen〉, diploma thesis, Technical University Munich, Institute of Computer Science. 1991

12. Moller, M. F., 〈Exact calculation of the product of the Hessian matrix of feed-forward network error functions and a vector in O(N) time〉, Technical Report PB-432, Computer Science Department, Aarhus University, Denmark, 1993

13. Pearlmutter, B. A., 〈Fast exact multiplication by the Hessian〉, Neural Computation, 6(1):147-160, 1994

14. Schmidhuber, J., 〈Learning complex, extended sequences using the principle of history compression〉, Neural Computation, 1992

15. Geoffrey E. Hinton, Simon Osindero, Yee-Whye Teh, 〈A fast learning algorithm for deep belief nets〉, Neural Computation. 2006

16. Y. Bengio, 〈Learning deep architectures for A〉, Foundations and Trends in Machine Learning, (1):1-127, 2009.

17. G. Hinton, N. Srivastava, A. Krizhevsky, I. Sutskever, and R. R. Salakhutdinov, 〈Improving neural networks by preventing co-adaptation of feature detectors〉, http://arxiv.org/abs/1207.0580, 2012

18. Chellapilla, K., Puri, S., and Simard, P., 〈High performance convolutional neural networks for document processing〉, In International Workshop on Frontiers in Handwriting Recognition, 2006

19. Ranzato, M. A., Huang, F., Boureau, Y., and LeCun, Y., 〈Unsupervised learning of invariant feature hierarchies with applications to object recognition〉, Proc. Computer Vision and Pattern Recognition Conference, 2007

20. 호아킨 M. 푸스테르, 〈신경과학으로 보는 마음의 지도: 인간의 뇌는 대상을 어떻게 지각하고 기억하는가?〉, 휴먼사이언스, 2014

21. Adam Coates, Brody Huval, Tao Wang, David J. Wu, Andrew Y. Ng and Bryan Catanzaro, 〈Deep learning with COTS HPC systems〉, Proceedings of the 30th International Conference on Machine Learning, Atlanta, Georgia, USA, 2013

9장 딥러닝 전쟁의 시작

http://techblog.netflix.com/2012/04/netflix-recommendations-beyond-5-stars.html

http://bits.blogs.nytimes.com/2009/09/21/netflix-awards-1-million-prize-and-starts-a-new-contest/?_r=0

Stephen Gower, 〈Netfiix Prize and SVD〉, 2014

Atul S. Kulkarni, 〈Seminar: Netflix Prize Solution: A Matrix Factorization Approach〉, University of Minnesota Duluth

https://www.technologyreview.com/s/544356/heres-what-developers-are-doing-with-googles-ai-brain/

http://www.forbes.com/sites/roberthof/2014/08/28/interview-inside-google-brain-founder-andrew-ngs-plans-to-transform-baidu/#6445643b2148

http://www.informationweek.com/it-life/google-x-inspired-8-moonshots-to-watch/d/d-id/1324575

http://recode.net/2015/07/15/deep-learning-ai-is-taking-over-tech-what-is-it/

Li Deng and Dong Yu, 〈DEEP LEARNING: Methods and Applications〉, Technical Report MSR-TR-2014-21, 2014

트리슐 칠림비, 유타카 슈주에, 존슨 아파서블, 카식 칼랴나라만, 〈프로젝트 아담: 효율적이고 확장성 있는 딥러닝 학습시스템 구축〉, 11차 유스닉스 심포지움, 2014

http://www.wired.com/2014/07/microsoft-adam/

http://research.baidu.com/

https://www.technologyreview.com/s/527301/chinese-search-giant-baidu-hires-man-behind-the-google-brain/

14. http://www.wired.com/2013/04/baidu-research-lab/

15. Awni Hannun, Carl Case, Jared Casper, Bryan Catanzaro, Greg Diamos, Erich Elsen, Ryan Prenger, Sanjeev Satheesh, Shubho Sengupta, AdamCoates and AndrewY.Ng, 〈DeepSpeech: Scalingupend-to-end speechrecognition〉, arXiv:1412.5567v2, [cs.CL], 19 Dec 2014

16. Dario Amodei, Rishita Anubhai, Eric Battenberg, Carl Case, Jared Casper, Bryan Catanzaro, Jingdong Chen, Mike Chrzanowski, Adam Coates, Greg Diamos, Erich Elsen, Jesse Engel, Linxi Fan, Christopher Fougner, Tony Han, Awni Hannun, Billy Jun, Patrick LeGresley, Libby Lin, Sharan Narang, Andrew Ng, Sherjil Ozair, Ryan Prenger, Jonathan Raiman, Sanjeev Satheesh, David Seetapun, Shubho Sengupta, Yi Wang, Zhiqian Wang, Chong Wang, Bo Xiao, Dani Yogatama, Jun Zhan, Zhenyao Zhu, 〈DeepSpeech2: End-to-EndSpeechRecognitionin EnglishandMandarin〉, arXiv:1512.02595v1, [cs.CL], 8 Dec 2015

17. http://www.techradar.com/news/world-of-tech/making-cortana-smarter-how-machine-learning-is-becoming-more-dynamic-1287936

18. https://research.facebook.com/blog/fair-open-sources-deep-learning-modules-for-torch/

19. http://spectrum.ieee.org/automaton/robotics/artificial-intelligence/facebook-ai-director-yann-lecun-on-deep-learning

20. Yaniv Taigman Ming Yang Marc'Aurelio Ranzato and Lior Wolf 〈DeepFace: ClosingtheGaptoHuman-LevelPerformanceinFaceVerification〉, In Proc. CVPR, 2014

21. 스티븐 베이커, 〈왓슨 인간의 사고를 지배하다〉, 세종서적, 2011

22. https://www.technologyreview.com/s/539226/ibm-pushes-deep-learning-with-a-watson-upgrade/

23. https://www-03.ibm.com/press/us/en/pressrelease/46205.wss

24. http://venturebeat.com/2015/03/04/ibm-acquires-alchemyapi-to-bring-deep-learning-to-watson/

25. http://venturebeat.com/2015/10/05/apple-reportedly-buys-secretive-deep-learning-startup-perceptio/

26. https://www.theinformation.com/How-Deep-Learning-Works-at-Apple-Beyond

27. http://www.wired.com/2016/01/apple-buys-ai-startup-that-reads-emotions-in-faces/

28. http://blog.ventureradar.com/2016/01/19/18-deep-learning-startups-you-should-know/

29. http://blog.dennybritz.com/2015/10/13/deep-learning-startups-applications-and-acquisitions-a-summary/

30. http://techcrunch.com/2015/12/25/investing-in-artificial-intelligence/

31. http://www.ft.com/cms/s/2/019b3702-92a2-11e4-a1fd-00144feabdc0.html#axzz47scmzYzb

10장 인공신경망

1. Warren S. McCulloch and Walter Pitts. A logical calculus of the ideas immanent in nervous activity. Bulletin of mathematical biophysics, vol. 5, pp. 115–133, 1943

2. B. Widrow and M.E. Hoff, Jr., 〈Adaptive Switching Circuits〉, IRE WESCON Convention Record, 4:96–104, August 1960.

3. Marvin Minsky and Seymour Papert, 〈Perceptrons: An Introduction to Computational Geometry〉, The MIT Press, Cambridge MA, 1969

4. Haim Sompolinsky, 〈Lecture Note – Introduction: The Perceptron〉, MIT, 2013

5. D. E. Rumelhart, G. E. Hinton, and R. J. Williams, 〈Parallel distributed processing: Explorations in the microstructure of cognition〉, Learning Representations by BackPropagating Errors, pages 318–362. MIT Press, Cambridge, 1986.

6. Shashi Sathyanarayana, 〈A Gentle Introduction to Backpropagation〉, Numeric Insight, 2014

7. S. Becker and Y. LeCun, 〈Improving the convergence of back-propagation learning with second-order methods〉, In Connectionist Models Summer School, pages 29–37, 1989.

8. Lynne E. Parker, Lecture Note 〈Notes on Multilayer, Feedforward Neural Networks〉, University of Tennessee, 2007

9. Yoshua Bengio, 〈Practical Recommendations for Gradient-Based Training of Deep Architectures〉, arXiv:1206.5533v2, 2012

10. Nikhil Buduma, 〈Fundamentals of Deep Learning Designing Next-Generation Machine Intelligence Algorithms〉, O'Reilly Media, 2015

11장 딥러닝의 핵심기술

1. Fukushima, K., 〈Neural network model for a mechanism of pattern recognition unaffected by shift in position – Neocognitron〉, Trans. IECE, J62–A(10):658 – 665, 1979

2. K. Fukushima, 〈Neocognitron: A self–organizing neural network model for a mechanism of pattern recognition unaffected by shift in position〉, Biological Cybernetics, 1980

3. Y LeCun, L Bottou, Y Bengio, P Haffner, 〈 Gradient–based learning applied to document recognition〉, Proceedings of the IEEE 86 (11), 2278–2324, 1998

4. A Krizhevsky, I Sutskever, GE Hinton, 〈Imagenet classification with deep convolutional neural networks 〉, NIPS 2012, 1097–1105

5. nVidia CUDA Programming Guide. NVIDIA Corporation, 2701 San Tomas Expressway, Santa Clara, CA 95050. URL http://docs.nvidia.com/.

6. Stefan Duffner and Christophe Garcia, 〈ROBUST FACE ALIGNMENT USING CONVOLUTIONAL NEURAL NETWORKS〉, International Conference on Computer Vision Theory and Applications (VISAPP 2008), Funchal, Madeira, Portugal. pp. 30–37.

7. David Stutz, 〈Seminar Report: Understanding Convolutional Neural Networks〉, 2014

8. Matthew D. Zeiler and Rob Fergus, 〈Visualizing and Understanding Convolutional Networks〉, arXiv:1311.2901v3, [cs.CV], 28 Nov 2013

9. Hurieh Khalajzadeh, Mohammad Mansouri and Mohammad Teshnehlab, 〈Face Recognition using Convolutional Neural Network and Simple Logistic Classifier〉, Proceedings of the 17th Online World Conference on Soft Computing in Industrial Applications, 2012

10. Gil Levi and Tal Hassner, 〈Age and Gender Classification using Convolutional Neural Networks〉, IEEE Conference on Computer Vision and Pattern Recognition Workshops, 2015

11. Quoc V. Le, 〈Tutorial − A Tutorial on Deep Learning Part 2: Autoencoders, Convolutional Neural Networks and Recurrent Neural Networks〉, 2015

12. Geoffrey Hinton, Seminar UTML TR 2010−003 〈A Practical Guide to Training Restricted Boltzmann Machines Version1〉, 2010

13. Asja Fischer and Christian Igel, 〈An Introduction to Restricted Boltzmann Machines〉, CIARP 2012, LNCS 7441, pp. 14−36

14. Vinod Nair and Geoffrey E. Hinton, 〈 Rectified Linear Units Improve Restricted Boltzmann Machines〉, Proceedings of the 27th International Conference on Machine Learning, Haifa, Israel, 2010

15. Geoffrey E. Hinton, 〈Training Products of Experts by Minimizing Contrastive Divergence〉, Neural Computation 14, 1771−1800, 2002

16. G. E. Hinton and S. Osindero, 〈A fast learning algorithm for deep belief nets〉, Neural Computation, 18(7):1527−1554, 2006.

17. G. E. Hinton, N. Srivastava, A. Krizhevsky, I. Sutskever, and R. Salakhutdinov. 〈Improving neural networks by preventing co−adaptation of feature detectors〉. Computing Research Repository, abs/1207.0580, 2012.

18. Nicolas Le Roux and Yoshua Bengio, 〈Representational Power of Restricted Boltzmann Machines and Deep Belief Networks〉, Neural Computation, Volume 20 Issue 6, June 2008, Pages 1631−1649

19. CHRISTOPHE ANDRIEU, NANDO DE FREITAS, ARNAUD DOUCET and MICHAEL I. JORDAN, 〈An Introduction to MCMC for Machine Learning〉, Machine Learning, 50, 5−43, 2003

20. Noel Lopes, Bernardete Ribeiro and Jo~ao Gonc‚alves, Seminar 〈RESTRICTED BOLTZMANN MACHINES AND DEEP BELIEF NETWORKS ON MULTI-CORE PROCESSORS〉, 2012

21. Yann LeCun, Leon Bottou, Yoshua Bengio and Patrick Haffner. 〈Gradient-Based Learning Applied to Document Recognition〉, Proc. Of IEEE, 1998

22. Jun Liu, Shuiwang Ji and Jieping Ye, 〈Mining Sparse Representations: Theory, Algorithms, and Applications〉, Computer Science and Engineering, The Biodesign Institute, Arizona State University

23. Robert Tibshirani, 〈Regression Shrinkage and Selection via Lasso〉, Journal of the Royal Statistical Society. Series B (Methodological), vol.59 Issue 1, (1996), 267-288

24. Mark Schmidt, Glenn Fung and Romer Rosaless, 〈Optimization Methods for l1-Regularization〉, UBC Technical Report TR-2009-19, 2009

25. Geoff Gordon and Ryan Tibshirani, 〈Subgradient method: Lecture Note〉, Stanford University

26. Jos´e F. de Andrade Jr., Marcello L. R. de Campos and Jos´e A. Apolin´ario Jr. 〈 A complex version of the LASSO algorithm and its application to beamforming〉, The 7th International Telecommunications Symposium (ITS 2010)

27. PIERRE BALDI and PETER SADOWSKI, 〈The Dropout Learning Algorithm〉, Artificial Intelligence, Volume 210, May, 2014, Pages 78-122

28. G. E. Hinton, N. Srivastava, A. Krizhevsky, I. Sutskever and R. R. Salakhutdinov, 〈Improving neural networks by preventing co-adaptation of feature detectors〉, arXiv:1207.0580v1 [cs.NE], 3 Jul 2012

12장 딥러닝을 위한 오픈 프레임워크

1. Fei-Fei Li, Andrej Karpathy, Justin Johnson, 〈Lecture: Software Packages Caffe / Torch / Theano / TensorFlow〉, Stanford University, 2016

2. http://venturebeat.com/2015/11/14/deep-learning-frameworks/

3. Soheil Bahrampour, Naveen Ramakrishnan, Lukas Schott, Mohak Shah 〈 Comparative Study of Deep Learning Software Frameworks〉, http://arxiv.org/abs/1511.06435v3, 2015

4. https://developer.nvidia.com/deep-learning-software

5. https://www.microway.com/hpc-tech-tips/deep-learning-frameworks-survey-tensorflow-torch-theano-caffe-neon-ibm-machine-learning-stack/

6. http://deeplearning.net/software/theano/

7. http://deeplearning.net/software/theano/tutorial/using_multi_gpu.html

8. http://caffe.berkeleyvision.org/

9. https://github.com/BVLC/caffe

10. http://torch.ch/

11. https://github.com/torch/torch7/blob/master/doc/tensor.md

12. https://github.com/torch/torch7/blob/master/doc/maths.md

13. https://www.tensorflow.org/

14. https://cloud.google.com/ml/

15. http://www.wired.com/2015/11/google-open-sources-its-artificial-intelligence-engine/

16. https://github.com/tensorflow/tensorflow/blob/master/tensorflow/examples/android/README.md

17. http://deeplearning4j.org/

18. http://www.skymind.io/

ㅎ